西方行政制度

古小华　主编

中国经济出版社
CHINA ECONOMIC PUBLISHING HOUSE
·北　京·

图书在版编目(CIP)数据

西方行政制度 / 古小华主编. -- 北京:中国经济出版社,2022.1(2024.3 重印)

ISBN 978-7-5136-6750-0

Ⅰ.①西… Ⅱ.①古… Ⅲ.①行政管理-管理体制-西方国家 Ⅳ.①D523

中国版本图书馆 CIP 数据核字(2022)第 019538 号

责任编辑 李煜萍 李若雯
责任印制 马小宾

出版发行 中国经济出版社
印 刷 者 北京艾普海德印刷有限公司
经 销 者 各地新华书店
开　　本 710mm×1000mm 1/16
印　　张 16
字　　数 335 千字
版　　次 2022 年 1 月第 1 版
印　　次 2024 年 3 月第 6 次
定　　价 39.00 元
广告经营许可证 京西工商广字第 8179 号

中国经济出版社 **网址** www.economyph.com **社址** 北京市东城区安定门外大街 58 号 **邮编** 100011
本版图书如存在印装质量问题,请与本社销售中心联系调换(联系电话:010-57512564)

目　录

第一章

西方行政制度概述

行政制度亦称为政府制度，作为行政权力体制的法定性规则，在国家政治制度体系中具有重要的地位和作用。分析和探求西方行政制度，需要明确行政制度的含义，行政制度的特征，行政制度的地位和作用，行政制度的体系、范围等基本问题。

第一节　行政制度概述

一、行政制度的含义

制度是指社会生活的一种行为规范、一种行为规则。从制度的基本结构看，可以分为经济制度、政治制度和思想文化制度。行政制度属于政治制度的主要内容。对于什么是行政制度，学者们有各种界定，至今还没有公认的、统一的界定。下面介绍一些具有代表性的观点。

（1）行政制度是根据一定程序将国家各级各类行政机关的地位、相互关系和活动原则固定化。现代各国的行政制度大都由国家宪法和有关法律、法令确定。①

（2）行政制度是国家为了有效地执行宪法和法律，实现国家的行政职能而依法规定的有关国家行政权限、行政组织、行政领导体制、行政活动及其行政监督等方面的制度。②

（3）行政制度或政府制度，是指政府的机构与功能，包括政府的组织形式、组织程序、职权范围、官员的任免以及公共政策的制定与执行等方面。③

（4）行政制度是指对国家行政机关及其活动所确立的法律规范体系。④

（5）行政制度是由国家宪法和有关法律、法规所确定的国家各级各类行政机关的地位、职能、权限、相互关系以及活动原则的总称。⑤

（6）行政制度是指有关国家行政机关的组成、体制、权限、活动方式等方面的一系列规范。⑥

（7）行政制度（即政府制度）是以一定的行政思想和观念作指导的、由国家宪法和法律规定的有关国家行政机关的产生、职能、权限、组织结构、领导体制、活动规程等方面的准则体系以及政府体制内各权力主体的关系形态。⑦

---

① 张光博主编《行政学词典》，吉林人民出版社，1988，第 322 页。

② 唐晓、王为、王春英：《当代西方国家政治制度导论》，中国人民大学出版社，2016，第 183 页。

③ 韩国明：《外国行政制度》，兰州大学出版社，2012，第 1 页。

④ 徐育苗主编《当代中国政治制度研究》，湖北人民出版社，1993，第 176 页。

⑤ 张永桃主编《当代中国政治制度》，高等教育出版社，1990，第 143 页。

⑥ 浦兴祖主编《当代中国政治制度》，复旦大学出版社，1999，第 130 页。

⑦ 张立荣：《中外行政制度比较》，商务印书馆，2013，第 15 页。

(8)行政制度就是国家的公共事务管理和决策制度,也就是我们日常说的政治制度。①

(9)行政制度乃是指配置行政权以规约和(或)激励行政行为之规则、惯例等的总和,它在外延上既包括法定政治——行政体系基于对行政组织(统称为“政府”)同社会公民间权利安排的判断,而颁布或昭示(即以法条或非法条的形式展现)的有关行政行为之规则和准绳的所有规范,又包括行政体系基于长期演化而在实践中积累、沉积的各种惯例、习俗。②

可以看出,以上各种关于行政制度含义的界定,多是从狭义的角度理解政府,即政府指的是国家权力机关中的行政机关,或者说是行使国家行政权力的权威机关,它执行和贯彻法律,负责组织国家公共事务,在政治、经济、军事、外交、文教、社会等各个领域中行使着国家的职权。

结合以上各种观点,我们认为行政制度是指行政实体在行政管理活动中必须遵循的各类规则(行为准则),这里讲的行政实体,包括有关机关实体与实体组成人员。我们可以从以下三个方面深入理解行政制度的内涵。

第一,行政制度是关于政府(管理)行为的规范体系。行政制度运行的媒介是行政权力,即行政权力成为行政制度直接约束的对象,而实际约束的本质内容是公共利益表达过程中关涉社会、公民利益的实现程度。这说明政府权力行为并不是行政制度约束的本质内容,而是在行政制度的框架下的合理性与规范性的运行。这种规范体系不仅规定着政府及其行政人员的行为,而且还规范着社会秩序与公民的行为,从而保证政府、社会、公民之间处于稳定而和谐的关系。

第二,行政制度是以政府为行政主体在法律的规范下有意识、有目的地创建的。行政制度在本质上要维护国家的政治统治,因此从根本上来讲行政制度归属于政治制度的范畴。同时,行政制度的制定、执行的过程都需要在法律的规范下进行,因此行政制度要符合国家的根本法律。行政制度与自发形成、调节经济行为的市场制度相比,完全是属于人自己规定和安排的制度形式,是人为的理性设计与创造的。行政制度是为了实现特定的行政目标与行政职能而创建的,它具有极强的目的性,也就是说行政制度均是有着特定的目标指向的,而且行政制度以明确的条文指明行政人员应该做什么、不应该做什么,为行政人员履行职权提供了一整套行为模式和框架。

第三,行政制度的目的是维护和实现社会公共利益。行政制度是在政府、社会、公民之间所建立的一套规范体系,它创设的本质目的并不是谋求某个人或者某个团体的特殊利益。它是从促进社会发展的角度,旨在提高政府管理水平,促进人的发展,维护并实现社会公共利益。与以“经济人”为前提假设谋求个人利益最大化的市场制度不同,行政制

① 俞可平:《当代各国政治体制:中国》,兰州大学出版社,1998,第 89 页。

② 江美塘:《制度变迁与行政发展》,天津人民出版社,2004,第 78 页。

度一旦确立,就是社会主体所共同享有的,成为社会一定范围内的"公共产品",也是社会公共领域人们活动的基本模式。同时,行政制度也强制性地将行政人员的个人利益隔离在行政活动之外,减少侵害公共利益行为的发生,保证社会公共利益的最大化,以维护社会的秩序和有效运转。

通过对行政制度内涵的分析,我们发现行政制度作为制度在行政领域中的一种形态表现,在具有一般制度所具有的普遍特征的同时,也具有其内在的特殊本质意蕴。从总体上而言,行政制度具有客观制约性与主观建构性的统一、外在强制性与内在权威性的统一、实质合理性与形式合理性的统一、存在普遍性与表现多样性的统一、事实工具性与价值公共性的统一的特征。正是这种特殊本质与特征,凸显出行政制度在提高政府管理效率、促进社会和谐发展、实现公共利益过程中的根本性作用。

二、行政制度的特征

(一)权力规范性

所有的管理制度都以规范权力的运作为核心内容,如规定权力主体、权限大小、权力运作方式。行政制度更是如此,它所规定的权力是国家权力。行政制度的核心内容就是明确行政权力的设立与运作的根本规范,表现为政府(中央政府与地方政府)的组成与机构设置和政府管理体制与过程。具体而言:①行政制度确认行政权力主体,即行政权力由谁行使、属于谁;②行政制度保障行政主体对行政权力的有效行使不受侵犯;③行政制度规定行政权力运行机制,保证行政主体活动的实现;④行政制度规定对行政权力主体进行监督的范围和方式,限制行政权力的滥用,保障公民权益不受侵犯。

(二)严格法制性

严格法制性,或称依从法律,指的是行政制度的确认和体现都以法律、法规的形式明示。政府自身只能在法律、法规和授权的前提下,制定若干的管理规程。这是现代民主政治和法治国家的普遍要求。简而言之即为依法行政,要求政府的一切制度和行为都必须依法有据,即必须贯彻执行各种法律、法规和政策,反对任意推定和扩大行政权力的使用范围。

(三)环境制约性

环境制约性,是指行政制度的创制和变更要受行政环境的制约和影响。任何行政制度都是由人创制的、变更的。但是,这并不意味着人们可以随心所欲地创制和变更行政制度。相反,人们在创制和变更行政制度时总会受到诸多环境因素的影响和制约。首先,行政制度受到社会经济制度的制约和影响。社会经济制度作为经济基础的体现和代表,要求一定的行政制度与一定的经济制度相适应。譬如,西方国家实行的是以私有制为基础的市场经济,由此决定其行政机关对经济进行管理的职责和行为都比较少,主要是运用法律、税权、财政、金融等手段对经济活动进行有限的干预和控制；而我国由于实行的是以公有制为主体的经济制度，行政机关对经济实施管理的范围和内容要广泛得多。同时，经济的发展、经济制度的变化必然要求政府进行改革，要求政府调整管理职能的内容、重点以及履行职能的方式和手段。其次，行政制度受到国家政治制度和政治结构的制约和影响。行政制度必须与整个国家的政治制度、政治结构相适应、相协调，并随着基本政治结构的变化做出相应的变革。西方国家的行政制度深受分权制衡、政党制、议会制、文官制等政治结构的影响和制约；而我国的行政制度则受中国共产党领导下的多党合作和政治协商制、人民代表大会制、议行合一制、民主集中制等政治结构的影响和规制。最后，行政制度受到政治文化的制约和影响。政治文化是处于政治系统中的行为人对政治传统、政治角色以及与之相联系的政治行为的认知、情感和评价。政治文化是行政制度得以有效运作的有机组成部分，因此一定政治文化的性质和内容对于一定行政制度的建构和变更，具有很大的制约和影响。西方国家在建设政府制度时，大都设置了一道道防范统治者滥用权力的防线和措施，如分权、制衡、限任、弹劾等。因为在他们所信仰的基督教中，人类的始祖亚当和夏娃偷吃禁果，犯了“原罪”，被上帝逐出伊甸园以苦行赎罪，表明人是“性恶”的。因此，只有以严格而缜密的制度和法律加以防范，才有可能遏制滥用权力的贪欲。而东亚国家，深受我国儒家学说的熏陶与影响，相信“人之初，性本善”的说法，因而政府制度中缺少对统治者的监督和制约，只是到了近现代，受西方分权制衡思想的影响和做法的启迪，才在制度中增加了一些此方面的内容。

（四）效力强制性

行政制度作为国家政治制度的重要组成部分，以国家颁布的宪法和法律规范为主要表现形式。它的运行体现着国家的意志，因而对全体公民和社会组织都具有强制效力。具体而言：首先，行政制度的组成规划，是依照宪法和法律而制定的。国家行政机关的组成与设置，行政权力管辖的范围、规程与方式，都必须遵照制度规定，而不得有任何逾越。其次，行政制度在具体运作的过程中，以国家的强制力量如军队、警察、监狱、法庭等为后盾，在其管理范围内具有普遍约束力，任何组织和个人任何时候都必须遵从其制度规定。最后，行政制度对于行政活动具有强烈的限制作用，它为各种行政活动规定范围和界限。一旦超越了这个范围和界限，行政制度便会以种种方式（如采取行政措施、实施行政手段等）进行强行干预，以达到控制行政活动过程和秩序的目的。历史事实表明，行政制度的这种强制性干预，在行政活动秩序陷入危机状态时表现得尤为明显。

（五）形式多样性

制度是环境的产物，不同的国家，由于国体和国情不同，历史文化传统不同，地理位置不同，以及历史阶段不同，其政治制度亦有多种不同的形式，各自皆有相应的政权组织形式和国家治理方式。尤其是关于政府权力配置及其运作机制的政府制度形式，对国家政权有着极大的影响,使其呈现出复杂多样性。例如同为西方国家,由于民族因素和历史传统的不同,社会经济、文化发展水平的差异,中央政府制度的形式也不一样,存在内阁制、总统制、半总统制、委员会制等几种形式。每种形式的政府制度又有诸多具体形式,相互间也有不少差别。

三、行政制度的功能

行政制度是一个国家政治制度的重要组成部分。这就使得它在社会政治生活乃至整个社会生活中具有广泛而重要的功能。归纳起来,行政制度的主要功能如下。

(一)规范功能

行政制度规范功能是行政制度的核心功能,是指那些在理念的支配下,对管理对象进行约束、管理的标准与准则。行政制度规范功能所提供的是一种框架,在这种框架的限制、熏陶、训练乃至强制之下,人们会逐渐习惯、认可、接受并执行这些标准,从而将外在的规则、规范转化为内在的认知。这种内在的认知是建立在一定的价值理念共识基础上的,其背后都隐藏着一定的价值观,这种价值观直接影响着它为谁服务的问题。因此,行政制度作为人们在公共行政领域活动的行为合法性的规范体系,有它自己的价值取向,规定着人的行为的选择空间,规范着人们应当做什么、不应当做什么。它一旦确立就意味着为社会确立了一个基本的价值目标框架。行政制度规范功能其实就是要为人们加入或参与社会生活提供规范化的行为模式。作为行政价值与行政规则集合体的行政制度可以通过对行政客体的规范性影响,来促使行为者产生合乎行政制度规范要求的行为。凡是遵守或执行制度规则的社会成员就会得到社会的奖励,否则便会受到惩罚,这就是说行政制度总是要求人们的行为符合一定的规范,而这一符合规范的要求正是公共行为的社会化的准则框架,为公共行政的主客体实施公共行为划定了界限。

(二)约束功能

行政制度体系中的某些制度安排,必定有强制参与者为或不为的功效,这其实就是约束行为者的随意行为。为了确保自由个体做正确的事,政府不得不实行一些理性强制措施来进行约束。这些措施从总体上可以分为两类:第一类是从内部训练行为者“更好的理性判断”,压制他们倔强的、潜在的本能冲动;第二类是使行为者受到经过理性设计的外部强制,这种强制将保证行为者“做错了会劳而无获”。现代思想家正是希望通过内部的“理性培植”和外部的“理性强制”使“大多数个体在大部分时间被阻止做错事”。行政制度是在内部“理性培植”基础上,更多地实施显性的、硬性的“理性强制”约束。传统行政制度功能强调约束个性化行为和惩处违规行为而达到促进行政高效化和合理化的发展目标;与其不同,现代行政制度功能强调加入激励因素,由原先以不信任为特征的刚性约束转变为以对人抱有更多信任为特征的约束,这种约束更多以侧重激励个体行为与抑制随意行为而实现行政发展目标。

（三）激励功能

行政制度的激励功能是指行政实施主体创设各种既能朝向组织目标又能满足个人合理需要的物质性和精神性条件，持续激发公务员的动机以调动其行为积极性的管理过程。激励功能是行政管理活动的一项基本功能，它不仅属于政治学、经济学、社会学、法学等学科的研究范畴，更常见于心理学研究。这一功能"就是使人类良善的倾向有较多发展的机会，而对于有害的倾向则加以防止"，即引发行为者的行动动机以朝向行政目标或行政体系所期待的价值方向努力。行政制度的激励功能为行政发展动力的获取创造了条件，使每个公务员都切实感到才有所用、力有所展、劳有所得、功有所赏，从而自觉努力工作，最终完成社会主体的行为实现。

（四）整合功能

行政制度的整合功能是指把构成行政系统的各部分要件以系统的方式结合在一起从而有利于整体的存在或发展的能力或功效。生活在一定社会关系中的人们为了各自的利益追求，必然会在社会交往中形成不同的利益关系，结成不同的利益集团。所以，人类在进入文明时期以来，任何一个社会内部都不可避免会出现各种不同的并可能会产生冲突的利益关系和社会力量。如果不能对各种不同社会力量进行合理整合，不仅会极大地提高人们的社会交易成本，造成社会资源的巨大浪费，而且还会引发种种利益冲突和各种社会力量内耗的加剧，造成社会发展的停滞甚至倒退。行政制度作为一种在一定历史时期、一定程度和一定范围内的社会关系的规范体系，能够对社会资源和财富进行形式合理性配置。因而它能够在一定程度上协调和平衡人们之间的各种利益关系，把人们的利益矛盾和冲突控制在一定范围内，并能够整合因利益分化而出现的各种社会力量，防止和减少各种社会力量的内耗，形成促进社会发展的合力。就自身而言，行政制度本来就是各种社会力量交互作用的产物，也是各种要素构成的有机整体。要维持自身的存在，必须使公共行政价值内核、行政规则和行政权力等各要素正常发挥功能并有机统一，这也是其自身整合的过程。

（五）秩序功能

行政制度的秩序功能是指行政主客体之间关系的制度化和规范化是作为社会关系的调节机制而存在的。任何社会都不可能在绝对有序或绝对无序的状态中运行，而必须既维持着一定的秩序又容纳一定的自由——尽管不同的社会、不同的时代或领域，其自由度会存在很大的差别。公共行政领域是一个复杂的系统，在这个复杂的系统中有许多自然的或人为的不确定因素，它是一个拥有不同环境、不同需要、不同利益的人的聚合体。利益的对立与冲突，威胁到群体生活的稳定性，因此统治者构建行政制度，通过较为成熟的规则、规章和相应的方法、程序，来应对行政环境中出现的各种偶然带来的必然，增强行政行为的可预期性,进而营造出一个能使个人的人身、财富免遭侵害的,相对安全的,可以有效运转的社会良性秩序。

第二节 西方行政制度的历史演变

当代西方行政制度经历了漫长的历史演变过程。尽管制度演变的具体过程不同、发生变化的时间不一,在制度设计上也存在着个体差异,但西方各国的行政制度仍然具有可以清晰分辨的共同的历史演变脉络。

一、西方行政制度的初步形成

当代西方文明主要源于地中海城邦文明(包括古希腊城邦和罗马共和国)与罗马帝国。单就行政制度形成而言,罗马帝国起着更为重要的作用。它高度发达的行政制度为后世留下了丰富的遗产。在帝国时代向封建社会过渡时期的行政管理中,封建关系在西欧各地相继确立,西欧逐步形成英吉利、法兰西、德意志、意大利诸民族国家。不同的地理条件、不同的经济发展状况、不同的社会力量对比,使西欧各国的发展进程出现诸多差异,行政制度的演变各有特色。

行政职能主要可以分为政治管理职能、社会管理职能和经济管理职能。政治管理主要包括国防、外交、司法、治安等,是西方政府最古老、最基本的一个职能。中世纪西欧各国的国王,关心的主要是防御和审判。中世纪后期,随着封建专制君主政体的建立,为获得财富、增加税收,国家通过政策形式控制经济活动和社会活动的范围越来越广,并最终形成了16—17世纪的重商主义政策。不过,与政治管理职能相比,封建专制国家的经济与社会管理职能仍然处于较为次要的地位。而且,由于当时技术手段与社会条件的限制,封建专制国家对经济与社会的管理与当代行政机构对社会生活的全面渗透更是无法相提并论。

中世纪初期,西欧各国君主的权力有限,行政机构简单,王廷中最为重要的机构是为国王提供意见建议的咨询部门和处理公文的中书部门。在王权扩张的过程中,随着国家财政、外交、军事、司法事务日益复杂化,行政机构内部出现专业化趋势,专门负责管理军事与财政的部门从原先总揽国家一切重大事务的机构中相继独立出来。到封建君主专制时期,国家的中央与地方行政机构逐步完善,行政机构的规模也有所扩大。特别是执行重商主义政策的需要,在一些西欧国家导致新的经济管理部门的设立。

中世纪的行政系统基本上是个人性质的,行政机构与行政官员的权力来源于君主。只要君主认为合适,他就可以随意建立、撤销机构,任免、升迁官员。这一时期,君主一人掌握着国家的最高统治权,他凌驾于法律之上,不受法律的约束。而由于受君主的意志支配，控制行政机构行为的法律体系尚不完备或不稳定。行政官吏在政治和经济上自成特殊的集团，政府与民众较少沟通。行政权与司法权没有严格区分，议会或等级会议要么成为国王统治的工具，要么干脆不予召开，对行政机构的监督权力有限。随着资产阶级革命的胜利，西方国家先后建立起自由民主制度，各国的行政机构也先后经历了法制化与民主化的过程。

欧洲中世纪早期的王廷或诸侯，通常是通过豢养的家臣来履行行政职能，并不存在一般意义上的文官。在西欧封建专制政体建立过程中，伴随着行政事务的细致分化、官员群体的增长，负责管理家庭事务的官员和那些负责管理国家的公共事务的官员之间发生了分离，出现了一类由专制君主直接任命和垂直统御、协助君主进行统治、对君主负责的文职人员，这就是欧洲最早的文职官员阶层。

二、17 世纪到 19 世纪的西方行政制度

在近代初期的自由主义经济时代，西方国家奉行政府不干预的自由放任理论，政府只是消极地充当守夜人的角色。为摆脱封建制度及其重商主义对市场经济发展的束缚，统治阶级通过宪法所确认的政府职能极其有限，只有国防、外交、财政、安全的政治管理职能以及极少的社会职能，国民经济的运转完全依靠市场这只看不见的手来调控：在这个时代，人们奉行“最好的政府，最少的管理”的理念，为谋求社会、文化、经济的发展和繁荣，力图将行政干预限制在必要的最小限度之内。

在自由主义经济时代，政府机构并没有发生明显的改变，虽然也设置了一些专门用于履行社会公共事务管理的职能部门，但是，用于政治统治的政府机构在整个政府体系中仍然占主导地位。以美国为例，1789 年联邦政府成立之初，只设置了国务院、陆军部和财政部，官员仅有 300 多人，并在随后相当长的时间内保持相对的稳定。

法国大革命给国家行政体制带来了巨大变化。拿破仑统治时期，政府官员的效忠对象从君主转向国家。政府官员不再是国王的奴仆，而成为政府的服务员。政府官员变成了公共权力的工具，而不是某个人的代理人。政府官员依照法律行事，而不是根据个人的意志行事，政府官员效忠的应该是法律，因为法律表达的是国家的意愿。政府官员效忠目标的转变，导致的一个直接后果就是行政的法制化。18 世纪以后，西方各国开始对政府各部门的权限、管理方式和行为通过宪法以及其他法规详尽地加以规定，政府职能履行的方式也逐渐由人治转向法治。行政机关只能在法律授权的范围内采取行动，政府对社会的管理必须以议会制定的法律为依据，否则就是无效和非法的。西方国家还通过法律的形式具体规范行政机关及其工作人员行政管理行为，保证行政行为的实施符合法律规定的方式、程序和目的。

从 18 世纪末到 20 世纪初，西方国家以立法监督和司法监督为核心的行政监督体系逐步确立。英国、美国、法国制定了《权利法案》《独立宣言》《人权宣言》等宪法性文件，规定了议会和平民对政府监督的原则，确立了议会对政府的质询权、调查权、弹劾权和不

信任案等基本的行政法制监督制度；魏玛时代的德国也在宪法中明确提出了国会对部长的弹劾制度和监督政府依法行政的原则。在三权分立架构下，行政权与司法权分离，司法机构也成为行政监督制度中的一个重要主体。司法审查与违宪诉讼构成司法行政监督的主要内容。近一个世纪以来，由于国家对社会经济生活的干预加强、行政权力上升，防止违法行政和行政权力滥用一直是西方国家公共行政的一个关注焦点。传统的立法与司法行政监督在西方各国进一步完善，新的监督方式也不断出现。

近年来，随着社会的发展、科技的进步，西方国家出现了行政进一步民主化的潮流。一方面，公民监督政府和公民参与行政决策的能力与意愿大为增强；另一方面，西方一些国家采取多种措施加强地方的直接民主，如将地方政府首脑选举方式改为公民直选、扩大公民公决使用的范围等。

从文官阶层产生到近代文官制度形成，其间经历了三个时期，即封建专制君主的恩赐官职制时期、个人赡徇制时期和政党分赃制时期。前两个时期，即君主统治时期和资产阶级掌权初期，政府文职官员职位的获得，大多是由国家统治者根据个人的好恶而恩赐或凭依私人关系授予的。唯有普鲁士在一定程度上是个例外，在 18 世纪，它就形成了自己的一套官员选拔与培训方式。高级职位的候选人要拥有良好的履历，还要完成一段时期的实际工作的训练，并经过考试才能取得高级职位。恩赐制或政党分赃制是随着西方政党政治和议会制度的形成而出现的。它意味着，一旦某党的候选人当选，就可将政府职位授予其党员或助选工作人员。

19 世纪中叶以后，恩赐制的弊端日益显露，同时工业革命也要求建立适应工业社会的行政体制。在汲取古代中国吏制、近代普鲁士官僚制度以及资本主义工业管理经验的基础上，西方国家相继进行人事制度改革，恩赐制逐渐为功绩制所取代，英国和美国先后建立了国家公务员制度，随后为西方各国效仿，从而使公共人事管理走上了理性化、科学化的道路。在西方国家公务员制度下，国家公务员按明确的职位等级系列组织起来，每一职务在法律上都有明确规定的权利与义务。国家公务员通过证明其专业能力的考试后方可被录用，只有在存在重大过错或者违法的情况下，才能被解职，且有固定的薪金作为报酬。同时国家公务员必须遵守组织的纪律并服从对其行为的控制和监督，其职务的升迁依据资历和绩效由上级确定。国家公务员与公共经费和设备等组织的财产明确分离，亦不可滥用职权。

三、20 世纪以后的西方行政制度

没有约束的自由竞争导致庞大的垄断性公司的形成，给经济的健康运行带来不利影响。于是，19 世纪末、20 世纪初，西方一些国家的政府开始了干预经济的试验。第一次世界大战期间，西方各国又对经济进行了成功的战时控制，并使企业界初步改变了对政府干预的敌意和成见。而 1929 年至 1933 年席卷世界的经济危机，宣告了自由放任主义主张的彻底破产，干预主义从此盛行。为了解决纯粹市场调节带来的问题，主张通过政

府这只“看得见的手”干预经济的凯恩斯主义逐渐为人们所接受。西方各国政府开始运用经济、法律、行政等手段，全面介入市场经济活动，干预和调节市场的运作，纠正市场失灵。二战以后，许多国家推行国有化、经济计划化，政府干预经济的措施层出不穷。然而，到了20世纪60年代末70年代初，西方发达国家战后经济发展的黄金时代结束，出现了经济停滞、高失业和高通货膨胀并存的现象。20世纪70年代的“滞胀”表明市场经济条件下政府纠正市场失灵的能力有限，新自由主义经济理论广泛复兴，并逐渐取代凯恩斯主义而成为西方政府经济管理的主导思想。西方各国政府经济职能出现了令人瞩目的变化，范围收缩，市场机制大大增强。不过，西方资本主义经济并没有因这些转变而彻底摆脱“滞胀”困境。20世纪80年代中后期以来，新自由主义在西方国家开始受到冷落，各国重新加强了对经济的干预。

从19世纪末开始，西方国家越来越多地承担起社会管理职能。始于19世纪60年代的欧洲工业革命，给西方国家带来了发展的机会，但也带来了新的冲击。工业化和城市化进程导致人口激增，环境和卫生问题日益严重，贫富差距拉大，经济上的弱者多陷入失业和贫困，甚至生存濒临绝境。为了社会的稳定，西方国家不得不扩大社会管理职能，其中最重要的就是建立并逐步完善社会保障制度。俾斯麦在德国首先推行福利国家政策。第一次世界大战后，美国在罗斯福“新政”时期开始建立社会福利制度。第二次世界大战后，西欧国家和日本的社会保障制度逐步建立起来。西方各国还在二战后普遍加强了教育科学文化管理方面的职能。20世纪60年代以后，随着环境问题日益严峻，政府又加强了环境保护力度。随着当代经济与社会生活复杂性的进一步增强，西方各国政府在社会公共事务方面的作用普遍增长，职能范围扩大到人们生活的方方面面。

随着政府职能的扩张，西方政府机构管理经济和社会事务的部门大量出现，同时，政府机构也急遽膨胀，人员数量大量增加。例如，美国在1933年罗斯福新政期间增设了国家劳工关系理事会、国家调解理事会、田纳西流域管理局、联邦储蓄保险公司、债券与交易管理委员会、铁路退休全体董事会等十个独立行政机构。二战之后，西方各国政府承担越来越多的经济社会管理职能，行政机构的数量与规模进一步增加。而且，新设立的部门又大多是承担经济社会管理职能的。例如，英国政府机构几经改组合并后，管理经济、教科文和社会事务的部门占了一半以上。

20世纪50年代以来，在新的管理理念的指导下，为克服传统体制弊端，适应信息社会、组织内外环境变迁和政府改革的潮流，公共人事管理发生了从传统的人事管理到现代人力资源管理的变迁。人事管理与人力资源管理在对人的假定的基本理念上有着根本的区别。在人力资源管理的视角下，人不再被看作组织机器上可供更换的零件，而成为组织应当重视的、可进行有效管理和开发的重要资源。理念上的变化引起管理体制和方式的全方位变迁：奉行以人为中心的管理，管理方式人性化，强调尊重人、依靠人、发展人、爱护人和服务于人，注重塑造组织人才成长的环境；管理机制灵活化，员工的办公时间和办公地点更富有弹性，职位分类更加灵活；更关注产品的质量，而不是数量，并大量采用合同管理、目标管理、全面质量管理、付酬的灵活性和业绩奖励等措施来提高管理绩效;加强员工的专业化和团队合作。

第三节 西方行政制度的研究对象和研究意义

一、西方行政制度的研究对象和研究范围

(一)西方行政制度的研究对象

我们将西方行政制度的研究对象界定为欧美发达国家的行政制度。具体而言,主要研究欧美发达国家政府的机构与功能,包括由国家宪法和有关法律、法规所确定的国家各级各类行政机关的法定地位、组织形式、领导体制、职能权限、活动规程、官员任免等方面的制度规范以及政府体制内各权力主体的关系形态。

当今世界,行政制度复杂多样,罗伯特·达尔认为:"每一个民族国家都包含着许多历史事件、创伤、失败和成功的结果。这些结果反过来创立了特殊的习惯、习俗、制度化和行为样式、世界观甚至'民族心理'。人们不能认为公共行政学能够摆脱这种条件作用的影响,或者认为它能以某种方式独立于和隔离于它在其中发展起来的文化环境或社会环境。"①

所以,行政制度的每种类型、每种模式、每个国家行政制度的具体内容和形式,都是多种多样、纷繁复杂的。但总体来看,各国行政制度的形成都有其历史因由,是与各国所处的行政环境相适应的。

本书侧重于研究现代欧美主要国家的行政制度,在分析研究欧美主要国家中央行政制度的异同点时,有两点是我们思考的依据:第一,西方发达国家的政府制度不仅具有"主权在民"、分权制衡、依法治理等现代政府制度的共同特征,而且还在政府制度形式方面各具特色、富有典型意义并产生了广泛而深远的国际影响。第二,西方发达国家的政府制度都是以市场经济为基础的,而建立以市场经济为基础并服务于市场经济的新的政府制度,正是原计划经济国家政府制度改革的努力方向。因此,从实践的角度,西方发达国家政府制度改革的经验和教训,将对我们有较大借鉴意义和启示作用。

(二)西方行政制度的研究范围

可以说,行政制度研究的范围(亦称"领域")十分宽广,既可以是对各种类型政府制度的研究,也可以是对各国同一类型的政府制度的研究,还可以是对不同社会制度下的

---

① 转引自彭和平等编译《国外公共行政理论精选》,中共中央党校出版社,1997,第161页。

政府制度的研究,甚至可以是对一国政府制度前后的发展变化进行研究。具体而言,对行政制度研究的范围,我们可以从不同的角度加以分析。如果从国家与社会、政府与公民关系的状况来看,当今世界的行政制度可分为七大模式,即盎格鲁—撒克逊模式、拿破仑模式、日耳曼模式、斯堪的纳维亚模式、伊斯兰模式、儒家模式和发展中国家的行政制度模式。如果从行政机关和行政权力的层级结构来看,行政制度一般包括中央行政制度和地方行政制度。如果从狭义的政府组织形式即国家行政机关或中央执行机关的组织形式来看,根据国家元首、立法机关与行政机关的关系特征,西方国家的政府制度主要有四种,即议会内阁制政府、总统制政府、半总统制政府和委员会制政府。我国则实行人民代表大会制的政权组织形式,采取国务院制。如果从政府行政过程来看,行政制度大致可分为政府制定政策和执行政策两个层面。

本书围绕西方国家行政制度,将其归纳为以下几个相互关联、相辅相成的研究领域和范围。

(1)在人类社会发展的历史过程中,出现了多种多样的制度化行政活动。对这些活动进行类型化分析,进而梳理总结其中的主要模式和阶段性特征,是亚里士多德、威尔逊、韦伯等西方思想家的重要任务,也是人们对西方行政制度展开研究时较为便捷和有效的切入点。

(2)中央行政制度。中央行政制度是对西方国家行政制度进行研究的一项重要内容。它包括西方国家中央行政制度的构建原则、职权、组成等,重点介绍了内阁制中央行政制度、总统制中央行政制度、半总统制中央行政制度、委员会制中央行政制度四种典型的中央行政制度的主要内容。通过比较,我们能够全面理解和掌握每一种中央行政制度的优点与缺点。

(3)地方行政制度。地方行政制度是对西方行政制度进行研究的又一项重要内容。我们在阐释地方行政制度的含义、特征与类型的基础上,分别对英、美、法、日几个典型西方国家的地方行政制度特点进行列举和分析,以揭示西方地方行政制度的一些共同特征以及不同国家地方行政制度的主要区别。

(4)政府行政过程。如果说中央与地方行政制度是从静态体制的角度对西方行政制度进行研究的话,那么政府行政过程则是从动态机制的角度进行的研究分析。政府行政过程是行政主体及其他行政参与者(如立法机关、政党、智库、利益集团等)行使各自的权力(或权利),相互影响,设定并最终实现公共政策目标的活动过程。本书将对英、美、法、日几个典型西方国家的政府行政过程进行阐述分析。

(5)政府人事制度。在现代,众多的西方国家实行文官制度,即公务员制度。它对于选用各方面的精英人才、强化政府职能、提高政府工作效率、保持国家政权乃至整个社会的稳定都起到了重要作用。西方国家公务员制度是当代西方人事行政的重要内容,也是西方资本主义经济和政治发展的客观要求和必然产物。一般而言,西方人事行政包括对政务官的管理和事务官的管理两个部分,具有依法管理、政治中立、职务常任、公开考试、择优录用、严格考核、功绩晋升等共同特征。

(6)政府经济管理制度。在传统条件下,国家主要是通过保持和运用政治权力对社会实行统治的。在现代条件下,经济规模及总量极大地膨胀,经济事务在国际及国内政治中的地位迅速提高,一个政府已不再可能置身于经济事务之外而仍保持对国家的控制。当代西方各国政府的经济职能不断地增强,成了国家职能的重要部分,同时,经济管理制度日益完善,也与整个政治体制的运作保持着密切的关系。因此,可以认为,只有研究政府的经济职能及管理制度,才有可能全面地认识和理解当代西方国家的政治制度及其行政制度。

(7)行政制度改革。这也是从动态机制的角度进行研究分析。调整和变革行政制度,使之适应外部环境和内部条件的发展变化,是世界各国政府的恒新主题。基于此种论定,我们审视和探讨了西方行政制度改革的历史与现状、共性与异性、绩效与问题,以及启示与走向。

二、研究西方行政制度的目的和意义

如前所述,行政制度作为政治制度和社会制度的重要构成部分,在国家政治生活乃至整个社会生活中处于至关重要的地位。因此,对西方发达国家的行政制度进行研究,具有多重目的和意义。

总体而言,研究西方行政制度的目的和意义在于:揭示各个国家、各种类型政府制度的相同性和相异性,提升我们在政府制度方面的知识素养和分析能力;探索和构建政府制度的理论体系,促进政府管理和政治科学的发展与完善;明确可以借鉴和吸取的外国政府制度的合理因素以及改革经验,扩展我们的视野,启迪我们的思路,把我国的政府制度的建设置于更加科学的基础之上。具体而言,研究西方行政制度的目的与意义如下。

(一)有助于丰富我们的政府制度知识,提升对政府制度问题的分析能力

任何一个国家政府制度都是这个国家历史文化传统与现实国情相结合的产物,都有其存在的历史条件和现实依据。一种好的政府制度可以使政府享有足够的权威,同时公民也享有充分的自由。

我们认为,首先,通过对世界各国特别是西方国家政府制度的多侧面、多层次和历史纵深度的分析和比较,可以获得西方国家政府制度的知识,了解世界各个国家,尤其是西方国家政府制度的相同点(或相似点)和相异点及其成因,以便科学地把握当代世界政府制度的发展规律和趋势。其次,目前,世界经济全球化的趋势已经明显地展现出来。在世界市场上,任何国家为了发展本国经济,都必须参与其中。我国作为一个经济快速增长的国家,为了寻求更大的发展,就必须既能将外国资本“引进来”,又能使本国资本“走出去”。显然,无论是“引进来”还是“走出去”,都绝不只是一个经济问题,我们还必须了解和分析世界各国尤其是西方发达国家的政府制度及其运作机制,“扩大我们对各种政

治功能性的认识”。因此,开展西方政府制度的研究与探讨,以客观公正的态度看待西方的行政制度,可以提升我们对这方面问题的认识能力和分析能力。

（二）有助于我们探究政府制度的学科体系,推动马克思主义政治科学和行政科学发展

在西方国家,研究政府制度的历史比较久远。早在距今2300多年前的古希腊,著名的政治学家亚里士多德就曾经对当时的150多个城邦国家的政府制度进行调查和研究,以期发现最理想的国家政治制度和政府制度。到了近现代,许多著名的政治学家仍然不约而同地以“国家政治制度的研究”来定义政治学。千百年来,思想家和政治学家通过对政治制度及其政府制度和政治行为的研究,发现了许多重要的政治发展规律,积累了丰富的政治学知识,对人类不断改进自己的政治制度、完善政府制度从而推动社会进步作出了巨大的贡献。而在新中国,由于种种原因,对政府制度的研究起步较晚,且历经波折。20世纪50年代初,作为一门社会科学学科的政治学被撤销,直到20世纪80年代初才得以恢复。一些专门性的政治科学的研究机构也先后建立起来。由此开始进行政治学、行政学基本原理问题的研究,并涉猎政府制度方面的问题,其研究方法已由旧制度主义研究发展为行为主义研究进而发展为主体性研究,其研究成果不断获得总结与出版。应当肯定,这些成果为我国政府制度学科的创建作出了不可或缺的贡献。但也必须指出,这些成果在政府制度研究的基本范畴、逻辑起点、理论体系等方面尚未达到共识,亟待人们加强这方面的研究。正是基于这种认知背景,我们以谨慎和求实的态度来研究世界各国尤其是西方国家的政府制度,试图在构建行政制度理论范畴的基础上,探究政府制度的学科体系。我们相信,这种探索性努力,有助于我国政府制度学科的成长和发展,进而繁荣有中国特色的马克思主义政治科学和行政科学。

（三）有助于我们借鉴和吸收外国政府制度中的合理因素,促进我国政府制度的改革和完善

古人云:“他山之石,可以攻玉。”以开放的心态和宽广的胸襟借鉴和吸收人类社会所创造的一切文明成果,是加速自身发展的最佳选择。从学理的角度观之,蕴含权力制约、职务限任、依法治理等现代政府特质的西方行政制度,作为一种手段和工具,是为资产阶级政治统治服务的;但是,西方政府制度绝非纯属资产阶级的创造发明,而是人类社会发展过程中各种因素构成的“合力”作用的结果,是人类社会在治理自身事务过程中对较为合理的管理模式不断追寻的结果。从这个意义上说,现代政府制度是人类社会在国家事务和社会公共事务领域共同创造的文明成果。因此,人类社会中的各个管理主体学习、借鉴、共享其文明成果就成为天经地义的事情。再者,就各国政府制度建设的实践而言,从来未曾借鉴和吸收别的国家做法中的合理因素者,几乎没有。比如,西方国家普遍实行的文官制度是受到了中国科举制度的启迪,而中国的人民代表大会制度则是通过苏联

辗转借鉴了西方国家的代议制。由此我们可以论定:开展西方行政制度的研究,有助于全面了解和客观评估别国行政制度建设对策及举措的利弊得失,从而做到趋利避害,去劣存优,去伪存真,博采众长,为我所用;还有助于我们清醒地认识我国社会主义政府制度的优越性和应当坚持的特色。进而言之,政府制度研究的成果,对于我国吸收和借鉴西方政府制度中的合理因素,积极推进政治体制改革和行政制度改革,从而“赢得与资本主义相比较的优势”,定会有重要的参考作用。

思考题

1. 如何理解行政制度的含义?
2. 行政制度具有哪些特征?
3. 行政制度的功能有哪些?
4. 研究西方行政制度的价值是什么?

参考文献

[1]张立荣. 中外行政制度比较[M]. 北京:商务印书馆,2013.
[2]马晓雪. 比较政治制度[M]. 大连:大连海事大学出版社,2007.
[3]张新平. 世界各国政治制度概论[M]. 兰州:兰州大学出版社,2011.
[4]周民锋. 西方国家政治制度比较[M]. 武汉:华东理工大学出版社,2001.
[5]唐晓,王为,王春英. 当代西方国家政治制度[M]. 北京:世界知识出版社,2005.
[6]古莉亚. 西方行政制度[M]. 天津:南开大学出版社,2008.

第二章

西方行政制度思想的发展演进

第一节　西方行政制度思想的古典传统

自现代国家产生之日起,各类行政管理机关便相继成立,行政活动的制度化水平也在不断提高。尽管由于所处时代、地区、政治和历史情况的不同,学者们对行政制度的理解存在明显差异,但从整个历史进程来看,不同时期的行政制度思想仍具有显著的联系,保持了对古典政治思想的历史继承性。[①] 无论是古希腊城邦政治时期的政体思想,还是政治民主化时期的文官制度思想,都对西方行政制度思想的发展产生了深远的影响。

一、古希腊时期的行政制度思想

两千多年前,西方的行政制度思想在古希腊的城邦环境下孕育和诞生。在古希腊,城邦是公民的自治团体,也是每个人生存的基础和依赖。[②] 城邦出现之初,贵族把控着城邦政治;而随着城邦的发展,平民地位不断上升,逐渐成为城邦的主导力量。[③] 在这样的背景下,学术的议题由对神和自然的研究转向对人和社会的研究。众多学者立足城邦生活,针对包括行政制度在内的政治、社会、法律、伦理、宗教等广泛议题阐述自己的见解,其中最具代表性的当属柏拉图和亚里士多德这两位政治理论巨人博大精深的政治思想体系[④]。

(一)柏拉图的政体思想

柏拉图的行政制度思想主要体现在《理想国》《政治家篇》和《法律篇》这三部著作中,书中涵盖了古代政体的主要类型和模式。具体地说,柏拉图建构了由拥有高超智慧、真实知识、完美德行和绝对最高权力的哲学家治国的贤人政治,将其作为最理想的政体形式。同时,柏拉图将古希腊历史上曾经存在的现实政体分为荣誉政体、寡头政体、平民政体和僭主政体等四类。[⑤] 其中,贤人政治的内在精神和原则是智慧,而鉴别其他四类现实政体的标准分别是荣誉、财产、自由和专制。当统治者和公民的品格和心灵发生变化,政体则会按照“贤人政体→荣誉政体→寡头政体→平民政体→僭主政体”的转化路径发生嬗变。

在此基础上,柏拉图提出可以按照执政者人数的多少,以及执政者是否依据法律进

---

① 孙宇:《现代西方公共行政思想简史》,中国社会科学出版社,2015,第 34 页。
② 何平立:《西方政治制度史》,中国政法大学出版社,2015,第 37 页。
③ 丛日云:《西方文明讲演录(第二版)》,北京大学出版社,2014,第 96 页。
④ 徐大同:《西方政治思想史》,天津教育出版社,2008,第 33 页。
⑤ 柏拉图:《理想国》,郭斌和、张竹明译,商务印书馆,1986,第 214—220 页。

行统治来划分政体。依照这两个标准，柏拉图划分了三大类共六种政体：其一，一人执政的情况下，依法而治的政体是王治政体，不依法而治的政体是僭主政体；其二，少数人执政的情况下，依照法律来进行统治的是贵族政体，不依法而治的政体是寡头政体；其三，多数人执政的政体形式为民主政体，根据是否依法而治，民主政体也被分为共和政体和平民政体。值得一提的是，柏拉图对实行法治也进行了特别强调，认为在坚持理想国基本思想的前提下，良好政体的根本原则应该是城邦受法律的支配，而不是受个别统治者和特殊阶级或利益集团的支配。①

（二）亚里士多德的政体思想

亚里士多德延续和扬弃了柏拉图的政体思想，成为古希腊学术成就的集大成者，其关于行政制度的思想主要来自《政治学》《雅典政治》《尼各马可伦理学》等著作。根据亚里士多德的定义，政体是城邦的职能组织，以确定最高统治机构和政权的安排，并满足城邦及其全体成员的需求。一切政体都有三个基础的构成要素，包括有关城邦一般公共事务的议事机能、负责一般管理的行政机能，以及审判（司法）机能。若三类要素都能得到良好的组织，整个政体也将是一个健全的体系，而政体的特征也会因各要素组织情况的差异而各不相同。因此，优秀的立法家在创制政体时应考虑到每个要素的运行组织和三者间的配合，使之适应不同地区的历史发展特点和社会现实需要。②

此外，亚里士多德并不仅仅追求对理想国家的向往，也非常注重对现实中各种城邦制度的总结，从现实可行性的角度提出“最优良的生活应当寓于各城邦在现实情况下所能达到的最优良的政体中”③。以此为据，亚里士多德将理想和现实中的城邦制度分为两种类型。一方面，君主制、贵族制和共和制都属于正宗的优良政体。其中，君主制是最理想也最符合德性的政体。相较之下，贵族制与共和制也是好的政体，但不是最好的制度。另一方面，亚里士多德将僭主制、寡头制和平民制归入变态的、恶劣政体。这三种恶劣的制度分别是另三种优良制度的变态形式，即僭主政体是君主政体的变体，寡头政体是贵族政体的变体，平民政体是共和政体的变体，而僭主政体则是最恶劣的政体。

自柏拉图、亚里士多德以降，在文艺复兴运动、地理大发现和宗教改革的推动下，不少学者秉承自然法理论、社会契约论和理性主义，在各自的著作中提出了丰富的行政制度思想，包括意大利政治家马基雅维利的《君主论》、英国政治思想家洛克的《政府论》、法国启蒙思想家孟德斯鸠的《论法的精神》和卢梭的《社会契约论》等。这些著作将人权、自由和民主等思想融入行政系统的制度设计和运行组织，大大促进了行政制度思想的现代化。

---

① 孙宇：《现代西方公共行政思想简史》，中国社会科学出版社，2015，第 37 页。

② 亚里士多德：《政治学》，吴寿彭译，商务印书馆，1983。

③ 亚里士多德：《政治学》，吴寿彭译，商务印书馆，1983，第 339 页。

二、政治民主化时期的文官制度思想

随着工业革命在18世纪的勃兴，工业资产阶级的力量逐渐壮大，在英国、法国等地相继开启了政治民主化的进程。特别是在改革人事行政制度的过程中，为改善传统的恩赐官职制、政党分肥制带来的人事变动频繁、工作效率低下、专业化不足等问题，英国政府相继颁布《诺斯科特－屈威廉报告》《关于录用王国政府文官的枢密院令》等文件，对官员制度进行了根本性改革，逐步明确了新型常任文官制度的基本原则和措施，并于1870年正式确立现代文官制度。具体地说，英国文官制度的改革主要体现在五个方面。第一，文官招录范围逐渐开放，招录方式更加强调竞争性。第二，功绩和资历都是文官晋升的标准，直接影响文官的工作积极性和政府工作效率。第三，五级文官管理体制逐步建立，相关措施更加统一齐备。第四，文官退休制度正式确立，退休金管理不断完善。第五，文官的行为得到进一步规范，并且必须保持政治中立与廉洁奉公。①

由此可见，英国文官制度的特征主要包括三点。其一，从录取方式来看，符合条件的相关人员需要通过严格的考试来证明其具备相应的能力，从而获得任职资格。其二，一旦得到录用，文官的任职不受党派更替的影响，从而保证文官队伍的稳定与连续。其三，文官政治中立原则的确立保证了两党政治下行政机关日常工作的秩序，从而防止政治危机影响政府的正常运作。因此，这一现代文官制度能够适应英国的经济社会发展和行政文化传统，在中央办事机构中促使中产阶级代替世袭的腐败官僚。同时，严格的选拔制度和良好的行为控制使英国的文官队伍不仅可以专注履行职责，保障政府方针、政策和命令的制定和执行，而且能够与复杂多变的政党活动保持距离，实现公共行政的廉洁与高效。历史和现实表明，积累了丰富实践经验的文官制度思想为现代官僚制度的出现奠定了基础，也对世界各国的公务员制度产生了深远影响。②

第二节　西方行政制度思想的现代基石

西方在19世纪末20世纪初进入工业时代，经济和社会状况相应发生了巨大变化。各国在促进经济增长、提升公共福利的同时，也不可避免地面临着社会领域的利益冲突。在工业化、城市化不断发展的背景下，政府开始承担越来越多的经济调节、市场监管和公共服务供给职能，专业公共行政的重要性因此日益凸显。在这一时期，行政学作为一门独立的学科从政治学中分离出来，学者们以政治—行政二分为基础提出了大量具有丰富

① 何平立:《西方政治制度史》,中国政法大学出版社,2015,第203—206页。

② 陆伟芳、余大庆:《19世纪英国城市政府改革与民主化进程》,《史学月刊》2003年第6期。

内涵、产生深远影响的理论，聚焦于行政制度思想中的范式基础、组织理性、管理原则、决策模式和公共选择，构筑起行政制度思想现代化的理论基石。

一、行政制度思想中的范式基础

公共行政作为独立的研究对象在实践领域得到广泛认同，是行政制度思想能够系统发展的基础。这有赖于伍德罗·威尔逊和弗兰克·古德诺共同创建的政治—行政二分范式，它不仅为政府的行政管理活动提供了基本的理论依据和实践原则，也极大地促进了公共行政专业教育和职业训练的进步。

（一）威尔逊的政治—行政分离观

伍德罗·威尔逊（Woodrow Wilson）是美国著名的政治家、行政学家和历史学家，于1886年获得约翰·霍普金斯大学政治科学博士学位，并于1902—1910年担任普林斯顿大学校长，随后在1912年当选为美国总统。威尔逊的行政学思想集中体现在1887年发表于《政治科学季刊》上的《行政学研究》一文，该文提出将公共行政从政治学中分离出来并纳入专门研究的视野，并着力从历史、主题、原则和方法等多个角度对行政学研究做出了全面的阐释，由此开创了公共行政研究的先河，威尔逊也因而被誉为美国“行政学之父”。

具体地说，威尔逊主张应在政治与行政相对分离的基础上重点研究行动中的政府，关注政府能够适当且成功地做些什么，以及政府如何以最高的效率和最少的资金与资源来完成。在政治与行政的差别方面，威尔逊认为政治是具有重大和普遍意义的国家活动，是政治家特定的责任领域；而行政则是国家在微小和特别事项方面的活动，是政府官员的专业领域。行政问题并非政治问题，虽然行政机构的任务来自政治领域，但政治不应也无须操纵行政机构，行政机构应该也确实有选择如何完成任务的自主意愿[①]。从这个角度来看，政治—行政二分的意义在于为行政划定边界相对清晰的运行范畴，使其摆脱政治的干涉。这样独立出来的、以去政治化为原则的行政体系具有很强的工具性，是实现政治价值的重要手段。

需要注意的是，威尔逊强调的只是行政与政治的分离，但并没有将二者完全割裂开来。相反，政治—行政二分作为西方行政制度思想的范式基础，其价值在于把行政视作将政治理念和蓝图付诸实践的手段，激励学者们不断探索行政活动的运行场景和政治与行政之间的互动关系，从而在行政意义上促进民主政治的发展。以此为基础，威尔逊特别关注公务员制度，提出相关改革应从三个方面展开。第一，公务员要通过考试择优录取，以具备履职尽责所需的充足知识和技能。第二，公务员必须拥有公共精神，坚定忠诚

---

① 伍德罗·威尔逊：《行政学研究》，李方译，《国外政治学》1988年第6期；丁煌：《西方行政学说史（第3版）》，武汉大学出版社，2017。

于其所服务的政府。第三,公务员应与公众思想和社会需求保持紧密的联系,并充满理智和活力地开展工作。

(二)古德诺的政治—行政关系观

弗兰克·古德诺(Frank J. Goodnow)是美国著名的政治学家、行政学家,是美国政治学会的创始人之一和首任主席,并于1914—1929年担任约翰·霍普金斯大学的校长。在古德诺的诸多著作中,最有影响的是1900年出版的《政治与行政:政府之研究》。这本书集中阐释了古德诺对公共行政学的认识和有关政治—行政二分的理论范式,继承并发展了威尔逊的行政制度思想,认为所有政府系统都有政治和行政两种基本且明显不同的功能,并提出"政治是国家意志的表达,行政是国家意志的执行"这一经典论断。同时,古德诺还对行政与政治、法律、政党之间的关系,行政与立法、司法之间的关系,中央与地方政府之间的关系,行政功能与体制之间的关系等重大理论问题做出了有益探索,对行政学研究的发展产生了深远的影响。①

古德诺在政治与行政二分范式上的重要贡献,主要是他对政治与行政协调关系的探讨。在分析了美国、英国、德国、法国、意大利等国实践的基础上,古德诺提出了协调政治和行政的三条原则。首先,政治与行政相协调的基础是政治必须对行政进行适度的控制。有时这样的控制是通过法定制度达到的,有时则是由法外途径实现。但这种控制一旦超过某种限度,就不仅会妨碍有效的行政执行功能,而且还会损害建立这一控制的目的。他认为政治对行政的控制应限于狭义的执行性机构,其他诸如司法、准司法、统计和半科学性质的部门都应保持自己的独立性,不受政治的影响。其中,最高级的执行性官员从属于政治即可,他们随政党而进退,以此保证政治对行政的控制。其余的行政官员应是不受政治影响的常任文官,从而保证行政效率。② 其次,古德诺认为政治与行政的协调还取决于行政权的适度集权。国家意志表达和执行可以委托给中央政府的部门或者地方政治共同体,但若这样的委托不受任何有效的控制,在国家与地方政治共同体之间出现冲突的议题上,地方自治政府就会倾向于牺牲国家利益而保全自己。因此,为了保证国家意志的执行,就需要赋予地方立法权,否则握有行政权的地方政府就可能采取消极执行的手段来应付中央政府的政策。而与立法的地方分权相匹配,行政的中央集权就显得十分必要。因为如果中央对地方的立法控制被削弱,又失去其他行政控制的手段,国家意志的传递将不再可能。最后,古德诺提出可以通过政党的职能,实现政治对行政的适度控制和行政权的适度集权。政党不仅负责表达国家意志,而且也提供执行意志的具体人员,可以说是政治与行政的中介,对政治与行政的协调发挥着基础性作用。所以国家需要运用制度化的方式对政党行为加以规范,并将政党纳入法治化管理的轨道,使

---

① 何艳玲:《公共行政学史》,中国人民大学出版社,2017,第36—37页。
② 汤勤、古小华、庞京生:《西方行政制度概论》,中国经济出版社,2010。

其充分发挥“贯穿权力分立，实现政行合一”的作用[①]。

二、行政制度思想中的组织理性

将行政从政治中分离出来仅仅是行政制度思想现代化的第一步，在政治—行政二分范式的指引下，学者们开始进一步关注如何提高行政运作的有效性，将官僚制度及其组织和管理问题作为研究重点，对公共行政中的组织问题进行了深入挖掘。为抓住行政现象背后的理性逻辑，提炼行政管理的基本原则和规律，马克斯·韦伯、切斯特·巴纳德相继提出了官僚科层制、系统组织论，从不同的角度探析传统行政制度中的组织理性。

（一）韦伯的官僚科层制

马克斯·韦伯（Max Weber）是德国著名的社会学家、政治学家和行政学家，出版的著作多达230多部，其中不乏《经济与社会》《新教伦理与资本主义精神》《社会和经济组织的理论》《政治学文集》这样的鸿篇巨制，对许多社会、经济、历史和宗教问题都提出了自己的深刻见解和独到观点，是典型的百科全书式的学者。在公共行政领域，韦伯最大的贡献在于提出并系统构建起官僚科层制理论，对金字塔形的官僚组织体系，以及人与组织之间的关系进行了剖析，被称为“组织理论之父”。虽然官僚制作为实践中的一种国家政治统治和社会管理制度已经有很长的历史发展过程，但长期以来并没有得到深入研究，而韦伯则赋予其完整的逻辑解释，他也因此成为官僚科层制研究的开创者。概括地说，韦伯对官僚科层制的阐释包括两个方面：一是通过对组织权威的类型化分析明确科层制的合法性来源，二是通过梳理现代行政组织的发展历程总结官僚科层制的基本要素和理性化特征。

1. 组织权威的类型分析

韦伯对行政制度的理解以人类的社会行为为切入点，提出任何一种合乎需要的统治都有其合法性基础。这样的合法性包括两重含义，即在命令服从关系中，对服从者来说是对统治是否认同的问题，而对命令者来说则是统治是否正当的问题。任何制度只有具备了合法性，才能够让公民和组织服从命令并按命令行事。同时，韦伯也认为合法性及其所包含的认同度和正当性既可以通过强制力量来达成，又可以凭借组织权威来实现，并区分了三种组织权威的类型，即个人魅力型权威（charismatic authority）、传统型权威（traditional authority）和理性法理型权威（rational - legal authority）。

首先，个人魅力型权威又叫卡里斯玛权威，建立在特别神圣、个人英雄主义和超凡品质、规范模式或规定秩序的信念基础上，是一种由领袖的个人品质和卓越成就转化而得的合法性力量，从而激发服从者的追随和忠诚。英雄、先知、救世主都是该类型权威的代

① 弗兰克·古德诺：《政治与行政——政府之研究》，丰俊功译，北京大学出版社，2012。

表。其次,传统型权威源于宗法和家族,其合法性建立在长期形成的风俗和习惯的基础上,世袭君主制是运用这类权威的典型形式。最后,理性法理型权威是以组织内部的各种规则为基础,以对组织规则的服从和对法律的遵守为特征,规定各种政策、规章必须合乎法律,行政人员只有在法律规则的约束下才有发布命令的权力。从法律地位上来,领导者和被领导者之间是平等的,都必须受到组织规则的约束。人们认同的是法律的权威而不仅仅是执法者的权威,行政人员的权威来自法律,公民的权利和义务也由法律来界定。①

2. 官僚科层制的要素与特征

在对三种组织权威进行比较研究后,韦伯进一步指出只有理性法理型权威才能构成行政制度的基础,而与之相匹配的组织形式就是官僚科层制。在韦伯看来,官僚科层制运用以规则为基础的非人格化行政取代人格化的行政,是现代行政体系获得合法性的必然途径,这区别于对传统的信仰和对个人魅力的崇拜,代表着现代社会的理性特征。具体地说,韦伯认为理性的官僚科层制应包括如下九方面的要素②:

(1)组织是根据明文规定的规章制度组成的,并具有确定的组织目标。人员的一切活动,都必须遵守一定的程序,其目的是实现组织的目标。

(2)组织目标的实现必须实行劳动分工。组织为了达到目标,把实现目标的全部活动进行划分,然后落实到组织中的每一个成员,组织中的每一个职位都有明文规定的权利和义务。

(3)各种职位都按照权力层级原则组织而成,形成一条完整的指挥链,每一级的人员都必须接受其上级的控制和监督。

(4)在人员关系上,组织成员之间是一种指挥和服从的关系。这种关系不是由个人决定,而是由职位所赋予的权力所决定的,个人之间的关系不能影响到工作关系。

(5)所有组织成员的任用都应符合职务要求,并经过正式的考试和训练教育,获得相应的技术资格。人员必须是称职的,同时也不能随便被免职。

(6)组织成员实行委任制,而不是由选举产生(有一些特殊的职位必须通过选举的除外)。

(7)行政人员实施日常的管理职责,但不是其所处组织的所有者。

(8)行政人员有固定的薪金,并且有明文规定的升迁制度,有严格的考核制度,是职业化的管理人员。

(9)行政人员必须严格地遵守组织中的法规和纪律,这些规则具备非人格化的特点,毫无例外地适用于一切情况。

---

① 马克斯·韦伯:《经济与社会》第一卷,阎克文译,上海人民出版社,2019。

② 马克斯·韦伯:《经济与社会》第二卷,阎克文译,上海人民出版社,2019。

在此基础上,韦伯总结了官僚科层制作为一种理性的行政组织形式,其所拥有且相互关联的六项基本特征。其一,专业化。在官僚科层制组织中,工作是根据工作类型和目的来划分的,有明确的职责范围,对权利义务体系的规定细致而清晰,有助于组织成员按章履职而不随意行事。其二,层级化。官僚科层制组织拥有大批的行政人员且高度专业化,因此需要按照层级原则进行管理。领导必须通过权威层级体系来发布命令,下级必须接受上级的指示和监督,形成一种层级间的节制关系,以实现符合规定的权利、义务和责任。其三,规则化。这意味着官僚科层组织的成员都了解自己所必须履行的岗位职责和组织运作的规范,成员间的活动和关系都受规范或准则的限制,最高层的管理者也不能超出组织规则和程序办事。其四,非人格化。在理性的官僚科层组织中,成员的人身依附关系因为层级节制的内部约束和程序化的组织标准而显著弱化乃至消失,个人的情绪和好恶被严格约束,不得影响组织的理性决策。其五,技术化。官僚科层组织的高效运行有赖于经过精心挑选和培训的人员,他们发挥自己的技术专长和业务能力获得工作机会和工资报酬,进而提高服务规模和质量,并从根本上提高组织的整体工作效率。其六,明确的方向。韦伯认为,官僚科层组织的所有规则和原则都可以学习,所有的决策和行为都记录在案并随时可查,从而促使各级管理者的行动也可以预见和协调。①

在韦伯的论述中,高度结构化、正式的、理性的官僚科层制是行政制度能够达到最高效率的合理手段,也是人类行使权威最理性的工具,这一思想的惊人生命力也一直延续至今。但不可否认的是,官僚科层制理论对人性的复杂性、组织中的非正式和不确定因素,以及环境的动态变化缺乏有效回应,这激励着更多的学者从系统、整体性的角度来继续研究行政制度问题。

(二)巴纳德的系统组织理论

切斯特·巴纳德(Chester I. Barnard)是美国企业管理家、组织理论家和行政学家,也是社会系统学派的创始人,其组织管理思想集中体现在《经理人员的职能》《组织和管理文选》等著作中。巴纳德进一步补充和发展了韦伯的组织理论,在重视组织理性的同时认为组织是行政的核心,强调理解个人动机和有意识的协作对于提高组织效率非常重要,并对正式和非正式组织、行政人员的主要职能和权威接受理论进行了深入分析,提出了一整套系统组织理论。

1. 正式与非正式组织

在巴纳德的理论框架中,组织指的是有意识地加以协调的两个或两个以上的人开展活动并为之效力的系统。各种形式的组织都是协作的系统,而其中的正式组织的建立必须具备三个基本要素。第一,共同的目标。这是产生协作意愿的必要条件。如果组织无

① 谭功荣:《西方公共行政学思想与流派》,北京大学出版社,2008,第117—119页;马克斯·韦伯:《经济与社会》第二卷,阎克文译,上海人民出版社,2019。

法明确具体的目标，其成员也无法预计自己要付出怎样的努力以及这样的协作结果能具有什么效果，协作就无从产生。第二，协作的意愿。这指的是组织成员为组织目标作出贡献的意愿，是产生协作行为的前提，取决于物质奖励、荣誉机会、声望、权力等多种诱因。第三，信息的交流。目标是自上而下传达的，而协作的意愿则是自下而上逐渐形成的。因此，只有通过良好的信息交流使上下级的意愿达成一致，特别是下属接受并服从，协作才有可能。可以说，这三个要素是现代组织的三大支柱，是正式组织成立的必要条件和充分条件。而对应这些要素，巴纳德将行政人员的主要职能归结为三项，开发和维持信息交流的体系、促成组织成员得到必要的服务与激励，以及确定和宣传组织的目标①。

尽管巴纳德的观点仍然以组织理性为基础，但他也认识到作为协作系统的组织还存在着非正式、非物质的层面。他认为在正式组织之外，非正式组织也非常重要，并把非正式组织定义为：不确定的、没有正式结构的、无意识的社会过程，是密度多变的无形群体。非正式组织没有正式的结构，常常不能自觉地意识到共同的目的，而是通过同工作有关的接触产生的，并因而确立了一定的态度、习惯和规范。非正式组织是正式组织运行必不可少的部分，两者相互作用、相互依存。具体地说，非正式组织能够提升组织内的沟通水平和正式组织内的凝聚力，并在一定程度上保证组织成员的自尊和完整人格。在正式组织不断加强非人格化的特征时，非正式组织可以有效维护正式组织中的个体人格。②

2. *权威接受理论*

对权威的阐释是巴纳德系统组织理论的重要组成部分，他将权威定义为正式组织中信息交流的一种属性，通过被组织成员接受来控制其作出贡献的行为。这意味着组织成员是否付出实际行动为组织作出贡献，取决于其对权威的接受程度以及受权威支配的程度。因此，权威的来源不在于权威所有者或发出命令的人，而在于下级是否接受这样的权威。

按照巴纳德的定义，权威包括两个方面：一是主体方面，即个人主观上承认这种信息具有权威性；二是客体方面，即相关的信息或命令是否具备被接受的属性。很显然，这一权威接受理论具有革新的价值。传统对权威的理解都是建立在某种等级体系或组织地位的基础之上，而巴纳德则强调权威应由下级来决定，给予权威以自下而上的解释路径。基于此，他认为要使权威得到个人的接受必须满足四个条件：①个人能够并确实理解所传达的命令；②他们认为这个命令与组织目标是一致的；③他们认为从整体说来这个命令同他们的个人利益是一致的；④他们在精神上和体力上能遵守这个命令。③

---

① 切斯特·巴纳德：《经理人员的职能》，王永贵译，机械工业出版社，2013。

② 何艳玲：《公共行政学史》，中国人民大学出版社，2017，第56—57页。

③ 汤勤、古小华、庞京生：《西方行政制度概论》，中国经济出版社，2010；切斯特·巴纳德：《经理人员的职能》，王永贵译，机械工业出版社，2013。

三、行政制度思想中的管理原则

有关政府在操作层面的日常行政应遵循怎样的原则，无论是政治—行政二分的范式基础，还是韦伯和巴纳德构建的组织系统，都没有给出针对性的答案。在工业革命不断发展的背景下，技术进步和劳工关系的变化使社会对具体的管理原则和技术的需求日益凸显，泰勒所倡导的科学管理理论和法约尔首创的一般管理理论因此应运而生。

（一）泰勒的科学管理理论

弗雷德里克·温斯洛·泰勒（Frederick Winslow Taylor）历任费城米德维尔钢铁厂的总工程师、美国机械工程师学会主席，发表过《计件工资制度》《车间管理》《科学管理原理》等著作。由于在工业生产领域积极推行关于效率的科学管理思想，泰勒被誉为“科学管理之父”。自1908年起，哈佛大学企业管理本科第一学年的课程就是根据泰勒的思想开设的。

泰勒倡导的科学管理源于早期管理思想和经济学理论，以提高生产效率为中心，本身关注的是工厂管理而非行政管理，但其追求效率的思想恰恰因应了当时行政专业化的需要。公共行政领域内科学管理的支持者认为，政府部门同样需要对人员进行分工，在制订完善计划的基础上做出决策，并设法开展有效激励，从而实现对人、财、物、时间的最优配置。在泰勒看来，科学管理的原则主要有四方面的内容。首先，科学管理的核心问题是提高劳动生产力，故而可以用科学的工作分析，找到完成任务的“最佳方法”，以此替代传统的凭经验的工作方法。其次，生产力的提高还有赖于一流的员工，科学的人事管理应该做到人岗匹配。因此组织需要科学地挑选、培训、开发员工，而不是消极地任其自由发展。再次，泰勒认为员工与管理者之间的精诚合作，是科学管理的精髓。这有助于变相互对立为协调合作，共同为提高劳动生产力而努力。最后，管理者和员工之间分工是平等的，分别承担计划和执行职能。这能够促使管理者按照科学管理原则进行工作规划，员工则可以尽职尽责地完成操作任务。而为了有效地实施科学管理原则，泰勒从思想观念、组织职能、管理原则、激励机制等方面进行了更具实践性的探索，提出了一系列落实科学管理的措施，主要包括确立追求效率的基本观念、实行职能工长制、在组织控制的过程中实行例外原则，以及实行刺激性的工资报酬制度。①

（二）法约尔的一般管理理论

亨利·法约尔（Henri Fayol）是法国著名的管理思想家，他倡导创立了能够广泛适用于各种组织的一般管理理论，并发表了大量经典的管理学论文和著作，主要包括《论管理的一般原则》《工业管理与一般管理》《公共服务的改革》《国家行政理论》等，与泰勒并称

① 弗雷德里克·泰勒：《科学管理原理》，马风才译，机械工业出版社，2021。

为“现代管理之父”。作为一名著名的管理学家,法约尔的思想主要体现在他于 1916 年发表的《工业管理与一般管理》一书中,该书对组织有效运行所必须具备的 5 项职能和 14 项基本原则进行了系统总结。

与泰勒关心工作现场的操作效率问题不同,法约尔是自上而下地看待管理问题的,并认为自己的一般管理理论不仅适用于私营企业,也适用于公共机构和社会组织。他认为所有类型的组织都应具备计划、组织、协调、指挥和控制五大职能。其一,计划职能。作为每个组织最重要也最艰难的工作之一,任何可行的计划都应清晰说明组织发展所需的资源、工作任务的性质及重要性、未来的发展趋势等事项。此外,计划不是一成不变的,而是应具有灵活性和长期性,尽可能地预测将要发生的偶然因素并确保相关措施的连续与稳定。其二,组织职能。该职能指的是以责权明确的组织结构为基础,为组织运行提供必要的物质和社会资源,促使组织的行动计划得以实现。其三,协调职能。法约尔指出,协调就是不同的职能部门之间、任务和行动之间、方法和目标之间保持合适的比例,从而使每个组织成员都能够有保障地、经济地完成自身的任务。其四,指挥职能。这主要由每个组织的领导者来实施,其目的在于根据组织利益激励所有组织成员作出最大的贡献。其五,控制职能。从过程管理的角度出发,法约尔认为控制是指通过指出工作中的缺点和错误并予以纠正来确保正在进行的行动符合制订的计划、下达的指示和既定的原则。①

在此基础上,法约尔综合梳理了西方的经典管理思想,在《工业管理与一般管理》中提出了组织发展应遵循的 14 项普遍原则,包括劳动分工、权力与责任、纪律、统一指挥、统一领导、个人利益服从整体利益、个人报酬、适度集权、层级链条、秩序、公平、人员稳定、创新精神和团队精神。

(1)劳动分工。这不仅适用于技术工作,也适用于行政工作,强调职能的专业化和权限的划分有利于行政水平的提高。

(2)权力与责任。在法约尔看来,行政人员的权力分为正式的制度权力和个人权力,前者由职务或地位产生,后者由行政人员的个人智慧、经验、道德品质、领导能力产生。而责任是权力的当然结果和必要补充,行政人员应勇于承担责任。

(3)纪律。这强调的是个人必须服从和尊重组织,严明的纪律来自组织的领导层、管理层和其他成员之间关于规则达成的明确协议以及赏罚的审慎运用。

(4)统一指挥。即对任何工作来说,一位员工只应接受一位领导者的命令。双重指挥常常是冲突的根源,对权力、纪律和稳定都是一种威胁。

(5)统一领导。即从事同一工作任务的组织成员只能有一个领导者和行动计划,同一目标下的所有工作都应由同一位领导者负责。

(6)个人利益服从整体利益。相对于组织成员和部门的利益而言,组织的整体目标

① 亨利·法约尔:《工业管理与一般管理》,迟力耕、张璇译,机械工业出版社,2021。

具有至高无上的地位。因此行政人员要坚定地做好榜样,尽可能签订公平的协议并认真做好监督。

(7)个人报酬。法约尔认为组织成员应该得到与其付出相匹配的公平回报,不应被随意剥夺,并提出报酬方式有按劳动日付酬、按工作任务付酬和计件付酬三种,形式包括奖金、分红、实物补助和精神奖励。

(8)适度集权。集权意味着管理职能的强化,其程度取决于组织面临的环境、具备的条件和成员的素质,应该是弹性变化的。

(9)层级链条。为保证统一指挥,组织应建立从最高领导者到基层行政人员的层级链条,显示出组织内权力层级的运行路线和信息传递通道。

(10)秩序。既包括产品秩序,也包括社会秩序,即所有的物质和人事安排都应按部就班、人岗匹配,从而使每个组织成员都能发挥出自己最大的价值。

(11)公平。即源于善意和公正的平等对待是处理组织及其成员间关系的准则,有助于鼓励行政人员全心全意地履行自己的职责。

(12)人员稳定。法约尔认为,行政人员在其职位上做出成绩需要一定的时间,因此要有秩序地安排人员并保持职位的相对稳定,促使行政人员作出长期的贡献。

(13)创新精神。对于组织而言,成员的创新精神是发展的动力源泉,领导者应该允许和激发不同领域的创新精神和行为。

(14)团队精神。无论是在何种类型的组织中,全体成员的和谐与团结都可以产生巨大的力量,值得行政人员努力践行。①

四、行政制度思想中的决策模式

管理原则的提出增强了行政制度思想的科学性,但也受到了严峻的挑战。以西蒙、林德布洛姆为代表的学者认为寻找适用于所有组织的、一成不变的管理原则是不切实际的,传统理论所总结的原则实际上只适用于描述和诊断具体的管理情境,研究者们仍需遵循逻辑实证主义的科学原则,从种类繁多的组织中找到抽象的结构原理。他们提出的有限理性决策理论和渐进决策理论对传统的"行政谚语"进行了反思,注重研究为达到既定目标所应采取的组织活动过程和决策模式,旨在形成可操作的概念并探索理性的限度。②

(一)西蒙的有限理性决策理论

赫伯特·西蒙(Herbert A. Simon)是美国社会科学家,在心理学、经济学、行政学研究

① 谭功荣:《西方公共行政学思想与流派》,北京大学出版社,2008;亨利·法约尔:《工业管理与一般管理》,迟力耕、张璇译,机械工业出版社,2021。

② 何艳玲:《公共行政学史》,中国人民大学出版社,2017,第63—64页。

等方面都颇有建树，曾荣获美国心理学会的杰出科学贡献奖、图灵奖、美国科学奖和诺贝尔经济学奖，他也是诺贝尔奖历史上唯一一位以非经济学家的身份获得诺贝尔经济学奖的学者。西蒙有关公共行政的思想集中体现在他于1947年出版的《行政行为：行政组织的决策过程研究》一书中，其中最核心的研究是围绕组织决策展开的，提出了基于有限理性的行政决策理论和组织理论。

1. 有限理性与"行政人"

在对公共行政原则提出质疑的基础上，西蒙提出了有限理性标准和"行政人"假设，前者对决策理性进行了反思，而后者则是关于决策机制的特性与限度。西蒙认为传统的公共行政理论坚持的是"经济人"假设，即行政人员被设想为具备绝对理性、掌握完全信息并拥有全面的知识，能够从全局角度来看待各种备选方案并预测每个决策所导致的全部结果，进而做出使自己利益最大化的最优选择。但实践证明这样的假设并不现实，而依据此假设提出的行政原则也就并不科学。在现实中，决策者能考虑到的选项并不多，无法在收集信息和利益权衡上面面俱到。因此，西蒙提出人的理性是处于完全理性和完全非理性之间的一种有限理性。具体而言，有限理性的形成有三方面的原因。第一，组织的活动和目标之间的联系常常是模糊不清的，而且组织目标往往是个多层次的体系，这一目标体系的内部和实现目标的各种手段之间也存在着冲突和矛盾。第二，决策者既不可能掌握全部信息，也无法认识决策的详尽规律。此外，人的想象力和设计能力有限，难以将所有备择方案全部列出并从中选出最佳方案。第三，决策的结果往往是在未来才发生，人们不可能完全知道决策的结果，要想完全通过预测和想象来指导行政行为往往也难以为继[①]。

以有限理性标准为基础，西蒙提出了"行政人"的假设，认为行政人决策中追求"满意"标准，而非"最优"标准。在这一假设前提下，决策者在管理过程中会确定最基本的要求并以此为依据考察现有的备选方案。如果有一个备选方案能较好地满足最基本的要求，决策者的满意标准就得以实现，也就不愿意再去研究或寻找更好的方案了。这是因为决策者往往不愿发挥继续研究的积极性，容易满足于已有方案。与此同时，由于种种条件的约束，决策者本身也缺乏持续挖掘最佳方案的能力。因此，西蒙认为决策者应充分认识到自己感觉到的世界只是纷繁复杂的真实世界的极端简化，他们满意的标准不是最大值，所以不必去确定所有可能的备择方案。与"经济人"假设相比，"行政人"假设的差异性特征主要体现为两个方面：其一，经济人使用的是"最优"准则，即在所有备选方案中选优，而行政人则使用"满意"准则，追求的是满意的或"足够好的"的行动方案。其二，经济人通常以复杂性来对待真实世界，而行政人则会采用简化的模型分析显示情形。

① 赫伯特·西蒙：《管理行为》，詹正茂译，机械工业出版社，2021。

在决策时，行政人只是考虑少数几种最重要、最关键的因素。①

2. 行政决策理论

立足于有限理性和“行政人”假设，西蒙进一步构建了决策理论，并提出了“决策制定过程是理解组织的关键所在”“管理就是决策”等经典论断。西蒙认为，组织是一个决策系统，有效的组织应以正确的决策为基础，而对行政决策过程的研究是西蒙行政决策理论的主体。

一方面，西蒙对决策中的“事实”和“价值”进行了区分。他提出事实是对环境以及环境的作用方式的描述，即技术、知识、情报信息这类可观察到的事物及其运作方式，描述的正误可以由经验事实进行验证。而价值是关于管理者对某种事物喜好的表示，表明对该事物的某种判断，即对某种行为及其前景、后果的主观性评价，诸如组织目的、效率标准、公平标准、个人价值等。价值是既定存在的，但不可以通过经验事实进行检验。管理过程中，事实和价值并没有天然界限，而是相当于目标和手段的区分，个人或组织做出理性决策就是决定要达成怎样的目标以及为实现目标要采取何种手段。

另一方面，西蒙认为决策不仅仅是从几个备选方案中选定一个方案的具体行动，而是一个过程，并将决策过程分为情报活动、方案设计、方案选择和审查方案四个阶段。其中，第一阶段是情报活动阶段，其主要任务是收集信息、界定问题、找出差距并确定决策目标。第二阶段是方案设计阶段，其主要任务是寻找、制定并分析各种有可能达到决策目标的备选方案。第三阶段是方案选择阶段，即在备选方案中进行抉择，并确定一个最符合满意标准的方案。第四阶段是审查方案阶段，即对实施方案进行审查和评价。由此可见，信息及对信息的收集处理对于决策至关重要，因为决策者只能在他们所了解和能证实的备选方案中进行选择，信息因而成为决策的制约因素。此外，西蒙还强调这四个阶段缺一不可，相对独立但又有一定的关联，每个阶段都可以为另一阶段提供反馈。②

3. 基于决策的行政组织理论

以决策理论为指导，西蒙进一步发展了行政组织理论，使行政组织的研究焦点由对制度、法制、结构等静态层面的研究转变到对决策过程的动态研究。具体地说，西蒙的行政组织理论主要包括四方面的内容。

第一，西蒙认为追求决策的合理性就是组织的目标，而合理性取决于为实现某一目的而选择的手段是否适当。西蒙认为无论任何组织或个人，在手段和目的间的关系上都达不到完全的整合。由于决策者在主观和客观上的有限理性，决策的过程应特别注意目标和手段能否符合实际条件以及二者之间是否匹配。

---

① 孙宇：《现代西方公共行政思想简史》，中国社会科学出版社，2015，第 87—88 页。

② 何艳玲：《公共行政学史》，中国人民大学出版社，2017，第 66—67 页；赫伯特·西蒙：《管理行为》，詹正茂译，机械工业出版社，2021。

第二,西蒙认为组织是由人组成的集体均衡系统,组织为组织成员个人提供激励和组织成员个人对组织的贡献之间存在着相互依存的互动关系。一方面,组织要根据个人的贡献提供激励,包括物质的、精神的报酬。另一方面,组织之所以能提供激励,又来自成员个人对组织的贡献。

第三,西蒙认为组织决策会对个人的决策行为产生影响,而具体的影响因素主要涵盖五类:①权威,即某人有指导他人行为的决策权。②组织认同,即成员对组织的忠诚。一个行政人员在进行决策时,只有在对组织目标认同的情况下,才可能作出合理的、有效率的决策。③信息沟通。组织的信息沟通是双向程序,既包括各个管理层将信息传达到决策中心,也包括决策中心将信息传达到各个管理层级。④培训。组织应积极开展教育培训,使所有成员都能靠自己的能力作出满意的决策。⑤效率。组织成员在作出决策时,应力图在最短的时间内以最低的成本达到预期的目的。

第四,西蒙认为组织设计应有利于组织决策,以及有利于决策所必需的信息传递、信息处理工作。以此为出发点,他提出了优化组织设计的四条路径。首先,组织结构的设计要从建立组织目标体系入手,这既是规定组织结构的重要依据,又是影响组织决策环境的重要因素。其次,组织分工不是仅指业务内容的分工,而是指将整个决策系统的组织分解为彼此相对独立的子系统,以尽量减少子系统之间的依赖性,使其有充分的决策权,以便最大限度地分散决策。再次,现代组织所处的环境富含多样化的海量信息,所以组织的工作重心应得到格外的重视。由于组织成员的能力有限,管理者必须引导其将有限的能力花在重要的决策事务和行动任务上。最后,西蒙从组织决策的角度强调组织的权力配置应不断优化,特别是要进行适当的分权和集权而不应绝对分权和集权。因为组织的发展是集体活动,要顺利实现组织目标,必须依托于健全的集中协调机制。但若过分集权,又会导致决策者负担过重,无法集中精力考虑重大决策问题,还会造成下级人员无所作为和决策脱离实际等问题①。

(二)林德布洛姆的渐进决策理论

查尔斯·林德布洛姆(Charles E. Lindblom)是美国当代著名的经济学家、政治学家和公共行政学家,自1946年起长期任职于耶鲁大学,并于1980年当选为美国政治学会会长,同时开创了政策分析学派。在林德布洛姆的众多作品中,《渐进调适》和《决策过程》两本著作最具代表性。与西蒙的有限理性决策思想相似,林德布洛姆在自己这两本书中对传统的全面理性和精英决策模式进行了反思,提出了渐进的决策分析战略和多元的决策模式。

具体地说,林德布洛姆的渐进决策理论是在对全面理性决策理论的批判的基础上发

① 汤勤、古小华、庞京生:《西方行政制度概论》,中国经济出版社,2010;赫伯特·西蒙:《管理行为》,詹正茂译,机械工业出版社,2021。

展起来的。他认为，由于人的知识盲区、能力缺陷、政治偏好、人性弱点、技术局限以及时间变迁等因素的存在，传统的理性决策模式已不再可能实施，主要的原因包括以下三个方面：

第一，界定政策问题的困难。决策者并不是面对一个既定的问题，而是必须明确并清晰说明所面对的问题。由于种种原因，组织成员关于问题的具体内涵和边界总有争论的空间，这就对决策的进一步开展形成了局限。

第二，问题的复杂性和信息的不充分。对一项复杂的决策来说，无法掌握全部信息的决策分析是没有尽头的，有时还会出现错误。一方面，决策要受到时间的限制，常常是决策者在分析远未完成之前就要作出决定，否则就要贻误时机；另一方面，决策也要受到成本的限制，而面对复杂的问题，要找到符合完全理性标准的最佳解决方案所需付出的代价往往十分高昂。

第三，确立目标或价值观的困难。由于决策集体的内部不同人的价值观存在差异，因而在选择决策备选方案时就必然会出现意见不一致。但依靠分析既不能证实任何决策者的价值观，也无法命令决策者统一他们的价值观。更何况涉及不同利益集团的切身利益，在政策制定的标准上达成一致意见就显得尤为困难。①

正是因为上述原因，林德布洛姆认为行政人员应采取渐进决策的方式开展工作，也就是决策者应在既有的合法政策基础上，采用渐进方式对现行政策加以修改，通过一连串小小的改变，在保证社会稳定的前提下，逐渐实现决策目标。而为了进一步落实和推广渐进决策，林德布洛姆提出了三个实践中应遵循的基本原则。其一，按部就班原则。林德布洛姆认为，决策过程应该是决策者基于过去的经验对现行决策的稍加修改，这样的修修补补看上去没有那么英雄主义，但却可以真正解决问题，并能保持决策过程的连续性。其二，积小为大原则。林德布洛姆认为，渐进决策过程看似进程缓慢，但这种渐进的过程可以由微小变化的积累形成大的变化，通过点点滴滴的变化，逐步实现根本性的变革。其三，稳中求变原则。林德布洛姆认为，政策上的大起大落是不可取的，那样势必会危害到社会的稳定，所以哪怕是渐进的决策也应以社会稳定为前提。②

五、行政制度思想中的公共选择

20 世纪六七十年代的西方国家出现了大量政府危机，促使学者们开始考虑政治生活中越来越多的经济因素。公共选择理论由此应运而生。这一理论以人的行为关系为研究对象，认为这种关系建立在选择之上，并试图用经济学的基本假设和方法去分析行政

① 汤勤、古小华、庞京生：《西方行政制度概论》，中国经济出版社，2010；丁煌：《西方行政学说史（第 3 版）》，武汉大学出版社，2017。

② 查尔斯·林德布洛姆：《决策过程》，竺乾威、胡君芳译，上海译文出版社，1988，第 43—45 页；陈振明：《是政策科学，还是政策分析？——政策研究领域的两种基本范式》，《政治学研究》1996 年第 4 期。

决策过程、解释政治行为,为发现和理解政府公共部门的运作规律作出了重大贡献,而詹姆斯·布坎南就是这一理论的主要开拓者和代表人物。

詹姆斯·布坎南(James Buchanan)是美国著名的经济学家,乔治·梅森大学教授,诺贝尔经济学奖得主。布坎南的著述甚多,共出版发表过20多部著作和300多篇文章,几乎涉及公共经济学的每一个方面,主要包括《财政理论和政治经济学》《公共产品的需求与供应》《公共选择理论:经济学在政治方面的应用》《自由、市场与国家:20世纪80年代的政治经济学》等。在这些作品中,布坎南综合运用个人主义的方法论、理性经济人的假设、个人效用最大化和作为交易的政治等经济学视角研究政治问题,将市场制度中的人类行为与政治制度中的行政行为纳入统一分析轨道,提出了一系列重要的观点。

(一)公共选择理论的主要特征

布坎南认为,公共选择就是通过集体行动和政治过程来决定公共物品的需求、供给和产量,是对资源配置的非市场集体选择。以此为基础的公共选择理论具有三方面的主要特征:第一,方法论个人主义,即以个体而不是组织为基本分析单位研究人类行为,根据个人来解释集体、组织与社会;第二,将政治活动视为一种交易过程,即公共领域内也存在着如同经济市场一般的政治市场,其行为的基础是利益的交换;第三,经济人假设,这是公共选择理论的逻辑基础。公共选择理论认为个体是自利的、理性的,无论处在什么地位,人的本性都是一样的,以追求个人利益极大化、个人的满足程度为最基本的动机。根据这一假定,布坎南认为,通过类似的行为假设,也能够对公共选择的结构特征进行基本的预测。概括地说,政治市场中存在投票者、政治家与政府官员等三类主体。与经济市场中的个体一样,他们也是追求利益最大化的"经济人"。在参与政府活动时,他们必然与其他政治活动主体发生各种关系,但都会按照自利原则,通过理性的计算,在政治市场上选择符合自己利益诉求的代理人,并通过投票实现对公共利益的公共选择。

在系统梳理公共选择理论的主要特征后,布坎南进一步提出该理论具有独特的分析价值。一方面,公共选择理论保证了对人类行为分析的一致性。在此之前,凯恩斯主义经济学家对人类行为的分析采取的是两个完全相反的标准:在市场选择领域,假定人人都是自利的;而在政治选择领域,自利的人又变成了富有公益精神的利他主义者。这种研究方法缺乏对人性的基本认识。另一方面,公共选择理论是进行制度比较分析的前提。制度比较分析的目的是考察在什么体制下可能产生最坏的政策结果以及避免产生这种最坏政策结果的方法,并且探讨什么样的体制会是最好的。如果假定人人都是利他主义者,那么各种政府困境也就不复存在,这显然无法解释人们在日常生活中观察到的诸多政策问题。此外,布坎南特别强调把政治作为一种过程来理解,将其视作一个在解决利益冲突时进行交易并达成协议的过程。政治行为的核心是效益考量,而这主要是通过不同主体之间的交易来实现的,这同样符合政治市场中的理性人假设。[①]

(二)政府失灵及其应对

在明确基本假设和分析路径的基础上,布坎南运用公共选择理论进一步研究了市场经济条件下政府干预行为的局限性,也就是政府失灵问题。所谓政府失灵,是指个人对公共物品的需求在民主政治体系中无法得到充分满足,公共部门在提供公共物品时存在浪费和滥用资源的情况,致使公共支出的规模过大或效率不足,公共行政的有效性大大降低。具体而言,布坎南对政府失灵的几种主要表现形式及其根源进行了较为深入的剖析,并就如何应对这样的失灵提出了具体的政策建议。

第一,公共政策的低效率。布坎南认为,所谓公共政策的低效率是指所执行的政策不能确保资源的最佳配置。公共政策通常由政府部门独立负责制定与实施,这种政策的合理性通常是由宪法等法规来保障,政府部门的职责是照章办事。就这类政策来说,因为不同政府部门的利益主张存在差异,而且部门领导人之间对公共利益的理解也有所不同,所以相关政策行为存在很大的不确定性和自由裁量空间,使政府官员有意或无意地被自身的"经济人"动机所左右,不倾向于为最大限度增进公共利益服务,而是依据自己获得的信息和个人效用最大化原则来决策,以致公共利益往往得不到切实的保障。为应对这一问题,布坎南提出要构建完善的约束机制来提供良性的压力,以确保任何官员处于特权地位时都不能过多地谋取私利。正是在这个意义上,公共选择理论强调不应把增加社会福利与保证个人平等的权力随便交给某一特权机构。相反,合理的做法是为这些特权机构或官员设计第三方的独立监督机制,并由公民真正地而非形式上地掌握反馈和监督的表达权和参与权。

第二,政府工作机构的低效率。在布坎南看来,政府机构低效率的原因在于缺乏竞争压力和公共资源浪费现象严重。一方面,行政活动的花费来自公共财政,属于国家的税收收入。由于没有产权约束,政府官员在日常工作过程中并不会考虑成本压力,导致不计成本的政府行为不断发生。另一方面,政府行为同样没有盈利的目标,这使得政府官员往往从个人的得失出发,为追求选票和政绩尽量满足和迎合不同领域的需求,极易导致公共产品超量供应,从而造成资源浪费。更值得注意的是,公共权力具有垄断性,这意味着一旦政府官员决策失误,带来的浪费存在无限透支的风险。从理论上说,各类公共机构都必须服从于代表公共利益的政治及司法、审计监督机关,以保证政府运行的效率。然而在现实中,这些监督的效力很可能因为信息的不完备而大打折扣。这是因为监督者为了有效履行其职能,必须对被监督者的情况了如指掌,但向监督者提供信息的往往是被监督者,由于政府部门对其经营业务有着自然的垄断性,可以利用其垄断地位封

① 詹姆斯·布坎南:《自由、市场与国家:20 世纪 80 年代的政治经济学》,吴良健等译,北京经济学院出版社,1988;何艳玲:《公共行政学史》,中国人民大学出版社,2017,第 94—95 页。

锁一部分公共产品所涉及的资源和成本的信息。因此,被监督者向监督者提供的往往是经过筛选后对自身有利的信息。根据这些不完备的信息所进行的监督,效果必然会受到影响。

第三,政府的寻租行为。在布坎南的定义中,寻租是指投票人,尤其是其中的利益集团,通过各种合法或非法的努力,如游说和行贿等,促使政府帮助自己建立垄断地位以获取高额垄断利润的行为。在市场经济条件下,最常见的寻租行为有政府定价、政府的特许经营权、政府的关税和进口配额以及政府订货四种。例如,企业为了在行业内获得垄断地位,通过寻租手段获得政府在税收与经营上的保护,将其他相关企业排挤到产品市场之外,其中高额垄断利润超过平均利润的部分就被称为经济租金。由此可见,寻租行为具有非生产性特征,寻租者所得到的利润并非生产的结果,而是对现有利润的一种再分配。同时,寻租的前提是政府权力对市场交易活动的介入,政府权力的介入导致资源的无效配置和分配格局的扭曲,产生大量的社会成本,这些成本既包括寻租活动中浪费的资源和经济寻租引起的政治寻租浪费的资源,也包括寻租成功后所损失的社会效率。①

总体而言,公共选择理论认为集权且庞大的行政系统已经严重危害社会发展和公共利益,为应对形式多样的政府失灵问题,必须在成本效益分析的指导下剔除政府的冗余职能,建设高效而民主的小政府。

第三节　西方行政制度思想的当代发展

20 世纪 70 年代后期,石油危机后的经济衰退导致西方各国出现高额的财政赤字,一系列新的社会和政治问题,环境污染、资源短缺等公共问题逐渐呈现出跨国、跨区域的特征,这些都促使各国政府相继推动行政制度改革以提高治理复杂问题的行政能力。另外,全球化趋势增强了西方国家对改进政府效能、提高本国综合竞争力的重视,为公共部门改革提供了强大动力,而信息技术的快速发展也为建立起灵活、高效、透明的行政制度创造了更多的可能性②。因此,这一时期的新公共管理理论、新公共服务理论和治理理论,都涵盖着有关行政制度设计和运行的丰富思想,主要体现在公共治理多元化、政府职能市场化、行政权力分散化、公共服务社会化等多个方面。③

---

① 丹尼斯·缪勒:《公共选择理论》,韩旭等译,中国社会科学出版社,2010;汤勤、古小华、庞京生:《西方行政制度概论》,中国经济出版社,2010。

② 张立荣:《中外行政制度比较》,商务印书馆,2013。

③ 唐晓、王为、王春英:《当代西方政治制度导论》,中国人民大学出版社,2016,第 235—237 页。

一、新公共管理理论中的行政制度思想

新公共管理理论是相对传统公共行政理论而言的，核心在于秉承管理主义的理念，寻求在政府各个部门中采用私营部门的企业式管理方法，运用专业化管理、标准和绩效测量、产出控制、竞争和纪律等手段促进政府再造，其中最具代表性的行政制度思想当属戴维·奥斯本(David Osborne)提出的企业家政府理论和政府再造理论。奥斯本于1992年与特德·盖布勒(Ted Gaebler)合作出版的《改革政府:企业家精神如何改革着公共部门》在美国乃至全世界范围均产生了较大的影响。

(一)企业家政府理论

奥斯本采用的企业家政府这一概念，实际上是试图把企业经营管理的一些成功方法移植到政府中来，使政府能像优秀的私营企业一样合理利用资源，注重投入产出并提高行政效率。由于长期在美国政府机关任职，奥斯本具有丰富的行政管理经验，通过深入考察美国政府改革的实践活动，提出了"具有企业家精神的政府"所应遵守的十大原则，构建了行政制度改革的新蓝图。具体地说，在这些原则的指引下，现代政府应该成为:

(1)起催化作用的政府，掌好舵而不是划桨，即政府应当只负责决策，而把一些具体的服务性工作交由一些中介组织去做;

(2)社区拥有的政府，妥善授权而非事必躬亲，即更多授权给社区和社会组织，使其更有创造性地、更有效地进行管理;

(3)竞争型政府，注重引入竞争机制，即培育公共服务的供给主体，通过项目招标、合同承包等方式促进市场和社会主体展开公平竞争，而政府的责任则是为竞争提供规则;

(4)有使命感的政府，注重目标使命而非繁文缛节，即变规则驱动型组织为任务驱动型组织，在政府内部放松管制，对规章制度进行简化;

(5)结果导向型政府，重产出而非投入，即政府按效果拨款，并在测量公共部门绩效的基础上合理制定组织目标;

(6)顾客驱动的政府，树立"顾客意识"，即政府应像企业那样，制定顾客服务标准并提供保障措施，充分聆听和尊重公众的意见;

(7)企业化政府，挣钱而不是花钱，即政府的职责不只是在花钱提供公共服务，还要有投资回报的观念，通过多种渠道筹集公共资金;

(8)预知型政府，重事前预防而非事后补救，即政府追求的是预防问题而不是提供解决问题的服务，做好预防工作就可以省去大量的补救成本;

(9)分权的政府，重分权模式和合作式组织，即减少层级并推动将部分权力下放，从而提高效率并使组织更具创新精神;

(10)市场导向型政府，重市场调节机制而非行政命令，即通过市场力量进行变革，开

发多样的财政激励手段,充分发挥市场机制的调配作用。①

为消除公众对“企业家政府”这一概念的误解,奥斯本还对政府组织与企业组织的差异进行了比较分析。他认为,政府和企业是两种性质根本不同的机构组织,政府不能像企业那样运作。奥斯本提出政府组织和企业组织的区别主要体现在以下五个方面:第一,政府领导者与企业领导者的行为动机不同。企业领导者的行为动机是获取利润,而政府领导者的行为动机则是再次当选连任。第二,政府与企业的主要收入来源和方式不同。企业的大部分收入来自顾客,而政府的大部分收入则来自纳税人。第三,政府与企业的动力不同。政府的动力往往来自垄断和公众的压力,而企业的动力则通常来自竞争。第四,政府部门与企业组织对其成员的考核标准不同。政府对其工作人员进行考核所因循的最根本的标准是看其是否能讨好当选的政客,而企业组织对其成员进行考核的根本标准则是看其是否能够产出商品或获得利润。第五,政府雇员与企业员工对风险和报酬的看法不同。在政府中,一切激励因素是以不犯错误为导向的,而物质和精神上的激励对企业员工的作用更为直接。

总的来看,奥斯本的企业家政府理论对于我们重新审视现代政府的角色、正确地认识政府的职能具有重要的启示。奥斯本将企业管理的经验和理念引入公共行政领域,主张通过改变政府运作的目标和过程,增强应对外部环境挑战的能力,在政府中培育企业家精神,能够有力地解决政府在公共服务领域面临的危机。

(二)政府再造理论

新公共管理理论对于传统政府的批判并不局限在宏观的低效、浪费、官僚主义等问题上,同时也体现在政府组织结构和形式等中观领域中。依据新公共管理学者的观点,官僚组织已跟不上信息化、扁平化的现代社会的发展步伐。提高现代政府效率就要改变传统社会所采用的政府结构,要像企业一样打造出具有快速响应能力、能够进行有效激励的行政流程,即进行政府再造。

在《摒弃官僚制:政府再造的五项战略》一书中,奥斯本明确提出政府再造指的是对公共体制和公共组织进行根本性的转型,以大幅提高组织效能、效率和适应性以及创新能力,并通过变革组织目标、组织动力、责任机制、权力结构以及组织文化等来完成这种转型过程。这里所说的政府再造不同于一般意义上的改革、重组或精简,而是创造具有内在改进动力的政府,使其具备自我更新机制。因此,政府再造涉及的层次更深,奥斯本也从体制目标、激励机制、责任机制和权力结构以及组织文化等层面进一步系统提出了政府再造的五大战略。

第一,核心战略。政府应明确组织目标,并以目的为杠杆寻找工作的目标定位,明确

---

① 戴维·奥斯本、特德·盖布勒:《改革政府:企业家精神如何改革着公共部门》,周敦仁等译,上海译文出版社,2006。

自身角色，为政府行政活动指明方向。奥斯本强调明确目标关键在于区分政府与市场的分工关系，政府不直接干预市场，而是通过政策导向引导市场运行，政府的角色是“掌舵”而非“划桨”。

第二，结果战略。政府应完善对绩效结果的评价，以激励为杠杆，引进企业固有的竞争特质，实行绩效管理，通过可测量的产出来评价政府工作的效果，并以此作为制订预算计划和拨款的依据，从而实现效率、效能与公平的统一。

第三，顾客战略。政府应将公众视为顾客，以责任为杠杆，把公众需求作为工作导向，保质保量地根据需求提供公共服务，并依据公众反馈调整下一步的行动计划，同时接受公众的监督。

第四，控制战略。政府应将控制职能从组织的高层转移出来，以权力为杠杆，改变以往自上而下的层级控制模式，将行政权力逐步下放到社区。同时，政府还应为自下而上的控制提供完成任务所必需的资源，给予基层政府工作人员更多自主权，并制定责任界限，激发政府组织的活力。

第五，文化战略。政府应构建企业家文化，以文化为杠杆，打破固有的思维模式与管制文化，使自身的价值取向从纯粹管制变为以公民为本位的管理，以企业家精神重塑组织文化。①

二、新公共服务理论中的行政制度思想

在新公共管理运动发展得如火如荼之时，以美国著名公共行政学家罗伯特·登哈特（Robert B. Denhardt）和珍妮特·登哈特（Janet V. Denhardt）夫妇为代表的一批公共行政学者也在对其中的管理自由化和市场化取向进行反思，重新强调行政活动中的公共价值回归，并著有《公共组织理论》《新公共服务：服务而不是掌舵》等经典作品，全面、系统地阐述了新公共服务理论。新公共服务理论是在对新公共管理理论进行批判的基础上提出和发展的，它本质上是对新公共管理理论的扬弃，旨在提供一种更关注民主价值和公共利益、更适合现代社会发展和公共行政实践需要的新的理论选择。

所谓“新公共服务”，指的是有关公共行政在治理体系中的作用的一整套思想，将公共服务、民主治理和公民参与置于核心地位。新公共服务理论与新公共管理的管理主义取向不同，它以民主公民权理论、社区和公民社会理论、组织人文主义及后现代对话理论为基础，提出政府的基本职能不是“掌舵”而是“服务”，这与新公共管理理论中的企业家政府论有着显著的差异。在这里，登哈特夫妇认为新公共管理运动因对市场过分崇拜而忽视了市场的缺陷，向私人部门管理过分学习导致公私管理的混乱，丧失了政府在公共管理中的正当角色，由此造成政府与公民的关系出现混乱，大量的外包和民营化活动与公共价值相背离，导致行政效率和效能受到严重损害。因此，新公共服务强调的“服务”

① 戴维·奥斯本、彼德·普拉斯特里克：《摒弃官僚制：政府再造的五项战略》，谭功荣、刘霞译，中国人民大学出版社，2002。

不是提倡政府作为公共服务的直接供给者，而是主张公共价值应回归到日常行政活动中，政府要作为公共利益的代表者肩负为公民服务的职责，成为有使命感和负责任的公共机构。为区别于传统公共行政理论和新公共管理理论，登哈特夫妇进一步提出了新公共服务的七项规范性原则，主要包括：

第一，政府的职能定位是服务而非掌舵。在现代社会，随着民主和公民意识的崛起，越来越多的公民和利益集团开始关注政府决策，并希望参与公共政策的制定过程，争取实现个人利益和共同利益的双赢，政府已不再是公共治理的唯一主体。因此，在登哈特夫妇看来，政府应基于公共价值积极促进社会组织和公民个人的参与，自身则要做好规则制定与维护、资源供给与保障等工作。

第二，追求公共利益是政府的价值所在。实现公共利益是主要的组织目标，公共行政人员应致力于构建一个共享的集体的公共利益观念，并确保政策本身和执行政策的过程都要符合民主原则，增进公众对政府的信任。

第三，重视公民权和公共服务而不是企业家精神。公共资金的真正所有者是全体公民，公共行政人员只是接受委托承担管家的职责，而不是所有者。因此，行政人员有责任保证公共资金的合理利用，而不能像企业家那样任意取用。

第四，服务公民而不是顾客。公共利益是属于全体公民的共同利益，绝非个体利益的简单加总，具有不可取代性。因此，公共行政的服务对象应当是全体公民，而不是某个或某部分顾客。

第五，战略地思考与民主地行动。新公共服务理论认为，满足公共需求的政策和项目必须通过集体努力与合作过程来实施。因此，政府在制定公共政策时，应积极培育公民参与意识，吸收公民个人和社会团体参与政策的制定、执行和监督过程，保持开放性和回应性，使各方共同致力于公共利益的实现。

第六，重视人而不只是生产力。政府改革不仅要关注生产力的提高，更应重视人的价值。在新公共服务理论中，公平、公正、授权、承诺、回应等理念被置于效率、效能之上，只有这样才能真正获得公民的支持。

第七，行政责任不能被简单化。随着治理结构的日益复杂，公共服务的责任也不能简单化。公共行政人员不仅有责任提高公共资源利用的效率，还应关注宪法、法律、政治规范、公民偏好、职业标准和社区价值观。①

总之，与传统行政理论将政府置于中心位置而致力于改革完善政府本身不同，与新公共管理理论将企业化的管理措施过度运用于政府改革也不同，新公共服务理论将公民置于整个治理体系的中心，强调政府的治理角色应转变为服务而非掌舵，通过奉行为公共利益服务的理念，重视政府与社区、公民之间的对话沟通与合作共治，旨在提升公共服

① 珍妮特·登哈特、罗伯特·登哈特：《新公共服务：服务，而不是掌舵（第三版）》，丁煌译，中国人民大学出版社，2016。

务的尊严与价值,实现更高层次的社会进步。

三、治理理论中的行政制度思想

在行政制度思想的发展过程中,众多的理论流派虽然观点不一,但都是围绕政府及科层制组织为中心来论述的,而治理理论则扩张和重组了这一中心,将政府放到更多元的主体情境中进行分析。在各种关于“治理”的定义中,联合国下设的全球治理委员会的定义具有一定的代表性和权威性。该委员会在 1995 年出版的《我们的全球邻居》研究报告中将治理界定为:众多公共或私人的个体或机构处理共同事务的各种方式的总和。它是使相互冲突或不同的利益得以调和并采取联合行动的持续过程。它包括有权迫使人们服从的正式制度和规则,也包括各种非政治的制度安排。此外,该委员会还指出治理所具有的四个特征:治理不是一套规则或一种活动,而是一个过程;治理过程的基础不是控制,而是协调;治理的范围既涉及公共部门,也包括私人部门;治理不是一种正式的制度,而是持续的互动。①

作为一种新兴的公共行政理论,治理理论反映了传统行政模式在现代社会面临的危机以及人们的对策选择。治理理论的兴起可以说是实践领先理论的过程。也就是说,世界各地已经根据自身情况率先开展治理实践,而后学者们才对相关实践经验进行总结。目前治理理论仍在发展中,尚未形成统一的学科范式,在治理的概念下依然会出现相当程度的分歧。② 尽管如此,不少学者仍在持续不断地建构具有解释力的理论框架,从不同的侧面反映行政制度在治理情境中的发展。简单而言,治理可以被看作一种政府与社会共同管理的理想类型。英国学者格里·斯托克(Gerry Stoker)针对治理概念的不同理解,总结了治理理论的五个基本命题/主要特征。第一,从主体来看,治理的主体是既包括政府又不限于政府的一系列社会公共机构和行动者。在强调政府作为公共权力持有者的重要性的同时,治理理论认为政府在公共治理中不再是唯一的核心,这意味着治理主体更加多元化。第二,从边界来看,治理理论在寻求解决社会、经济问题方案的过程中,存在着公共与私人、政府与社会、政府与市场之间边界和责任的模糊性。因此,相关各方应善于采用协调合作的方式,共同促成复杂问题的解决。第三,从主体间的关系来看,治理理论提出政府与各类社会机构、公民个人之间存在着权力依赖和互动的伙伴关系。所以决策的制定过程就是各治理主体进行权力和资源竞争的过程,是各主体既相互合作又相互制约和竞争的过程。第四,从运行机制来看,治理理论依赖的是一种自主自治的网络体系。这不仅意味着行政制度越发复杂,而且强调政府有必要提升利益相关体的自主治理能力。第五,从行为模式来看,治理理论认为要重新界定政府的权限范围及其行使方式,重视运用多样化的治理手段并主张依据实际情况灵活调整③。

---

① 俞可平:《治理与善治》,社会科学文献出版社,2000,第 2—4 页。

② 何艳玲:《公共行政学史》,中国人民大学出版社,2017,第 154 页。

③ 谭功荣:《西方公共行政学思想与流派》,北京大学出版社,2008,第 156—157 页。

思考题

1. 简述柏拉图和亚里士多德政体思想的基本内容。
2. 简述英国文官制度的主要特征。
3. 试论西方行政制度思想中的政治—行政二分范式。
4. 简述官僚科层制的要素与特征。
5. 简述组织权威的主要类型和权威接受理论的主要内容。
6. 简述组织发展应具备的主要职能和普遍原则。
7. 如何理解组织决策的有限理性和决策过程?
8. 试论政府失灵的主要表现及应对策略。
9. 简述企业家政府所应遵守的主要原则。
10. 简述政府再造的主要战略。
11. 简述新公共服务的规范性原则。
12. 试论治理理论的主要内容和基本命题。

参考文献

[1]亚里士多德. 政治学[M]. 吴寿彰,译. 北京:商务印书馆,1983.

[2]古德诺. 政治与行政——政府之研究[M]. 丰俊功,译. 北京:北京大学出版社,2012.

[3]韦伯. 经济与社会:第1卷[M]. 阎克文,译. 上海:上海人民出版社,2019.

[4]巴纳德. 经理人员的职能[M]. 王永贵,译. 北京:机械工业出版社,2013.

[5]泰勒. 科学管理原理[M]. 马风才,译. 北京:机械工业出版社,2021.

[6]法约尔. 工业管理与一般管理[M]. 迟力耕,张璇,译. 北京:机械工业出版社,2021.

[7]西蒙. 管理行为[M]. 詹正茂,译. 北京:机械工业出版社,2021.

[8]林德布洛姆. 决策过程[M]. 竺乾威,胡君芳,译. 上海:上海译文出版社,1988.

[9]布坎南. 自由、市场与国家:20世纪80年代的政治经济学[M]. 吴良健,等译. 北京:北京经济学院出版社,1988.

[10]缪勒. 公共选择理论[M]. 韩旭,等译. 北京:中国社会科学出版社,2010.

[11]奥斯本,盖布勒. 改革政府:企业家精神如何改革着公共部门[M]. 周敦仁,等译. 上海:上海译文出版社,2006.

[12]登哈特 J V,登哈特 R B. 新公共服务:服务,而不是掌舵[M]. 丁煌,译. 3版. 北京:中国人民大学出版社,2016.

[13]谭功荣. 西方公共行政学思想与流派[M]. 北京:北京大学出版社,2008.

[14]何艳玲. 公共行政学史[M]. 北京:中国人民大学出版社,2017.

第三章

中央行政制度

第一节　中央行政制度概述

中央行政制度,亦称中央政府制度,它指的是由国家宪法和法律所规定的有关最高国家行政机关(即中央政府)的产生、职能、权限、组织结构、领导体制、活动规程等方面的准则。①

根据国家元首、立法机关与行政机关的关系以及政府组织形式上的特征,可以将西方国家中央行政制度划分为四种类型——内阁制中央行政制度、总统制中央行政制度、半总统制中央行政制度、委员会制中央行政制度。西方国家关于这些中央行政制度的具体内容,将在本章的其他部分进行详细的阐释。

一、西方中央行政制度的构建原则

西方国家在组织政府时,一般都规定了一些必须遵守的原则。虽然各国的原则不尽相同,但有些原则还是共同的,这些原则是:

(一)专职化原则

中央政府组成人员必须是专职的,禁止兼职和从事任何其他职业或行业,大多数西方国家都规定了这个原则。譬如美国 1978 年颁布的《从政道德法》规定"个人利益与其担任的公职不能发生冲突"。瑞士宪法规定:联邦委员会委员,在任期内不得担任联邦政府或各州的任何其他职务,也不得从事任何其他职业或行业。德国《基本法》规定:联邦总理和联邦各部部长不得担任任何其他领取报酬的职务、工作和职业,也不得参加以营利为目的的企业的领导,非经联邦议院批准,也不得参加董事会。西方国家之所以这样规定,主要是为了从制度上保证较高的服务效率,减少权力滥用的可能。

(二)文职原则

政府成员不得是现役军人,只能是文职人员。例如日本宪法规定,政府成员必须由文官担任,不得是现役军人。美国也规定了文职原则,规定现役军人不得担任政府职务,如现役军人要成为中央政府成员,那他即需退役。西方国家之所以这样规定,主要是避免军人控制政府。

(三)相容或不相容原则

相容或不相容原则主要指的是政府成员的职务与议员身份是相容还是不相容的原

① 张立荣:《中外行政制度比较》,商务印书馆,2013,第 86 页。

则。关于这一原则,在西方国家中有三种情况:一是实行总统制的国家,一般实行不相容原则。如美国,除副总统由宪法规定为参议院议长外,其他政府成员均不能同时为议员,如果坚持为议员,便不能成为政府成员。法国也实行不相容原则。法国规定:凡是接受政府职务的议员,必须在 30 天内放弃议员身份,否则,也不能担任政府职务。二是实行内阁制政府的国家,绝大多数则实行相容原则,即政府成员必须是议员,不是议员不能担任政府职务。如英国就是这样,其政府部长必须由议员担任,不是议员者必须先取得议员身份,如丧失议员资格,则不得继续担任政府职务。三是一部分政府成员必须是议员。如日本宪法规定,总理大臣必须是议员,内阁成员 1/2 以上应从议员中任命,当然,在实际操作过程中,绝大多数内阁成员都是议员。

西方国家之所以有的采取相容原则,有的采取不相容原则,主要是由政府体制决定的。实行分权体制的,一般都采取不相容原则,这样做,有利于议会对政府的监督。实行分立而不分权体制的则采取相容原则,以有利于政府与议会的联系。二者强调的重点不同。

(四)财产公开原则

政府成员从政期间必须公布个人及家庭的财产,西方大多国家做了这方面的规定。美国的《从政道德法》规定:总统、副总统、国会议员、政府官员和联邦法官等约 15000 人,必须在任职前报告本人的财产情况,以后每年定期公开予以说明。财产公开原则的目的是避免政府成员利用特权谋取私利。

以上是法律规定的原则,此外,还有一些政治原则,如价值观和政治主张一致,有一定的政治经验和政治能力,有一定的政治经历和知名度等,还要求不能有人格和性生活方面的污点。这些原则虽没有明文规定,但却很重要,每届中央政府在组成时都会特别注意。

二、西方国家中央政府的职权

政府的职权是指作为公共事务的管理机关,法律规定应由它行使的权力。政府的职能是由政府的职权决定的。政府职能是指在一定历史时期政府所应具有的功能和作用。政府一般都具有两种职能,即政治管理职能和社会管理职能。政府的职权正是为实现政府的职能而规定的。也就是说,为了使政府发挥其应有的功能和作用,法律便赋予其相应的权力。

政府的职能并非一成不变,而是随着政治、经济和社会的发展而变化的,因而政府的职权也是不断变化的。譬如西方国家的政府职能在自由经济时期和垄断经济时期就有所不同。在自由经济时期,政府的职能主要是以“法律和秩序”为手段,保护私有财产,为自由竞争创造条件。与此相适应,政府的权力相对较小,往往限于管理财务、治安、外交、军事等事务,主要起“守夜人”的作用,当时有“管得最少的政府才是最好的政府”的说法。但随着自由经济过渡到垄断经济时期,中央政府就不断强化自身职能,更多地借助强制力来维持统治秩序，干预经济，监督社会，调整社会关系。与此相适应，政府的权力也扩大了，代议机构的权力更多地转移到政府手里，使政府成为主宰的机构。

具体来看，西方国家中央政府目前主要有以下权力：

（1）执行法律权。执行法律权是政府固有的职权。政府有责任对代议机构（议会）通过的法律予以落实，为此，政府有权制定政令、条例或发布命令，制定和执行政策。

（2）外交权。外交权是指处理外交事务的权力。这主要包括：任免驻外使节，领导与管理驻外机构；接待外国来使，维护外国驻本国机构的安全；与外国政府之间缔结协定；等等。本来缔结条约和宣战、媾和权都属于代议机构（议会），但20世纪初以来，特别是二战后，一般都先由政府决定，然后经过议会认可，或干脆不经过议会。如朝鲜战争、越南战争都是美国政府先宣战，后再通过国会。海湾战争、科索沃战争也是政府先决定，再由国会通过的。

（3）治安权。治安权主要是指掌握军队、警察、监狱，维持统治秩序权。美国政府可以调动军队镇压群众的反抗活动或平叛内乱，其他国家的政府也有这方面的权力。这是使国家政治统治职能具体化的权力。

（4）掌握和领导行政机构权。政府通过掌握和领导行政机构来进行管理，为此，政府有权增设或削减行政机构，有权任命主管官吏和官吏，有权对行政官员进行考核、监督等。

（5）财政权。财政权本来也是议会的固有权力，西方各国宪法和法律一般都规定财政提案权属议会下院。但现在财政提案权一般都由政府掌握，由政府编造和提出国家的财政预算和决算案，交由议会批准。议会由于不掌握专业知识，常常只能照单通过。

（6）社会公共事务管理权。社会公共事务管理权即管理科教、文化、卫生、社会福利等的权力。

（7）调节和干预经济权。调节和干预经济即实行国有化、取消国有化、制定关税、冻结工资、缓和消费和生产的矛盾等，这方面的权力也是在过渡到垄断经济以后才具有的。垄断经济的发展要求政府的适当干预，没有政府的支持，私人资本难以运行。

（8）司法行政权。司法行政权主要是指决定大赦、特赦、减刑、免刑或恢复刑罚的执行权，还有对法官的管理、监督权。

（9）立法参与权。立法权本来是属于代议机构（议会）的，但20世纪初以来，政府逐渐取得了立法参与权。这主要体现在以下几方面：一是政府的理念、方针政策已成为议会立法的方向和根据。政府一般都以国情咨文或其他咨文的形式，将政府的理念、方针政策知照议会，而议会则多参照政府提出的政策，按政府的意图进行立法。二是政府行使立法提案权。西方国家的法律一般都规定立法提案权属议员，但现在很多西方国家的政府都有立法提案权，甚至政府的提案占主要地位，如英国、法国，重要的立法议案都由政府提出，议会只是对政府的提案表决通过就行了。三是行使委任立法权。代议机构（议会）往往对某一方面的问题不制定法律，只规定一定原则，然后委托政府来制定法律条例等予以规范,这种情况在第二次世界大战前后经常发生。

(10)颁赐荣典,授予荣誉称号和荣誉职务权等。

三、西方国家中央政府的组成

政府机构是实现政府职能的工具。政府机构的设置以政府职能为主要依据。由于各国国情的差异,以及行政制度发展的不同,西方各国政府机构的设置也不尽相同。一般来说,西方中央政府机构的基本类型大致可以分为办事机构、职能机构和直属机构三部分。在不同的国家里,这三部分的职责权限及其相互关系又有所不同。

(一)西方中央政府的办事机构

西方中央政府的办事机构是领导机关的内部组织。其主要职能是协助政府首脑对政治、经济、外交等重大问题进行决策,负责处理政府首脑的日常公务,协助沟通政府机关的内部联系以及为政府首脑提供私人服务。在多数国家的行政组织机构中,首脑办事机构地位显赫,权力超过其他行政部门;而在部分国家,则只是一般的办事机构。就其称谓而言,在英国称“首相办公室”,在法国称“总统府”,在德国、意大利、日本则称“总理府”。

1. 美国

1939 年美国总统罗斯福政府时期建立总统办事机构,这成为现代西方总统办事机构正式确立的标志。总统办事机构由总统任命,直接受总统领导。主要作用有:①为总统决策提供信息,是总统的智囊团;②代表总统与各行政部门进行联系,起协调、指挥、检查和监督的作用。总统办事机构随着总统的更替而发生变化,地位和职权不断增长。目前大致可以分为两类:一是总统的亲信幕僚机构——白宫办公厅;二是一些委员会、局,如国家安全委员会、行政管理和预算局、经济顾问委员会等。

2. 英国

实行典型内阁制的英国,首相的权力很大。但是为首相办事的机构,目前只有一个首相办公室。首相办公室下设四个机构:①首相私人办公室,职责是为首相写工作日记,处理来往函件和准备简况或汇报材料;②政治处(或政治办公室),任务是提供政治建议,帮助选区和政党完成任务;③首相新闻发布处(或首相新闻办公室),职责是负责处理公共关系,充当首相与新闻记者的联络处;④政策小组,任务是负责政策分析,提出不受官方机构影响的意见。另外,内阁办公厅的秘书处、中央政策研究室也为首相承担了部分决策咨询的功能。

3. 法国

法国总统办事机构为总统府。总统府办事机构的设置和人员编制根据惯例和总统个人的工作需要而定,工作人员一般保持在 5 人左右。工作人员由总统在中央机关中选任。他们都属于借调人员，编制在原单位。总统府实际上是法国的办事中心，指导和监督政府的活动，被称为法国的“真正政府”“法国隐蔽的政府”。总统府下设的主要机关有：①总统府办公厅，职责是确保总统与各界人士及新闻媒介的联系，以及处理总统府的日常事务。②总秘书处，职责是确保总统与政府及各部部长的联系。它是总统府中最重要的部门。③私人军事参谋部，任务是确保总统与国防部的联系，是总统行使军事权的参谋机构，协助总统处理军事问题。④私人秘书处，职责是处理总统本人日常交办的事务。

（二）西方中央政府的职能机构

职能机构对应于办事机构和直属机构，是对社会、经济各行各业实行行政管理的职能部门，是行政组织中最基本的部门。它们代表政府行使某一方面职权，是政府机构的主体，具体承担着行政决策的执行职能。在西方国家，政府职能机构承担着经济管理职能、文化教育科学管理职能以及社会公共事务管理职能。西方各国中央政府机构的设置，大都经过议会的批准，至于数量多少，因国别而异，一般不超过 20 个。

美国中央政府的内阁部级机构，数量一般为 11 ~ 14 个。各部设部长和副部长，下设局、处、科等机构。部长都是政务官，他们与政府共进退。其他官员多数是职业文官，长期供职，不与政府共进退。在西方中央政府的职能机构中，美国国务院的地位和作用较具特色。国务院的前身为外交部，它主管外交事务。在内政方面，仅保留颁布有关法律，保管国玺、保存法律和条约原件的职责。国务院在内阁中的地位最高，国务院与国防部、财政部等部的部长一起，构成通常所称的“核心内阁”。

英国中央政府各部的数量没有法律限制。因此，英国中央政府各部的数量变化频繁，部的设立、废除、合并比较灵活。现在，部的数量一般保持在 17 ~ 21 个。英国中央政府组织，分为部、司、处、科 4 级。部的基本单位是司，每个司负责一个方面的工作。大部有几十个司，如 1980 年外交和联邦关系部有 50 多个司。中等的部有 10 多个司。在正常情况下，各个司又分设若干个处，处下面设科。英国中央政府各部由于建立和形成的过程不尽相同，因此，其名称和大臣的称呼是不规范的。各部领导体制也不一样，有的实行首长制，有的实行委员制，委员制设主任委员或主席。一些重要的部设政务次官，主要处理部与国会的关系，部内的实际工作则主要由常任文官担任的常务次官处理。

法国中央政府各部的数量，每届政府各不相同，大致保持在 20 个。各部的设置和职权随着政府的更迭而频繁变化。中央政府重组一次，在多数情况下，各部的设置几乎就要变动一项。但其内部结构却长期保持相对稳定。在一般情况下，部内分 5 个层次：部长—部长办公室—司—处—科。有的部在办公室下面还设有秘书长这一层次。各部下设的司一级机构，一般在 20 个左右。部长办公室在部内层次中地位重要，是部长与各下属机构之间联系的桥梁。法国中央政府部门设置的变化趋势是：随着国家对经济和社会的干预加强，政府职能不断扩大，部门也随之增加。

（三）西方中央政府的直属机构

直属机构是中央政府为管理某项特定的公共事务而设置的一种行政机构。西方中央政府直属机构的主要特征如下：

1. 组织形式各不相同

直属机构与中央政府中的职能机构、办事机构相比，其内在的构成最为复杂，组成方式更是多种多样。

在机构数量上，直属机构没有确定的编制和统一的模式。各国中央政府往往根据各自的需要进行增减。

在行政关系上，西方各国中央政府直属机构的隶属关系各不相同。总统制政府中的直属机构一般直接隶属于政府首脑，如美国、法国；内阁制政府的直属机构则隶属于内阁之下，如英国、德国、日本。

在权力关系上，直属机构的权力大小不一。即使在同一政府内，也普遍存在着权力失衡的现象。如美国的独立管制机构可以制定和发布行政规章，它的行政法官具有行政裁判权。而在法国，国立行政学院也属于法国政府的直属机构，但其主要职能则是专门为法国培养非技术性的各级文官。

在管理体制上，有的直属机构采用首长负责制，有的则将首长负责制和委员会负责制相互结合。如美国的独立管制机构实行委员会负责制，委员会设主席和若干委员。

2. 行政地位相对独立

西方中央政府的直属机构不仅独立于政府中的职能机构和办事机构，有的还独立于政府。但是，各国的情况不尽相同。在美国，根据联邦立法建立的独立管制机构不对任何行政部门或上级机构负责，受托对美国各个经济部门实施广泛的监督、管制和调节。它是联邦行政机构中具有特殊地位的组织，在私营企业活动中具有准立法效力。

英国的公共机构在某种程度上也可以看作政府的直属机构，它的负责人虽由政府有关部长决定，但活动由组织自身筹划，并不代表政府或国王。

设立具有独立性的政府直属机构，符合小政府、大社会的社会化管理原则。这类直属机构既承担着社会公共事务的管理职能，严格地说在体制上又不隶属于政府，或者说只是半政府性的。

3. 机构功能多种多样

西方中央政府直属机构除了具有行政功能外，还具有立法、准司法功能。因此，又可以称这些部门为半立法、半司法机构。如英国政府的裁判机构是由司法机构组成的一个独立机构，通常按照法定的权限建立，近似于执法的法院。它们独立于执法机构，裁定普通公民之间的权利和义务。美国政府的独立管制机构可以受理申诉、举行听证会，它的裁决具有司法效力。

西方中央政府的许多直属机构承担着与行政执行相对应并对行政执行实行监督、咨询、提供信息服务的职能。如英国政府机构中的顾问机构，又称咨询机构，一般都是专业性很强的部门；又如意大利的国务会议，职责是就有关法律及行政领域的重大问题提供咨询，对政府起参谋作用。

西方中央政府直属机构中也有一些是本部门、本系统的最高决策机关。如美国的联邦储备委员会、联邦贸易委员会、环境保护署，法国政府的计划总署、原子能局等。

第二节　内阁制中央行政制度

一、内阁制中央行政制度的形成过程

内阁制中央政府制度，亦称“议会制政府制度”或“责任内阁制政府制度”或“议会内阁制政府制度”。内阁制是西方国家普遍实行的一种中央行政制度。它是西方国家及其他一些国家由内阁（政府）总揽行政权力并向议会负责的一种政府制度。它强调的是政府和议会、国家元首之间的相互关系以及各自的权限、地位。

内阁的本意是指“内室”或“密议室”。内阁制中央行政制度起源于英国，一般认为，近代英国的内阁缘起于诺曼底公爵时期。诺曼底公爵将从法国带来的顾问组成“御前会议”（也称“咨政院”）这一机构，协助他对英格兰进行统治。在亨利六世（1422—1461 年在位）时期，由于御前会议人员过多，不能经常集会，就由其中分出一部分，另外成立一个较小的机关即枢密院。16 世纪至 17 世纪上半叶，枢密院在国家的政治生活中占据十分突出的地位。枢密院由位高权重的政府大臣、王室官员和国王私人顾问组成。其成员由国王任命，只对国王负责。查理一世（1625—1649 年在位）时期，枢密院中最受国王信赖和与国王最接近的一部分人都集中在其中的“外交委员会”。国王一旦遇有重大机密事件，就召集他们到王室议事堂的内室秘密讨论，内情外界不知。由此，人们便用“内阁”一词指称这一机构。它是当时英国最高的咨询机关和行政机关。

需要指出的是，“内阁”原为贬义词。因为对于 17 世纪的大多数英国人而言，枢密院是唯一合法的政府机构，国家的统治权应由枢密院在国王的指导下行使，而外交委员会秘密为国王提供咨询，使外界无从知道提供“邪恶建议”、将国王“引入歧途”的人是谁，这势必导致国王的大臣和顾问不负责任。因此，外交委员会一直遭到谴责和反对。1679 年，查理二世被迫宣布解散外交委员会，改组枢密院。新枢密院成立不久，查理二世又在“情报委员会”的名义下复活了外交委员会。

17 世纪末，英国议会通过《权利法案》《王位继承法》等法律文件，确认议会权力高于国王，从而奠定了君主立宪制这一政权组织形式的基础。随着议会地位的提升，内阁也

发生了实质性变化。1688—1701 年威廉三世当政期间,内阁成员已不再由国王遴选,而变成由议会下院占多数席位的政党组成。可见,内阁的组成与议会中两党(即辉格党和托利党)力量的消长发生关联。内阁由向国王负责变成向议会负责。到这时,内阁已由咨询机关变为权力机关。

1714 年以前,内阁会议和内阁日常工作均由国王亲自主持,而近代内阁制度形成的前提和条件是国王退出内阁。汉诺王朝建立后,情况发生了显著变化。乔治一世继承了王位。他是德国人,不了解英国的历史文化传统,也不太关心英国事务,尤其是他不懂英语,君臣之间商谈政务极为不便。从 1717 年起,乔治一世开创了一个先例:英王不再出席和主持内阁会议,而是指定一名大臣来主持,这就是后来的首相。起初,首相由国王指定,后来,随着政党政治的发展,首相变成由下院多数党领袖出任。

英国历史上第一个正规的内阁成立于 1721 年,第一任正式首相是辉格党首领罗伯特·沃尔波①。沃尔波连续担任 21 年首相,在其任期内,内阁的凝聚力和统一性不断增强。在内阁会议正式召开之前,沃尔波约请几位实权大臣组成"小内阁",举行私人会议,商讨决策性意见。由此,沃尔波开了"阁中内阁"的先河。他还是第一个进驻唐宁街 10 号的首相。此后,这里为历届英国首相的官邸。

1742 年,沃尔波首相由于议会通过了对内阁的不信任案而宣布解散了议会。然而,在新选举的下院中,沃尔波所属的辉格党因未能成为多数党而不能组阁。沃尔波只好率领他的内阁全体辞职。这样,他又开创了一个先例:议会通过对内阁的不信任案,内阁全体成员辞职,或提请英王解散议会,重新大选。

乔治三世之后,英王再也没有出席过内阁会议,首相和内阁可以自主地讨论、决定政府政策,具有更大的独立性。这一点,在 1812 年大法官埃登所讲的一段话中清楚地体现出来。他说:"我认为,在内阁中研究陛下任何臣民提出的要求是政府的职责。无论何时,只要内阁成员从公共责任感出发,要求政府审议某个问题时,政府都应真诚地作出决定。"

到 18 世纪末 19 世纪初,内阁日益成为一个独立于王权之外、依附于议会下院、主管行政决策的权力实体。19 世纪中叶,议会处于至尊的地位,内阁秉承议会意志管理国家,被称为议会的"执行委员会"。19 世纪后期,两者的地位发生了根本变化,内阁开始凌驾于议会之上,成为政治权力的中枢和整个国家机器运转的轴心。

进入 20 世纪后,内阁权力继续扩大,建立了内阁委员会制度。内阁委员会分为临时委员会和常设委员会两种形式:前者负责处理某种特定事务,为时短暂;后者负责经常性的工作,为常设机构。内阁委员会只向内阁负责,不向议会负责,工作保密,并且受内阁

---

① 沃尔波始终拒绝"首相"这一头衔,总是自称为"平等大臣中的第一人"。在他以后的相当长时间内,首相职位一直不见于英国法律。1878 年,在柏林会议文件中,首次出现"首相"一词。1905 年,英王开始为首相颁发委任状。1937 年,议会制定了《国王大臣法》。至此,首相职位才得到法律的正式承认。(程汉大:《英国政治制度》,中国社会科学出版社,1995,第 265 页)。

集体责任制原则的约束。

随着内阁权力的不断扩大,首相的权力也相应扩大。尤其是第一次世界大战的发生,极大地刺激了首相权力的扩大。应战事之需,政府成立了小型的"战时内阁"。在这届内阁中,首相劳合·乔治处于绝对主导地位,他不仅个人决定重大问题,而且经常直接干预各部门的具体工作。在一战结束后的4年内,乔治一直保持这种集权统治地位。到第二次世界大战期间,由于内阁、下院和全国舆论在民族危机面前空前统一,一致支持温斯顿·丘吉尔,首相的权力达到了顶峰。正因为如此,英国政治学家詹宁斯将首相比喻为"众多行星围之运转的太阳"。

由于英国的内阁制政府制度具有一套较为完备、精致的规范,并在相当程度上促进了国家适应和保护社会生产力的发展,因而为许多欧美国家所采用或仿效,如英联邦国家、意大利、奥地利、希腊、日本、以色列、印度、新加坡等都实行内阁制政府制度。

二、内阁制中央行政制度的主要特征

(一)议会至上

在内阁制政府制度下,议会处于国家的政治活动中心,是国家的最高权力机关,拥有立法、组织内阁和监督内阁的权力。内阁由议会产生,并向议会负责。内阁首脑和部长(大臣)需定期向议会报告工作,并接受议会监督。法国学者德洛姆在阐述议会权力的至高无上时甚至这样说过:"议会除了不能使一个女人变成男人和使一个男人变成女人之外,能够做一切的事情。"①

(二)内阁对议会负责

在内阁制政府制度下,政府对议会负责,接受议员的质询,解释政府的政策或内阁的决定。只有当议会对政府的政策或政治行为表示赞同时,政府方能继续执政;而当议会通过对内阁的不信任案或者否决内阁的信任案时,内阁必须总辞职,或者由政府首脑提请国家元首下令解散议会,提前举行议会选举,由新议会决定内阁的去留。

(三)内阁执掌行政权

在内阁制政府制度下,内阁系国家最高行政机关,政府首脑执掌实权。作为执政党领袖的政府首脑,利用自己的党在议会中占多数的优势控制议会,实际上又掌握着立法权。内阁成员必须同时是议会的议员。他们既在政府中负责某项行政工作,又在议会中参与立法活动,因此,往往出现内阁控制议会的局面。

(四)内阁组成独特

在实行内阁制政府制度的国家,内阁由议会中占多数席位的一个政党或构成多数席

① 埃弗尔·詹宁斯:《英国议会》,蓬勃译,商务印书馆,1959,第2页。

位的多数党联盟组成。议会中的多数党或多数党联盟即为执政党,其领袖受国家元首委托而组阁。受命组阁的政党领袖即为内阁总理或首相,依据法律规定,由国家元首任命。内阁总理或首相是政府首脑,不兼任国家元首,负实际责任。

(五)虚位元首

在内阁制政府制度下,国家元首是国家权力的象征,不执掌实权,不负实际责任。总理或首相不对国家元首负责。国家元首不能单独行使职权,在履行宪法规定的职责时,需预先征得国务员的同意,由国务员副署,方能发生法律效力。

三、内阁制中央行政制度的主要类型

(一)典型内阁制

英国是内阁制的典型代表,所谓的典型内阁制指的是以两党制为基础的英国内阁制。它具有以下特征:

1. 内阁对议会负责

内阁推行的重大政策要得到议会信任。首相为议会中多数党的领袖。在大选中获得下议院 1/2 以上议席的政党领袖得以出任首相。内阁的政治责任既包括集体的责任,也包括内阁成员个人的责任。集体的责任,即内阁成员对内阁决策实行集体负责制,如其决策为议会所不信任,则首相辞职,全体内阁成员负连带责任一同去位。个人的责任,即内阁成员对其个人言行负责,并对其主管部门的行为负单独的责任。

英国在宪法理论上要求内阁对议会负责,但在实践上内阁只对下院负责。为了保证内阁对议会负责,在内阁成员与议会的关系上,英国宪法也有若干规定。例如,内阁成员必须是议会议员,并分布在上院和下院。这样,内阁成员便有权出席议会,阐述内阁的政策立场,进行必要的解释。内阁成员在两院发言享有优先权,受到特别的重视。

2. 内阁是行政权力中心

内阁是最高国家行政机关,一切重大决策必须在内阁会议中进行,内阁会议由首相担任主席,国家元首(女王或国王)不得出席内阁会议。国家元首发号施令必须有内阁成员副署方能生效。国家元首在形式上是国家的政治领袖,享有“名义上的主权”,没有实际权力。国家元首在任命首相或内阁成员时,必须依据一定的政治惯例,没有选择的自由,内阁总辞职或提请解散议会时,国家元首应该接受。对于议会通过的法律,国家元首不应拒绝。

3. 内阁有解散议会的权力

对议会的解散权有助于内阁与议会之间保持相对平衡,这是三权分立原则与分权制衡思想在内阁制中的体现。议会有权通过不信任票来迫使政府辞职,但在实践中议会的行为存在着滥用权力、压迫内阁的可能。如果内阁确认议会在从中作梗,就可提请元首解散议会,另行改选。谁是谁非,让选民公断。如果内阁的政策仍得不到新议会的信任,就必须总辞职。内阁的解散权又叫对抗权,以便内阁与议会之间相互制衡。此外,解散权有助于执政党整顿党内组织,有助于执政党连续执政。

(二)一般内阁制

一般内阁制是指以多党制为基础的内阁政府制度,区别于以两党制为基础的典型内阁制。一般内阁制同样具有内阁制中央行政制度的基本特征:内阁对议会负责,行政权属于内阁,元首拥有虚位,内阁有解散议会的权力。通常,内阁首相也由议会中最具组阁能力的政党领袖出任。但是,由于政党基础不同而形成的复杂情况,使得一般内阁制又与典型内阁制存在着差异。主要表现在:

(1)一般内阁制国家在保持虚位元首基本特征的前提下,适当增加国家元首的职权,使他作为一个独立的权力主体,成为在各种政治关系中有积极意义的平衡力量,而不完全是一种感召性的象征。当然,实行一般内阁制的各个国家充实元首职权的具体做法又有所不同。如德国规定,元首在任命问题上有一定的自由裁量权。总统在任免政府总理、部长以及要求他们留任时,无须相关人员副署。意大利的国家元首有一定的复议权。意大利总统在与议会、政府的关系上,也有一定的主动控制权。希腊与澳大利亚的国家元首有一定的否决权。

(2)在保证内阁对议会负责的基本性质的前提下,适当增强对议会的制约。如德国的基本法规定:议会的消极不信任不足以迫使内阁辞职,议会使用不信任权时,必须在一定时间内以过半数票选出新的政府首脑,不信任票才能生效。意大利规定议会要行使倒阁权,仅是消极地否定内阁提案不足为凭,必须要主动地投不信任票才能算数。

(三)特殊内阁制

所谓的特殊内阁制是指在多党制的形式下实际上却长期由一党控制内阁的政府制度。特殊内阁制也强调内阁对议会负责,内阁总理由议会选举产生。但由于执政党长期在议会两院中占有多数,甚至占绝对多数,执政党的领袖也是当然的内阁总理。在这种情况下,一般意义上内阁制的政党之争就变成了围绕争夺执政党领袖地位的党内派系之争,内阁政府的变化基本上也就以此为中心。1955—1993 年的日本就是特殊内阁制的代表。特殊内阁制与其他内阁制的不同点主要表现在:内阁频繁换届;从内阁成员的构成看,基本上是一党内阁。

四、内阁制中央政府的组织程序

政府的组织程序是指政府是按什么步骤组织起来的。西方国家中央一级政府的产生,一般都分三个步骤:第一步先产生政府首脑,第二步由政府首脑提名政府成员,第三步由一定的机构认可或批准、任命政府成员而组成政府。

在内阁制下,中央一级政府的成立与议会密切相关。一般先由选民直接或间接选出议会议员,再由议会选出政府首脑,一般都是由议会中多数党的领袖或政党联盟中最大党的领袖来担任,经国家元首任命后,政府首脑再提出政府成员(内阁成员)名单(取得议会多数席位就取得了组阁权),经元首认可后,政府即告成立。这也就是通常所说的组阁成功(见图 3-1)。但由于各国政党情况不同,议会在组阁中的作用也不完全相同,具体有两种情况。

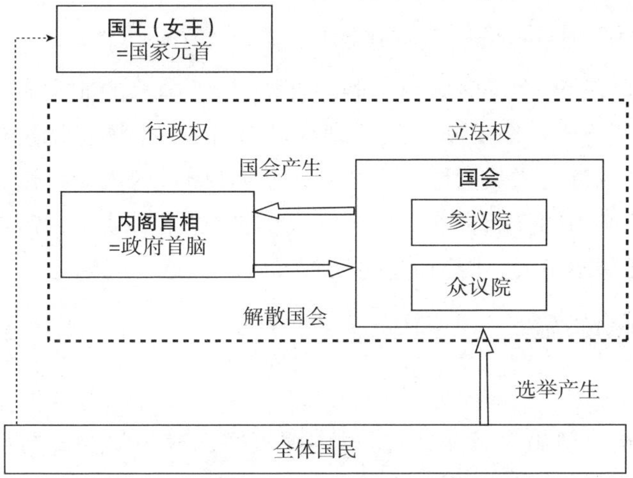

图 3-1　内阁制中央政府组织程序及议会与内阁关系图(以英国为例)

一是在议会选举后,多数党在议会中的地位比较稳定,在这种情况下,国家元首只能任命多数党领袖为政府首脑,并授权政府首脑组阁,按政府首脑提出的名单任命政府成员,自己没有挑选的余地。换句话说,就是国家元首必须尊重选民所投的选票和政党所选出的领袖,如英国、新西兰、日本都是这样。

二是在议会选举后,没有一个政党能在议会中取得多数,或即使取得多数也没有稳定的多数议席。在这种情况下,国家元首在任命政府首脑时,就有挑选的余地,然后再根据挑选的政府首脑的提名,任命政府成员,组成政府,如意大利就经常是这样。但这种情况常常造成政局不稳。

五、对内阁制中央行政制度的评析

(一)内阁制的优点

1. 立法部门与行政部门密切合作,有利于保持政府的稳定

通常内阁成员同时是议会议员,绝大部分立法议案都由内阁提出。内阁与议会之间的密切合作是政府正常运作和政局保持稳定的重要保证。而且,立法与行政之间也是相

互制约的,议会有权对政府表示不信任,迫使内阁总辞职。

2. 能充分实现民主政治

内阁制的精神在于议会能符合民意,内阁须有议会议员的支持,方能行事。内阁直接对议会负责,间接对选民负责,如内阁不能取得议会的信任,议会可以通过不信任投票,迫使内阁解散,而内阁也可以解散议会,将最终的决定权交给选民,即内阁随时要有民意基础方能行事。即使一个国家的多数党可以长期支持内阁,但由于议会须定期改选,公民仍然可以通过选举决定执政党。

3. 内阁人选可以随时更换,富有弹性

内阁没有一定任期,在平时政绩卓著的首相,到了国家的非常时期,不一定能应付自如。一个善于在经济成长期实施有效管理的经济部长,在经济萧条时,不一定能够实施有效管理,解决经济持续增长问题。当遇到这些问题时,内阁制可以针对时代需要,选任适当人选,随时更换内阁。而在非民主国家,只能通过暴力或革命解决这一问题;在总统制下,只能等到任期结束时,才能通过更换管理者解决这一问题。

(二)内阁制的弊端

1. 破坏分权原则

因为内阁阁员一般由议员兼任,所以内阁事实上成为议会的行政委员,从而使行政权与立法权的分立没有得到实现。

2. 内阁与议会之间相互对抗,难以调节

内阁解散权与议会的不信任投票权,虽然可以发挥相互抗衡的作用,但是如果不能适当加以调节,如解散议会权有缩水现象,或对政府的不信任投票权被限制时,内阁制都将丧失功能。内阁解散议会权缩水将使议会自我膨胀,内阁将变得软弱无能;反之,不信任投票受到限制时,则将形成强势内阁。这种情况下,会因政党制度的不同(多党制或两党制)以及党员遵守党内纪律的程度不同而有不同结果。

3. 内阁制稳定性较差

在政党政治下,议员通常是政党党员,如果议会之内只有两个政党,则一党执政,一党在野,最能发挥政党政治的长处。内阁制政府深受政党操纵。从竞选到执政,政治生活的每一个环节,都受政党的影响。但内阁制政府除英国外,多数为多党联合执政,这样的内阁其稳定性不如总统制和一党执政的内阁制政府。如法国在第三共和及第四共和时期,就是典型的短命内阁。

4. 内阁制并不能保障科学的行政

内阁制下,内阁成员往往是由以议会为中心的专门参与议会政治斗争的政治家(或许称作“政客”更恰当)组成,而不是由对政治与行政具有崇高理想、坚定信念、专门知识与丰富经验的管理精英组成。对于政治家而言,他们擅长的是搞群众运动,将国家政策的立案、决定与执行等最高权限交由他们掌控,并不能保障科学的行政。

第三节　总统制中央行政制度

一、总统制中央行政制度的形成过程

总统制中央行政制度是由总统担任国家元首和政府首脑的一种行政制度。它是西方国家的一种比较典型的中央行政制度形式。总统制强调总统在政府中的至高权位和作用。但是,在与国家的其他政权机关的关系上,它们是平等的。

总统制发端于美国,它的产生以分权学说为依据。美国创建总统制政府制度,与1787年的制宪会议直接相关。1777年11月第二次大陆会议通过的《邦联条例》规定:"各州仍保留其主权、自由和独立。"根据这一规定,各州仍保持自己的独立性,权力很大,而邦联政府只是一个各州间的脆弱联盟,华盛顿将其比喻为"沙子扭成的绳子"。然而,这样一个松散、软弱的政府所面对的却是严峻的形势:从国内方面来说,战争刚刚结束,社会动荡不安。那些曾在战争中浴血奋战的农民、手工业者、商人本想在摆脱了英国的控制后成为殖民地的主人,然而战后得利的却是那些工商业主和大农场主,农民、手工业者、商人再次被置于殖民地上层人物的剥削之下。失望和愤怒之余,他们在许多地区掀起了大规模的暴动,其中,1786年的谢司起义,使他们感到邦联政府对如此大规模的反抗无能为力。就国外情况而言,英、法、西班牙等列强非常敌视新生的美国政权,不断在经济上刁难、军事上威胁,而新生的美国却没有一个强有力的政府联合各州的力量一致对外,这使得美国政权有被颠覆的危险。

为了应对严峻的国内外形势,走出困境,1787年5月,制宪会议在费城召开,与会者共商修改《邦联条例》事宜,草签联邦宪法。制宪会议围绕着组建政府的两个根本性问题展开了极为认真的讨论:一是要不要建立一个强有力的中央集权式的政府,二是如何组建中央政府。关于第一个问题,由于会议上主张建立强有力政府的代表实力很强,会议通过了"一个包括最高立法、行政和司法权力的中央政府应予组织之"的提案,同时也通过了联邦和州之间实行分权的提案。关于第二个问题,会议通过了一个妥协方案。该方案规定:下院议员由人民直接选举,每4万选民中产生1名,财政案由下院提出,上院不得更改。上院由每州派出2名代表组成。制宪会议通过激烈的争论,解决了有关政府制度的五个问题,从而从根本上确立了美国的总统制中央行政制度。①行政首脑的人数。会议决定实行由选举产生的总统担任行政首脑的单一行政首脑制度。②总统的产生。

会议决定总统由"选举人团"选举产生(而不是由国会选举产生)[1],选举人团的代表由各州议会自行决定。这一规定,使得总统选举摆脱了国会的控制,避免了美国政府制度向内阁制演变。③总统的任期。会议不同意采用世袭君主的模式,决定总统任期为 4 年,但对连选连任届数没有做任何规定。④总统的权力。宪法直接授予总统某些权力。其中重要的权力是:行政权、负责使法律切实执行、任命权、立法倡议权和否决权、缔约权、担任武装力量总司令等。⑤总统的罢免。宪法规定:"总统因营私舞弊、玩忽职守而受弹劾并定罪时,应予免职。"由众议院弹劾,参议院审判。

任何一个国家的政府制度都是由人创建的,但这并不意味着人们可以随心所欲地创建。相反,政府制度归根结底是各种复杂因素综合作用的产物。大体说来,影响美国总统制中央行政制度创建的主要因素有以下四个方面[2]:

第一,三权分立的原则为总统制政府制度的创建奠定了政治基础。制宪会议在强化中央政府权力的问题解决之后,一致赞成联邦政府实行三权分立原则。但是,制宪会议没有采纳当时州政府实行的分权体制。因为在各州政府中,立法机关居于权力主导地位,又不受其他两个部门的制约,结果导致立法机关专权的局面。制宪会议决定实行一种三个权力部门能够互相制约以保障权力平衡的分权原则。依据这种政治原则所设置的行政部门,其基本特征应当是政治地位独立,不由立法机关产生,对宪法和人民负责,并能与立法机关互相制约。因此,这一政治逻辑就为 1787 年宪法所创建的总统制政府制度提供了一种框架。

第二,反对君主制的思想为总统制政府制度的创建扫清了认识障碍。对当时的美国来说,君主制也是建立强有力的行政部门的一种模式。制宪会议之前,在美国军界和政界的一些领导人物中,已有建立君主制政府的动向。他们认为,在美国只有建立君主制,才能保障社会秩序。他们把实现君主制的希望寄托在华盛顿的身上。因为没有任何一个人能像华盛顿那样,享有崇高的威望,得到广大人民和军队的拥戴。如果没有军队的支持,任何一个王位觊觎者都不可能戴上王冠。1783 年驻纽堡的军队酝酿发动军事政变,敦请华盛顿领导兵变并在成功后出任国王。华盛顿的前军事助手汉密尔顿也力劝他出山。在这种局势下,只要华盛顿首肯,美国建立君主制易如反掌。幸运的是,华盛顿是一位坚定的共和主义者。他不仅拒绝了纽堡的军队要他领导兵变的请求,而且帮助邦联国会平息了这次事件。同时,他还警告他的追随者,特别是汉密尔顿,要他们放弃建立君主制的企图。其实,大多数政界领导人也坚决反对君主制。麦迪逊在谈到这个新生的共和国面临君主制与分裂的抉择时曾说过:"在若干领导人物心中产生了拥护君主政治的倾向。多数人民似乎宁愿取其次,即分裂邦联,也不愿建立君主制。"[3]然而,汉密尔顿等

① 李道揆:《美国政治和政府》(上册),商务印书馆,1999,第 393 页。
② 张定河:《美国政治制度的起源与演变》,中国社会科学出版社,1998,第 224—227 页。
③ 查尔斯·A. 比尔德:《美国宪法的经济观》,何希齐译,商务印书馆,1984,第 50 页。

少数人在制宪会议上仍然提出建立君主制的主张，只是由于华盛顿对共和制原则的忠贞和大多数政界人物反对君主制的立场，众人才在制宪会议上阻止了建立君主制的企图，从而为总统制政府制度的创建扫清了障碍。

第三，州长制为总统制政府制度的创建提供了有益借鉴。19世纪著名的英国法学家亨利·梅恩爵士曾经断言，美国总统制在很大程度上是英国乔治三世时君主制的翻版。实际上，制宪会议不是以英王为参照模式，而是以各州州长为参照模式的。在制宪会议上，各州宪法成为代表们的参照物。因为在当时的13个州中，只有少数几个州实行"强"州长制，纽约是最典型的一个。根据1777年纽约州宪法，纽约实行三权分立，州长由土地所有者而不是由州议会选举产生；任期为3年，可以连选连任；州长在复审委员会的同意下，可对他认为"与宪法精神或公共利益不符的"议会立法行使否决权；州长拥有任命权，并能利用这一权力支配复审委员会和其他行政部门；州长是州武装力量总司令；州长还拥有赦免权等。

纽约州宪法的主要起草人之一是古维诺尔·莫里斯。他不仅是总统派的主要代表人物，也是文字修订委员会主席。他根据纽约的宪法实践，积极鼓吹建立"强"总统制政府制度。所以，我们可以说制宪会议最后所确立的总统制政府制度是以纽约的州长制为基础的。纽约州代表汉密尔顿后来也承认，美国的总统在许多地方类似于纽约的州长①。

第四，华盛顿个人的影响力也为总统制政府制度的创建起到了重要作用。虽然强有力的总统制政府制度有君主制政府制度之嫌，遭到国会派的抵制和反对，但却得到华盛顿的坚决支持。因为他作为陆军总司令，深感与软弱无力的邦联政府打交道的困难。前方军士与英军浴血奋战，而邦联政府却无力按华盛顿的要求及时提供粮食和衣服，士兵常在严冬食不果腹，身着单衣，赤脚行军作战。同时，制宪会议一开始，罗伯特·莫里斯就提议华盛顿为大会主席，其用意十分明显，就是希望由华盛顿来领导未来的新政府。尽管国会派在许多问题上，特别是在新政府的权力问题上，与总统派存在着严重分歧并发生了激烈争论，但他们最终还是作出重大让步，其中一个重要原因就是认为新政府的权力是授予华盛顿的，由华盛顿掌握权力是完全可以信赖的。所以，华盛顿个人的影响力也是总统制政府制度能够创立的一个重要原因。

现在欧洲的法国和葡萄牙②以及拉美的阿根廷、巴西、墨西哥，亚洲的韩国、印度尼西亚、巴基斯坦，非洲的埃及、肯尼亚等不少国家也采用总统制中央行政制度。但是这些国家又根据本国的具体情况，进行了一些调整。

二、总统制中央行政制度的主要特征

概而言之，以美国为代表的总统制政府制度具有以下主要特征：

---

① 汉密尔顿、杰伊、麦迪逊：《联邦党人文集》，程逢如、在汉、舒逊译，商务印书馆，1980，第69页。

② 法国和葡萄牙实行的是一种比较特殊的总统制，即"半总统制"，关于半总统制的具体内容，在下一节详述。

(一)总统集国家元首和政府首脑于一身

在实行总统制政府制度的国家,总统既是国家元首,又是政府首脑。比如美国宪法第2条第1款规定:“行政权属于美利坚合众国总统。”美国的宪法第2条第3款规定,总统“负责使法律切实执行”。总统制下的元首是实权元首,行使宪法和法律所赋予的权力。总统一般与政府各部部长组成内阁。总统本人是内阁首脑,独揽行政大权,统率全国武装力量。总统有权发布具有法律效力的行政命令,领导监督各部、委、局的工作。任何行政部门、行政官员都不得违反总统的政策。同时经参议院批准,总统还可以任免联邦政府的高级官员和法官。现在一位新总统可以任免的官员有1万人左右。其中可任免大约2000名专职的政制任命官员,他们都是政策制定的高级官员。宪法还授予总统一定的立法权,随着总统权力的不断扩大,总统在立法上的作用和影响也日益扩大,以至于总统被认为是实际上的“主要立法者”。美国总统每年要向国会提出的国情咨文实际上就是总统提出的对当年具有全面指导意义的立法纲领。并且美国国会通过的议案,必须经过总统的签署才能成为法律,如果总统不同意,就有复决权,即不签署,并将议案连同他的反对意见退回国会。根据美国宪法,外交权是由总统和国会共同行使的,即总统有权代表美国同外国建立外交关系和缔结条约,任命驻外大使,但要参议院批准,现在,在外交事务方面,总统总是处于支配地位,是外交政策的真正决策者。

(二)总统独立于议会之外

在总统制中央行政制度之下,总统完全独立于议会之外。这种独立性具体表现为:总统由公民直接或间接选举产生,而不由议会产生;总统的权力由宪法明文规定,而不是由议会授予;总统的任期由宪法规定,而不受议会信任与否的影响。总统无须对议会负责,无须因为议会的不信任投票(这里不包括总统严重渎职、犯有重罪或违宪后遭到议会弹劾的情形)而辞职。例如,在美国,众议院独自拥有弹劾权,参议院独自拥有审判一切弹劾案的权力,总统因叛国贿赂或其他重罪和轻罪而受弹劾并被定罪时,应予免职。

(三)政府与议会完全分离

在总统制中央行政制度下,政府与议会是完全分离的。政府成员不得同时兼任议员,不能参加议会立法的辩论和表决,在形式上不能向议会提出法律案或预算案。

(四)政府成员与总统是部署关系

在总统制中央行政制度下,政府成员一般由总统任免①,由总统领导并向总统汇报工

① 参见本书第六章的相关内容。

作。政府成员服从总统的决策,总统随时可以解除他们的职务。

(五)政府不对议会负连带责任

在总统制中央行政制度下,政府不对议会负连带责任,政府成员只对总统负政治上的责任,总统只对选民负政治上的责任。议会除可以对总统依法行使弹劾权外,不能以不信任投票迫使总统辞职,总统亦无权解散议会。总统需向议会报告国情,通常以咨文的形式向议会陈述意见、报告工作或提出立法建议。议会通过的法案须交总统签署后才能公布实施,总统如不同意,有权加以否决。倘若议会以 2/3 多数再次通过,该法案即可生效成为法律。

三、总统制中央政府的组织程序

实行总统制的国家,一般先由选民直接或者间接选出总统,总统担任政府首脑,然后由总统提出政府成员名单,经议会批准后,中央一级政府即告组成。美国的联邦政府就是这样。每隔四年的 11 月,由选民选出总统选举人,再由总统选举人间接选出总统。总统在竞选时已物色好政府成员的人选,一旦当选上任,便正式提名他们为政府成员担任相应职务,再交国会参议院批准。国会参议院认可后,联邦政府即告成立(见图 3－2)。

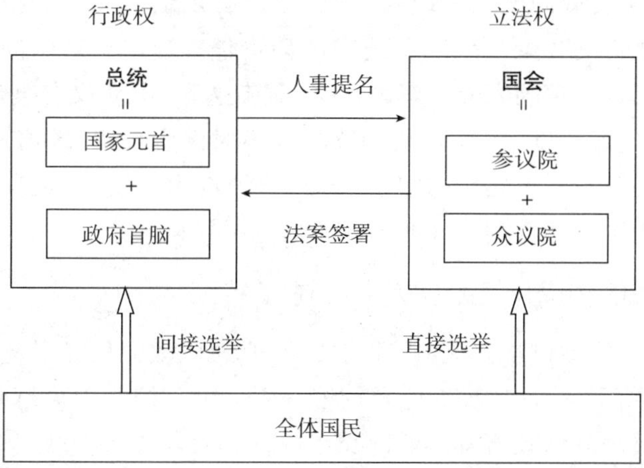

图 3－2　总统制中央政府组织程序及总统与议会相互关系图(以美国为例)

四、与内阁制中央行政制度的比较

由于美国和英国分别是总统制中央行政制度与内阁制中央行政制度的典型代表,所以我们以这两个国家为例,对总统制中央行政制度与内阁制中央行政制度进行比较。

(一)政府的地位和作用不同

在英国内阁制中央行政制度下,内阁是整个国家行政管理机构的枢纽,是中央行政机构的顶点,又是范围较大的政治系统的顶点。按照英国学者约翰·格林伍德和戴维·威尔逊的看法,内阁拥有“决策、行政控制、协调和划分权限”三大权力。而在美国总统制中央行政制度下,内阁不是联邦政府的一级组织,无任何实权,只是总统的一个咨询机构或者议事机构。对此,英国政治学家拉斯基作过如下评论:“(美国的)内阁是总统的一个顾问团,并不是一个他必须和他们一同共事并须获得他们赞许的同僚会议。事实上,的确有一个每周例会,讨论一些总统高兴交议的问题,但并没有集体的责任。极端重要的问题,可以完全不必交议,事实上也不交议。”

(二)政府产生的方式不同

在英国的内阁制中央行政制度下,政府通常由议会中占多数席位的一个政党组成。多数党的领袖经国家元首任命为政府首脑,内阁成员通常必须同时是议员。在非常情况下,内阁成员如不是议员,则须取得议员资格。而在美国的总统制中央行政制度下,政府大都通过全国性大选而产生,由在大选中获胜的政党候选人来担任总统并组成政府。政府成员不得来自现任议员。

(三)政府与议会的关系不同

英国内阁制中央行政制度下的政府及其首脑,必须定期向议会报告工作,答复议会的质询,并就自己执行的政策向议会负连带政治责任。当议会对内阁通过不信任案时,内阁要么总辞职,要么提请国家元首解散议会,重新选举,由新议会决定内阁的去留。而在美国总统制中央行政制度下,政府及其首脑则不对议会负责,政府成员只对总统负政治责任,总统向选民负责。事实上,选民一旦将总统选出,就再也无法制约总统,除非总统出现违法行为,否则只能等到其任职期满重新选举。

(四)政府成员的构成及其相互关系不同

英国内阁制中央行政制度下的内阁成员,一般为执政党的党员。在执政以前,他们往往已组成“影子内阁”①,政党政治色彩较浓。而美国总统制中央行政制度下的内阁成员由总统任命,一般由联邦政府各部的部长组成,因而,较少带有政党政治色彩。在美国的政治活动领域,也不存在影子内阁。近几十年来,随着总统个人任命权的不断扩张,在总统任命的高级官员中,无党派人士占有较大的比例。如在约翰·F. 肯尼迪至吉米·卡特任总统期间,总统任命的高级官员中,无党派人士的比例一般为27%~42%。此外,在内阁首脑与阁员的关系方面,英国内阁制政府制度下,首相与阁员的关系在法律上是平等合作的关系,每个人都有一票决策权,相互之间负连带责任。而在美国总统制中央行政制度下,总统与阁员之间的关系是领导与下属的关系。对政府的重大决策,总统一人

① “影子内阁”亦称在野内阁或预备内阁,指的是实行内阁制国家的主要议会反对党按照内阁的组织形式组成的准备上台执政的班子。1907年英国保守党张伯伦首次反对在党内建立影子内阁,并使用这个名词。

说了算,阁员没有平等的决定权。在亚伯拉罕·林肯任总统期间,曾经举行过一次内阁会议。会上,阁员们都反对林肯的看法,除了他本人之外,所有阁员都投了反对票,但在会议结束时,林肯宣布:“7 票反对,1 票赞成,赞成的占多数。”①

五、对总统制中央行政制度的评析

总统制中央行政制度最大的特征是实行分权与制衡,这是其政治制度的一条重要原则。分权与制衡的目的在于防止个人高度集权、独断专行,对权力实施监督和制约,防止滥用权力。在这一原则下,国会拥有立法权,总统拥有行政权,法院拥有司法权。立法机关、行政机关和司法机关各自独立,相互制约。政府就在这种相互制约中保持正常的运作和平衡。

总统制的优点主要是:①事权集中、责任明确;②指挥灵敏、行动迅速、易于提高时效;③易于保守秘密;④易于减少不必要的冲突与摩擦。西蒙认为总统制的最大优点就是效率高、责任明。

总统制的主要弊端是:①总统权力过大,不受国会的支配,宪法也没有授予公民或国会罢免总统的权利,因此,总统对选民负责实际上是无法实行的。总统在其任期内如不称职,但其又未犯罪,任何人都无权罢免他,只能等到任职期满重新选举。②分权制衡对于防止个人专断和滥用权力有一定的作用,但不是万能的,总统可以利用宪法的漏洞,对国会进行反制约,例如以行使外交权为由采取不宣而战的方式发动战争,以行政协定代替与外国签订条约,不须经参议院批准任命总统顾问和助理,安插亲信、排斥异己等。③国会与政府为了互相制约,建立庞大的官僚机构,造成机构重叠、人浮于事、效率低下的状况。再加上立法机构和行政机构各自独立,缺乏中间连接的渠道,致使政府在贯彻政策时遇到种种阻力,时常发生冲突和纠纷。④总统制下,总统权力巨大,但一个人的知识与能力总是有限的,对问题的考虑易于挂一漏万;日理万机,案牍劳形,有不胜繁巨之苦;缺乏牵制与监督,易于营私舞弊。

第四节 半总统制中央行政制度

一、半总统制中央行政制度的形成过程

半总统制中央行政制度是一种介于总统制政府制度与内阁制政府制度之间、兼有内阁制特点的总统制政府制度。半总统制的概念最先是由法国政治学者莫里斯·迪韦尔热(Maurice Duverger)提出来的,他在 1980 年的论文中用三个要素来定义半总统制,分别

① 查尔斯·A. 比尔德:《美国政府与政治》,朱曾汶译,商务印书馆,1987,第 192 页。

是:①总统由普选产生;②总统掌握大量的实权;③以总理为首的责任内阁对议会负责,可由议会不信任投票推翻。① 迪韦尔热的这一概念界定非常清晰,后来被学术界广泛采用。半总统制中央行政制度发端于法国。

法兰西第一共和国成立时,大革命尚在进行之中,国家政治制度的设计还不是十分周密,宪法规定国家最高立法机构是立法会议,最高行政机构是执行会议。1848 年法兰西第二共和国成立,宪法规定:国家实行总统制,总统是国家元首、行政首脑和军队统帅,总统不对议会负责。君主派的路易·波拿巴(拿破仑一世的侄子)正是利用这一特性,在 1848 年当选为总统后,于 1852 年 12 月,推翻共和政体,登基称帝,称"拿破仑三世",这就是法国历史上的法兰西第二帝国。

1870—1940 年为法兰西第三共和国时期。法国总结了第二共和国实行总统制导致专制的教训,因此,第三共和国宪法规定法国为议会制共和国,政治权力的中心在议会。第二次世界大战结束后,戴高乐当选为法国临时政府主席。戴高乐总结了第三共和国实行议会制导致政府频繁更迭的教训,主张强化总统权力,使总统成为国家权力的中心。这一立场与坚持实行议会制的左翼政党发生尖锐冲突。戴高乐在自己的政治体制设计无法付诸实现时选择了辞职。

1946 年 10 月,规定实施多党议会制的新宪法获得通过,法兰西第四共和国诞生。宪法确立了国民议会作为国家权力中心的地位,强调国家主权由公民通过国民议会和通过公民复决来行使。国民议会作为政治权力中心,是由众多政党组成的,因此,只要有某一个政党退出政府,或在国民议会投不信任票,政府就要垮台。这种体制导致第四共和国时期政府频繁更迭。在第四共和国存在的 11 年半中,法国政府走马灯似的换了 21 届。

政府频繁更迭和政局动荡引起了法国人民的强烈不满,人民要求改变这种状况。1958 年 5 月,科蒂总统提名戴高乐组阁,国民议会在授予新政府制定新宪法的权力后宣布休会。至此,法兰西第四共和国结束。

戴高乐重新出山,他的关于法国政治体制的设想终于有了实现的机会。由戴高乐主持草拟的新宪法,自然自始至终贯穿着戴高乐关于国家政治体制的主张。新宪法于 1958 年 9 月 28 日由公民投票通过。1958 年 12 月 20 日戴高乐当选为法兰西第五共和国总统,法国从此进入了法兰西第五共和国时期。新宪法保留了内阁制政府制度的特征,同时又加强了总统的权力,从而使第五共和国建立起了半总统制中央行政制度。目前欧洲的奥地利、芬兰、冰岛、葡萄牙、俄罗斯和东欧的一些国家也采用这种中央行政制度,但是在实施过程中,这些国家根据本国的情况做了一些改变。

半总统制中央行政制度之所以在法国建立有其深刻的历史背景,是历史必然的产物。

---

① Maurice Duverger, "A New Political System Model: Semi – Presidential Government," *European Journal of Political Research*8, No. 2(1980):165—187.

(一)半总统制是戴高乐政治思想的实践结晶

法国建立半总统制首先来源于戴高乐的政治思想,而戴高乐的政治思想则根源于他对历史和现实的深刻总结和洞察。

戴高乐剖析了法国历史上实行的议会制的弊端:一是权力不平衡,议会权力过大;二是行政权软弱,导致政府更迭频繁、政局不稳;三是国家元首地位低下,权力太小,在国家面临危机时无能为力。为此,必须对法国的政治体制进行改革。1946 年 4 月 16 日,戴高乐在诺曼底的贝叶城发表了著名的“贝叶讲话”,在“贝叶讲话”中,戴高乐系统地阐述了他的关于改革国家政治体制的主张:①强化总统权力,使总统成为国家权力的中心。这是戴高乐政治思想的核心。这一核心思想的贯彻,就是第五共和国宪法赋予总统一系列一般权力和三大特殊权力。②提高政府的地位,造就一个强有力的政府。戴高乐主张建设一个强有力的政府,强调“政府绝不可从议会产生出来”。③削弱议会的权力。戴高乐主张三权分立,尤其是立法权和行政权的分立,他说:一切原则和一切经验都要求立法权、行政权和司法权明确分立和彼此十分均衡。戴高乐的这一思想显然是主张为了加强政府权力而降低议会的地位。

(二)半总统制是法国经济进入大发展时期的需要

法国经济在 20 世纪 40 年代末期已经得到初步恢复,50 年代开始进入发展时期,50 年代末期更是开始高速发展时期。资本输出的规模也在不断扩大,其中多半流向法国在非洲的殖民地。这种形势,要求加强行政权力,建立一个稳定的、强有力的、办事效率高的政府,以处理纷繁复杂的国内外事务。显然,造成第四共和国政局动荡不安的政治体制已经不能满足这种需要。

(三)半总统制是法国谋求大国国际地位的需要

二战后法国微弱的国际地位及以后两个超级大国争霸的世界基本政治格局大大刺激了戴高乐的民族主义。在同世界大国的斗争实践中,法国人民也深切地感到传统政治体制的弊端难以实现统一意志、统一行动,不能集中全民的力量同其他大国进行较量。戴高乐孜孜以求的是法国的大国地位,为了争取实现大国地位的“高尚目标”,必须建立与其相适应的国家政治体制。戴高乐认为,“对外政策至上”,只有对外政策才是“唯一真正的政策”,经济政策、社会政策和文化政策都是为对外政策服务的“手段”,第五共和国的国家性质也应依照“对外目标”而定。

戴高乐在“贝叶讲话”中说:“当我们的民族是一盘散沙的时候,就遭到巨大的痛苦,而在一个坚强的政府领导下团结成一个自由民族的时候,就出现丰功伟绩。”他引用 1944 年访问美国时美国总统罗斯福的话说:“请您想一想,我这个美国总统甚至有许多次说不出法国政府首脑的名字!”很难设想,在这种情况下国家的行动能够持久。他明确指出:“(第四共和国宪法)不能保证法国的伟大,而使法国伟大则是我心上的唯一目标和我生命中最崇高的目的。党派政体是有害的，它妨碍执行伟大的外交政策，正如它危害国内的和平与稳定一样。”所以，必须建立以强有力的国家元首为中心的政治机构，总统应该是法国的“向导”“引路人”“仲裁者”和国家的“栋梁”，法国“需要一个能使政府有力而持久的制度”。

（四）半总统制是法国应对现实国内政治形势的需要

戴高乐的政治思想在战后初期并未能够实现，因此，他选择了辞职。实现戴高乐提出的政治思想需要一定的政治条件，而这一条件直至12年后的1958年才成熟。1958年，被政党政治折腾得焦头烂额的第四共和国，终于在阿尔及利亚的“毒瘤”侵害下致死，戴高乐盼望的时机终于来到了。第四共和国议会制的固有弊端和法国经济形势的发展，为戴高乐政治理想的实现创造了客观可能性。1958年5月13日驻阿尔及利亚法国殖民军发动军事叛乱，国家危机为戴高乐提供了难得的政治机遇。5月，科蒂总统提名戴高乐组阁，戴高乐则以议会授予他全权作为复出条件东山再起。6月27日，戴高乐在发表电视讲话时向法国人民说：“有三件事左右了我们的局势。这三件事是：阿尔及利亚问题、财政经济问题以及国家体制的改革问题。”

的确，这是治理法国的关键。法国人民都以为戴高乐会首先解决紧迫的阿尔及利亚问题，至于政治体制改革问题，对他们大多数人来说，似乎还没有直接的利害关系。而戴高乐却不这样认为，他主张，进行政治体制改革是解决其他所有问题（包括稳定问题）的前提，如果不首先进行政治体制改革，其他问题的解决都无从谈起。戴高乐以巨大的热情投入新体制的创建工作中。新体制旨在革除议会制的弊端，重新调整了总统、议会、政府的关系，扩大了总统的权力，削弱了议会的权力，法兰西从一个议会制共和国被改造成一个半议会半总统制共和国。

当然，按新宪法的规定享有至高无上权力的总统宝座，非戴高乐莫属。戴高乐当选总统后，立即运用新宪法赋予总统的“非常权力”，快刀斩乱麻般解决了困扰第四共和国多年并直接导致其衰亡的阿尔及利亚问题，使法国获得了“政治自由”，并在国际上“恢复了威望”。西方政治理论、政治体制研究及阿尔及利亚问题的解决，有力地向法国人民证明：“正是因为新的制度使国家能够采取行动，并不是像旧制度那样只会阻碍国家采取行动，所以政府才能做出决定，而不是一贯地搪塞推诿，所以它才能站得稳，而不是不断动荡和倒台。”要解决问题是创建新制度的动因，问题的解决又为新制度的发展创造了更广阔的空间。

总之，历史与现实的交汇、政治与经济的互动、国内与国际的政治风云激荡，催生并洗礼了独具特色的半总统制中央行政制度。

二、半总统制中央行政制度的主要特征

大体来说，以法国为代表的半总统制中央行政制度具有以下主要特征：

（一）总统处于国家权力的中心地位

宪法赋予法国总统的职权分为两类，一是总统的一般权力，二是总统的特殊权力。总统的一般权力包括：人事权——任命总理和根据总理建议任免政府其他成员；立法权——公布法律；行政权——主持内阁会议讨论和决定政府的各项重大的方针政策；司法权——总统保证司法独立；军事权——总统为军队的最高统帅；外交权——派遣驻外大使及特使并接受外国大使及特使；发布咨文权；等等。

总统的特殊权力有三项：解散国民议会的权力，举行公民投票的权力，行使宪法第16条规定的“根据形势采取必要措施”的非常权力。总统在行使这些特殊权力时均不需要任何副署，换言之，总统可以独立地、自由地行使这三项权力。这三项特殊权力是法国第五共和国总统权力扩大的突出表现。

法国1962年的宪法修正案，进一步将总统由选举团间接选举改为由全民直接选举产生，这进一步加强了法国总统的政治地位。戴高乐因此更认为：“选举总统的人民已经把国家不可分割的权力完全赋予总统。除了由总统授予并维护的权力以外，不存在任何其他的权力。”

（二）议会的地位明显下降

法国的议会实行两院制，由国民议会和参议院组成。议会是法国的立法机关，两院共同行使立法权、审批国家预算权和监督政府权，但这些权力都受到了诸多限制，议会在国家政治生活中的地位明显下降。

在立法权方面，法国第四共和国的议会享有立法垄断权，它可以对任何问题进行立法。第五共和国的议会却只对宪法所列举的事项拥有立法权，所有属于政府制定行政法令范畴的问题，议会均不能进行立法。政府为实施其施政纲领，还可要求议会委托立法，即要求议会授权其制定法令，对通常属于法律范围内的事项（宪法规定由议会制定）采取措施。对这些事项的立法权，不再由议会行使，而由政府行使，议会只保留事后的批准权。

财政审批权是议会的传统权力。在第四共和国，议会可采用拖延表决政府财政法案的方法来对政府施加压力，迫使其让步。第五共和国宪法规定，财政法案提交给国民议会后，若议会两院在70天内未能作出答复，政府就可以法令的形式颁布使之生效。

在对政府监督方面，议会的质询权和弹劾权也受到重大限制。在第三、第四共和国时期，有辩论的质询结束后，要进行投票表决，如表决结果为不信任，政府便要倒台。在第五共和国，质询辩论后不再进行投票表决。当然，国民议会可以通过一项不信任案，迫使政府辞职，但是，宪法对此作了极严格的规定，致使议会的弹劾权难以行使。

（三）政府由总统控制

法国设有以总理为首的中央政府，拥有比较广泛的权力。它可在执行总统的对内对外政策的前提下，制订向议会提出的法律草案，并根据已颁布的法律制定具体的法令。根据宪法规定政府对议会负责。政府的权力涉及内政、外交、军事、经济、文化等各个方面。

但实际上，法国最高行政权掌握在总统手中。宪法规定：总统任免总理，并根据总理的提议任免政府其他成员；总理名义上是政府首脑，而实际上只是政府的“首席部长”而已；总统不仅是国家元首，而且是实际上的行政首脑和三军统帅；总统与总理之间的关系，总是表现为“强”总统和“弱”总理的态势；总统决定大政方针，总理负责具体实施。

（四）政府不对总统负责而对议会负责

在法国，政府不对总统负责，而对议会负责。议会可以谴责政府。当议会通过谴责案，即不信任投票案或否决政府的施政纲领或总政策声明时，总理必须向总统提出政府总辞职。就这一点而言，半总统制中央行政制度具有内阁制政府制度的特点。

（五）从实际政治运作来考察，半总统制的实质是一种可变性共和政体

可变性共和政体意即权力中心滑动的政体，国家权力中心在实践中是可变的，有时权力中心在总统，有时也可能在议会。在一般情况下，如上所述，国家权力的中心在总统；但在特定的条件下，议会可以弹劾总统，这时权力中心在议会。国家政治权力中心的这种滑动与当时的政治形势和政党态势紧密相连。也就是说，当总统和议会中的多数属于同一翼时，国家权力中心在总统；如果总统和国民议会的多数分属两翼，那么，总统就必须任命议会多数派的领袖担任政府总理，亦即“左右共处”，在这种情况下，一方面总理不会再甘心充当总统的驯服工具，他必定要充分利用宪法赋予的权力，并利用“议会多数”等武器来要挟总统，使自己成为独立自主的政府首脑，这就使总统的权力中心地位受到挑战；当然，另一方面，总统也不会把宪法赋予他的巨大权力置而不用，任由总理为所欲为，使自己的权力虚化，总统可随时使用宪法赋予的任免总理、解散议会等权力来对付总理及议会。总之，双方都拥有处置对方的权力和手段。可见，半总统制的实质是一种可变性共和政体，即国家权力中心滑动的政体。这种权力的滑动在法国政治生活中特有的“左右共处”的变换中表露无遗。

三、与总统制中央行政制度的比较

法国式半总统制与美国式总统制相比较：

第一，从形式上看：美国总统不仅是国家元首，而且是政府首脑；而法国总统只是国家元首，总理是政府首脑，依照宪法，法国总理由议会中多数党议员担任，他必须对议会

负责。当总统、总理和议会多数党同为一党时,法国总统的权力名副其实,总理和政府听命于总统,总理只是总统的助理和首席部长;当三者不一致特别是总理十分强硬时,总统的权力就要打折扣。

第二,从总统的产生看:法国宪法规定,总统是由全国具有选民资格的公民普遍、直接选举产生,获得有效票绝对多数的候选人当选;而美国总统则是由各州公民选出的选举人投票决定的。

第三,从总统与议会的关系看:美国严格执行分权与制衡原则,总统在任何情况下都无权解散议会中的任何一院;法国已经形成了议会制的传统,总统可以在一定条件下解散议会中的一院——国民议会,并指定大选的日期。

第四,从内阁成员的组成看:美国内阁基本上是由一党组成的;而法国政府则几乎都是由多党组成的。

四、半总统制中央政府的组织程序

总统由选民直接选举产生,总统有很大的行政权,成为实际的政府首脑,总统一般都任命议会多数党的领袖或政党联盟最大党的领袖为政府首脑,即总理,再根据总理的提名任命政府成员,组成政府。如果议会中的多数与总统同属一个党派,则总统的挑选余地较大(见图 3－3)。

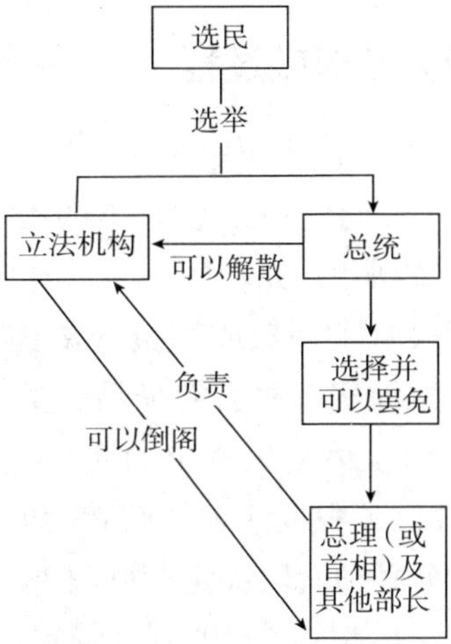

图 3－3　半总统制中央政府组织程序及总统、总理、议会的相互关系图(以法国为例)

五、对半总统制中央行政制度的评析

半总统制是总结法国政府制度史经验教训的结晶。如果说总统是法国集权传统的象征,议会是法国民主传统的象征,那么半总统制就是法国集权传统和民主传统的结合体;如果说强势总统是法国集权传统的象征,全民直选总统是法国民主传统的象征,那么半总统制还是法国集权传统和民主传统的结合体。半总统制在法国的创造性建立，在世界范围内打破了议会制和总统制在政府制度领域两分天下的局面，成为不可忽视的“第三力量”，当今世界共有大约 30 个国家（例如斯里兰卡、埃及）实行这种政府制度。半总统制将对世界政治制度的发展产生深远影响。

法国的半总统制中央行政制度，是一种在总统制与内阁制之间摇摆的制度，具体必须视政党在议会中的分配而定。如果总理所属政党在议会占了多数，与总统不同党派，总统的权力式微，总理权力上升，就会造成总统与总理之间相互拆台。当初法国密特朗总统与希拉克总理之间就是这样，结果什么事也干不成。如果总统与总理同属一个党派，此时的总统则拥有比总统制下的总统更大的权力，这时效率是高了，但是却破坏了三权分立原则。半总统制下行政首长之间职权的区分不易厘清。虽然宪法明确了总统与总理的职权，即总统负责国防、外交、宪政政策，总理负责其他政策，但是实际上有些职权无法完全区分，例如外交与经济密不可分，无法一分为二。

第五节　委员会制中央行政制度

一、委员会制中央行政制度的形成过程

委员会制中央行政制度亦称“合议制中央行政制度”，它是指国家最高行政权不是集中在国家元首或政府首脑一人手中，而是由议会产生的委员会集体行使的一种政府制度。当代实行委员会制的国家，比较典型、比较成功的只有瑞士。

政府组织中法定的最高行政权赋予多数或委员会集体行使的这种合议机关古已有之。雅典城邦民主制时期，“没有总揽执行权力的最高官员”①，“因为政权是在全国公民手中，而不是在少数人手中”②，即由全体公民选出的几百人组成的公民大会，操持一切。罗马共和国民主制时期，最高行政机关中设两个执政官，两者权力相等，双方都有否决对方的权力，因此，一切重要行政事务必须共同决定、共同行动。

1789 年法国大革命后，几部宪法都规定了法国政府实行委员会制③。1793 年雅各宾政府颁布的宪法规定，议会选举 24 人组成行政委员会，委员会任期 2 年，每年改选一半。1795 年修订的宪法即《共和三年宪法》仍然规定政府实行委员会制。行政权由 5 位督政官组成的督政府行使。督政府由掌握立法权的元老院和 500 人院共同产生。督政官统

① 中共中央马克思恩格斯列宁斯大林著作编译局编《马克思恩格斯选集》第 4 卷，人民出版社，1972，第 114 页。
② 修昔底德：《伯罗奔尼撒战争史》，谢德风译，商务印书馆，1960，第 130 页。
③ 卓越主编《比较政府》，福建人民出版社，1998，第 94—95 页。

率全国的武装力量、掌握财政和任免官吏，具体执行的任务由下设的部长和高级将领完成。各督政官轮流出任主席，掌管签署权和国玺。主席任期3个月。督政宫中每年改选1人，凡经改选的督政官，在其离职后的5年之内，不得重新当选。共和八年，虽然政府的行政大权实际上是掌握在第一执政官手中，但在学理上，最高行政机关仍然由3个执政官组成。

瑞士实行委员会制中央行政制度直接受到法国的影响。1848年，瑞士制定联邦宪法，确立委员会制为共和国的中央行政制度，并延续至今，成为世界上唯一长期实行委员会制中央行政制度的国家。瑞士实行委员会制中央行政制度是与其特定国情相关联的。①瑞士小国寡民。瑞士是一个由20个联邦州和6个半联邦州组成的联邦制国家，仅有4万多平方千米的国土和600多万国民，是一个文化、语言、宗教较为复杂的多民族国家。这种情形，需要有一个握有实权的委员会来协调各方利益、融合各方意见。采用这种制度因政务简单、责任清楚，不容易产生推诿塞责。②瑞士有良好的自治基础、较为发达的民主制度，可以选任适合议员；人民生活水平高，不会造成委员会独裁。③人民保有创制权和复决权可以牵制政府，政府不致独裁。

二、委员会制中央行政制度的主要特征

瑞士是目前世界上唯一长期实行委员会制中央行政制度的国家。因此，我们归纳委员会制中央行政制度的特征是以瑞士为例的。

（一）议会至上

在瑞士，议会不仅有立法权，而且有行政政策、方针决定权，是最高行政领导机关。议会是委员会的上级机关，对委员会享有监督权，可以变更或撤销委员会的决定和措施。议会通过的法律案或其他决定，委员会不能要求议会复议，必须服从和执行，并对议会负责。委员会无权解散议会，议会也无权推翻委员会。

委员会的委员不是议员，但可以随时出席议会，参加讨论。委员可以向议会提出法案，并可将他们的政策随时提交议会讨论，但委员不能参加议会表决。委员的任期是固定的，在任期届满之前，不能因委员提出的重要议案未被议会采纳而辞职，议会也不能投不信任票而促使委员提前解职。委员会无权解散议会，对议会不负连带责任。委员会实际上是议会的一个执行机构。

（二）权力均等

在委员会制中央政府制度下，委员会设正副主席各1人，由议会从7名委员中选出。委员不得兼任议员，任期4年，可以连选连任。委员会主席就是联邦主席，既是政府首脑，又是国家元首，任期1年，不得连任。1年届满后，由副主席升任主席，同时选出另一名副主席。实际上，主席职务由7名委员轮流担任。联邦主席虽然是国家元首和政府首

脑，但他除了享有一些礼仪性和象征性的权力譬如对外代表国家、对内主持联邦委员会的会议等外，其他权力与委员会中的其他委员完全相当。在决定问题时，至少必须有4名委员同意，方能生效，联邦主席没有拍板权。

（三）合议决策

在委员会制政府制度下，联邦委员会中的每个委员虽然分别担任某一个部的部长，但无权对本部的重大问题单独做出决定，必须作为议案由联邦委员会指定的有关三人小组（均为联邦委员）研究决定。一切重要政务，均由委员会集体讨论，实行少数服从多数、集体负责的原则。

（四）非党政治

联邦委员会由自由民主党、基督教民主人民党、社会民主党、瑞士人民党等4党联合执政。但作为政府，联邦政府又是超越于党派关系之上的，不代表议会中某一政党即使是多数党的利益。换言之，瑞士的政府制度是要使联邦委员会成为一个融合不同政见、不同利益、不同地区的综合组织，成为一个实实在在履行国家行政管理职能的事务团体。

三、与总统制中央行政制度、内阁制中央行政制度的比较

委员会制与总统制政府的区别主要表现在：首先，行政机构即联邦委员会从属于立法机关，不能离开立法机关而独立存在，不拥有总统制下政府与立法机关平行的地位。联邦委员会成员由联邦议会选举产生，委员会必须服从并执行联邦议会通过的法律，不得否决也不得退回议会的要求再做复议。其次，委员可列席联邦议会的会议，报告政务，陈述意见，也可以提出法律草案，但委员会不能与联邦议会平分秋色，委员会主席对议会制定的法律无否决权。最后，联邦委员会实行集体领导，主席任期1年，与其他委员职权平等。就委员会制与总统制的共性而言，联邦议会议员同样不得被选为联邦委员会委员。但委员会制不像总统制那样严格，委员可以列席联邦议会的会议，也可提出议案。

委员会制与内阁制之间的区别与联系。就二者的差异而言：首先，联邦委员会不受党派控制，不代表议会任何一院中多数党或少数党的利益。选举委员时不标榜任何政治纲领。其次，委员会不能对抗立法机关、无权解散议会。再次，议会也无权通过不信任投票或推翻联邦委员会，委员如失去议会的信任，或他们提出的议案被议会修改或否决，他们不必辞职。最后，联邦议会议员、联邦法院法官、其他联邦或州的公职人员，不能被选为联邦委员会委员。就二者的共性而言：首先，联邦委员会产生于联邦议会，是履行政府职责的机构，委员可以列席议会两院的会议，可以提出动议，可以参加辩论；其次，一切重要法案都由委员会草拟，并提交议会通过，成为法律。

委员会制中央政府的组织程序见图3-4。

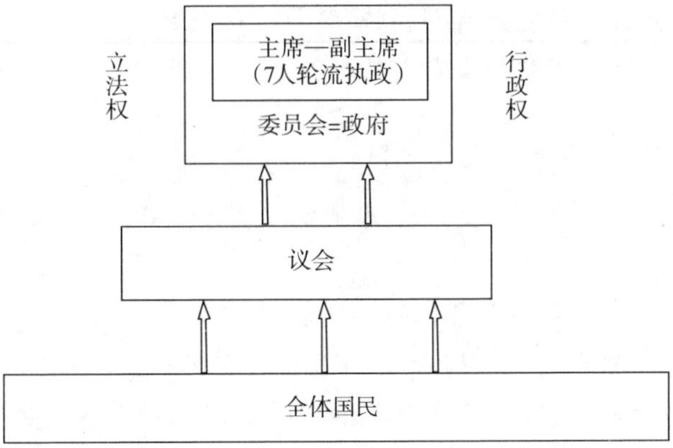

图3-4 委员会制中央政府组织程序及议会与委员会(政府)关系图(以瑞士为例)

四、对委员会制中央行政制度的评析

委员会制中央行政制度的优点:①它能从制度上防止出现专断独裁。它不实行三权分立,而是行政与立法相结合,行政从属于立法,从而避免了总统制和内阁制下立法和行政之间复杂的制约关系。它在行政部门内部实行集体领导,从主席到委员拥有平等的职权,主席任期1年,这在一定程度上使权力不过分集中。②能容纳各方的意见,即能够集思广益;且易于反映人民的意见,获得社会有力支持。③彼此相互牵制监督,不易营私舞弊。④多数人分工合作,减轻负担,能胜繁巨。⑤不受上级领导的过分干涉,而有较多的自主与自由,合乎民主精神。

委员会制的主要不足是:①责任不确定,事权不专一,功则相争、过则相诿;②委员之间地位相等、权责相若,易形成彼此倾轧与排挤;③由于实行合议制,力量不能集中,行动迟缓,导致效率降低,贻误时机;④讨论研究,多人参加,难以保守机密。总之,责任分散、行动迟缓,可以说是委员会制最受人诟病的两大缺陷。

总之,任何中央政府形式都没有绝对的优越性,要看其运用的情形来决定,譬如药物本身并无优劣,要以其能否对症来定其价值。一种组织形式也许用于办理此事成功,办理彼事则失败,所以要审慎选择运用。

思考题

1. 西方中央行政制度的构建遵循哪些原则?
2. 内阁制中央行政制度具有哪些特征?
3. 试评析内阁制中央行政制度。
4. 总统制中央行政制度具有哪些特点?

5. 总统制中央行政制度与内阁制中央行政制度有哪些不同？
6. 半总统制中央行政制度具有哪些特征？
7. 委员会制中央行政制度具有哪些特征？

参考文献

[1]唐晓,王为,王春英. 当代西方政治制度导论[M]. 北京:中国人民大学出版社,2016.

[2]张立荣. 中外行政制度比较[M]. 北京:商务印书馆,2013.

[3]韩国明. 外国行政制度[M]. 兰州:兰州大学出版社,2012.

[4]董建萍. 西方政治制度:传承与变革[M]. 北京:经济日报出版社,2002.

[5]马啸原. 西方政治制度史[M]. 北京:高等教育出版社,2000.

第四章

地方行政制度

第一节 地方行政制度概述

一、地方行政制度的含义

地方行政制度亦即地方政府制度，它跟地方政府密不可分，因此，要科学界定地方行政制度的概念，必须先弄清楚"地方政府"的含义。"地方政府"一词源于英国，1856年，英国《泰晤士报》的一篇社论正式使用"地方政府"术语，以后这一名词便正式流行起来，成为政治学的常用语。

《布莱克维尔政治学百科全书》将地方政府界定为："权力或管辖被限定在国家的一部分地区的一种政治机构。它具有如下特点：长期的历史发展，在一国政治结构中处于隶属地位，具有地方参与权、税收权和诸多职责。"[①]《不列颠百科全书》认为："地方政府乃是一种机关，以决定和执行国内较小地区的事务。所谓地方，系指一个特定的区域。其变体的文字则为地方自治，其命意所在，乃着重于地方团体决策与行动的自由。"[②]《国际社会科学百科全书》这样界定："地方政府一般可以认为是公众的政府，它有权决定和管理一个较小地区内的公众政治，它是地区政府或中央政府的一个分支机构。"[③]

需要注意的是，在联邦制国家，譬如美国，联邦成员政府（州政府）并不是由联邦政府设置的，其权限也不是由联邦政府授予的。从美国历史上看，美国是先有州政府后有联邦政府的。因此，美国的州政府作为中间政府，并不是联邦政府的地方政府。《美国百科全书》在定义"地方政府"时这样说："地方政府是全国性政府的一个政治分治机关；在联邦制国家，则是区域性政府的一个分治机构。"[④]州以下的政府是所在州的地方政府，美国学者一般将州和地方分别列出，称为"州与地方政府"，以示区别。丘晓主编的《政治学辞典》也特别指出，"在联邦制国家，构成联邦的各成员国或州（邦）政府都不是地方政府"，"地方政府是指州（邦）以下的各级国家行政机关"。[⑤]

在单一制国家，譬如中国，中央政府之下的各级政府，包括省、市、县、乡镇，都是地方政府。它们是由中央政府按其政治或管理需要而设置，各个地方政府的职责权限都是由中央政府授予的，它们的行为规范是中央政府确定的。它们无权对此加以改变。

---

① 戴维·米勒、韦农·波格丹诺主编《布莱克维尔政治学百科全书》，邓正来等译，中国政法大学出版社，2002，第452页。

② 丘晓主编《政治学辞典》，四川人民出版社，1986，第192页。

③ 陈嘉陵主编《各国地方政府比较》，武汉出版社，1991，第1页。

④ 陈嘉陵主编《各国地方政府比较》，武汉出版社，1991，第2页。

⑤ 丘晓主编《政治学辞典》，四川人民出版社，1986，第193页。

在实务界或理论界，对于地方政府有广义和狭义两种理解：广义的地方政府泛指整个地方国家机构体系，包括地方国家代议机关、地方国家行政机关、地方国家司法机关；狭义的地方政府，则专指地方国家行政机关。西方国家人们大都使用广义的地方政府概念，而我国人们使用较多的是狭义的地方政府概念。本书专门介绍西方地方政府制度，因此采用广义的地方政府概念。

基于以上对地方政府含义的分析，我们认为，地方行政制度亦即地方政府制度是依照各国行政区划设立的地方各级政府职能、机构、类型、组织形式等一系列的制度。

二、地方行政制度的特征

尽管人们对地方政府制度的理解不完全一致，尽管由于各国国情和政治制度不同，地方政府制度千差万别、类型众多，但作为地方政府制度，它们都具有一些共同的基本特征。

（一）管辖范围的地域性

中央政府的管辖范围，是全国范围和全体规模的社会事务。地方政府的管辖范围，只限于本行政区域以内的社会事务。从这种意义上而言，地方政府总是或大或小的区域性政府机构。

（二）行政地位和职能的特殊性

地方政府的行政地位和职能的特殊性表现在：一方面，它是中央政府的下属机关，必须执行和服从国家的法律和中央政府的政令；另一方面，它是本辖区内的政权机关，对本辖区内的地方事务有权进行领导和管理。

由于中央政府管辖全国范围的公共事务，因此中央政府的职能具有整体性和统一性的特点。地方政府的管辖范围只限于本行政区域以内的公共事务，因而它的职能就具有地方性和特殊性；同时，地方政府对本地区公共事务的管理，其职能还具有综合性和多项性的特点；中央政府在地方的派出机关则具有单一性和专业性的特点。

（三）在政治体系中处于从属地位

不论是社会主义国家还是资本主义国家，不论是单一制国家还是联邦制国家，地方政府都没有独立的主权，其权力的大小要由国家宪法规定，并且还要服从中央政府统一的领导和管理。由于地方政府缺乏独立主权，这就使得任何类型、任何性质的地方政府在一国政治体系中都处于从属地位。

地方政府的从属地位具体表现在：地方政府从属于国家政府或联邦政府，或者从属于联邦制国家的州政府或省政府；地方政府必须在中央政府最高主权者为其规定的法律权限内活动；拥有主权的高一级政府可以创设或解散地方政府机构，也可以增加或者减少它们的职权。

(四)具有地方参与权和部分税收权

地方政府尽管在政治体系中处于从属地位,但是民主政治体制中的地方政府却能够实现实质性的地方政治参与,非民主政体下的地方政府也能够分享一定的政治权力和税收权。譬如:地方政府机构的成员不同程度地由地方居民直接或间接选举产生;地方政府机构在当地收缴部分税收,从高一级政府接受一些拨款或者贷款等。地方政府政治参与权和财政自主的程度反映出地方政府的权力大小。

三、地方行政制度的类型

按照不同的标准,地方政府制度可以划分为不同的类型。

(一)按照设置目的分类

1. 一般地域型地方政府制度

国家基于按地域进行管理的一般需要组成的国家结构单元所设置的政府,称为一般地域型地方政府。分地域治理是各国统治者维护其政治统治时考虑得最多也是最为普通的一种政治需要。按地域划分居民,设置地方政府进行统治,是一切国家自古迄今普遍采用的一种统治方式。因此,任何地方政府都是承担地域管理的政府,而一般地域型地方政府的基本特点,是单纯出于地域一般管理的需要,并不具有除此之外的特殊目的。

一般地域型政府的管辖范围兼含城镇与乡村。即使在以商品经济居主导的工业社会,除最低层级地方政府是以城乡分设政府为主导形式外,其他层级政府也大都是兼管城乡的一般地域型政府。仅仅在一些城市化较高的地方和民族聚居区域,才存在其他类型的较高级地方政府。因此,一般地域型地方政府在地方政府中为数最多,设置最普遍,出现最早,是地方政府中的主导类型。中国的省、县政府和法国的大区、省政府就是一般地域型政府。

2. 市镇型地方政府(城市政府)制度

国家基于市镇地区专门管理的需要组成的国家结构单元所设置的政府,称为"市镇型地方政府"。其设置目的在于通过对城镇进行专门管理,加强对在国家政治生活中地位日益重要的城镇的政治统治。

"城镇"是与"乡村"相对应的概念,是社会经济发展的产物,是邻近地区的政治、经济和文化的中心。市镇型建制单位的"市""镇",是国家为专门管理城镇社会事务在城镇地区组成的国家结构单元。市镇型政府通常也称为"城市政府",但其管辖范围并不限于城镇本身,而兼及邻近的乡村地区。近年来的新发展是,由于管辖范围的扩大,市政府管辖了大片乡村地区和大量乡村居民(有时超过城市本身的许多倍),已经与城市政府原有的含义相距甚远。

市镇型政府基于其设置的专门目的,为满足城镇社会事务的专门管理,在其政府职能范围和重点上，在行政机构设置上，明显地不同于其他类型的地方政府。这类政府在城镇的规划、建设与社会公共服务、福利、治安等方面承担更直接的职责。

一般市镇型政府对所在城镇承担着直接的管理与服务。在一些大的、特大的城市，由于人口过多，有些国家采用分区管理体制，划分的区域通常称为市辖区。在实行地方自治体制的国家里，有些国家基于城市管理整体性、集中性、统一性的特点，市辖区不具有市一样的法人地位。在实行民主集中制的国家里，市辖区虽然建有一级政权机关，但其行政机关不具备一般行政机关的全部职能，区内部事务（如社会治安）仍由市政府统一、集中管理。

3. 民族区域型地方政府制度

多民族国家基于解决少数民族问题的需要，在民族聚居区域组成的国家结构单元所设置的政府，称为民族区域型地方政府。

在多民族国家里，如何处理好民族之间的关系，对于国家的统一和稳定的政治统治，是一个至关重要的大问题。大多数国家针对少数民族相对集中居住这一特点，采用在民族聚居区组成国家结构单元的办法来解决，对这些结构单元的政府，赋予不同程度的自主权限。这类政府管辖范围的构成，有一个基本的要求，即必须考虑到居民的民族构成，尽可能把组成结构单元的主体民族聚居的地域纳入管辖范围。民族区域型政府依据它拥有和实现自主权限的情况，可进一步分为民族共和国制度、民族区域自治制度、保留地制度和自治特区等。

4. 特殊型地方政府制度

除了上述三类地方政府外，一些国家基于各种具体的特定政治需要或行政需要，设置了少量的各式各样的国家结构单元，为此所设置的政府，总称为“特殊型地方政府”。这类地方政府通常在体制上都有某种特殊安排，或表现在与中央政府（或上级政府）的关系上，或表现在政府内部的政治体制或行政体制上。它的管辖范围取决于设置的目的，从区域或居民构成看，既不同于有一定设置标准的城镇型政府，也不同于必须考虑民族构成与分布的民族区域政府。

从这类政府的具体设置目的来看，大致可分为两种情况：

第一，主要基于政治上的考虑。在这种情况下，这类地方政府或者在与中央政府关系上不同于一般地方政府，或者在其内部的政治体制的安排上不同于一般地方政府，或者是两者兼而有之。香港特别行政区政府，就是出于政治上考虑而设置的特殊型地方政府。在不少国家的首都所在地，国家常设置直接隶属于中央政府的特殊性地方政府，以加强对首都所在地区的直接控制。例如美国首都华盛顿所设置的哥伦比亚特区政府。

第二，主要基于行政上的考虑。因应行政上某种需要而设置的特殊型地方政府，大都基于某种经济上的原因，如为开发某项自然资源（采矿、林业……），为进行某项政策实验（工农同步），为加强对风景名胜地区的管理。目前中国存在的工农区政府、林区政府都属于这种情况。在美国还存在为管理某一单项职能而设的特殊型地方政府,最著名的是学校区政府(学区委员会),其他还有公园区、排水区、卫生区、供水区……这类政府同一般政府一样拥有相应的财政权(预算与征税)和管理权,有明确的地域管辖范围,直接受州政府监督,但其全部活动权限限于它那单一的职能范围内。

(二)按照地方与中央关系分类

1. 行政体地方政府制度

行政体地方政府由中央政府任命产生,完全隶属于中央政府,服从其指挥,对其负责。行政体地方政府的基本特征是:地方政府是中央和上级政府的下级行政组织,不存在代表当地公民利益和意愿的代议机关。地方政府的首长及其所属官员,由中央或上级政府任命,是中央政府在当地的代表。它根据中央政府的意志,秉承中央政府的命令,在中央和上级政府的指挥下,在当地执行中央和上级政府交办的任务,维护中央政府的统治。这种地方政府本身无独立的人格。它的权力来自中央政府,并隶属于中央政府。它仅仅以代表中央的资格,在当地行使这种权力。中国古代封建帝制时期的地方政府,是典型的行政体地方政府。在当今世界上某些不发达国家和封建制国家仍存在这类地方政府。

行政体地方政府,作为中央政府在地方的代表,其管辖事务的范围和权限是有限的、不确定的。它不存在代表当地居民利益和意愿的代议机关,通常只存在一个行政机关来全面行使政府职权。地方行政长官即为地方政府的首长。在古代,行政与司法审判未分离的地方,地方行政长官兼行司法审判权。因此,行政体地方政府实质上是集政治统治权、行政管理权于一身的实体,加之地方政府中不存在一个代表当地人民的、与行政机关相分离的代议机关,因而导致了一系列弊端,但同时也显示出其某些方面的优点。

2. 自治体地方政府制度

地方政府由本地域居民选举产生,对当地居民负责,在国家宪法和法律的范围内,它拥有大小不等、程度不同的地方自治权。自治体地方政府的基本特征是:国家对纯属地方的事务,不自己任命长官来治理,而由当地公民选举产生的自治体地方政府来管理。自治体地方政府是由一定地域居民,为在其居住区域管理本地地方公共事务,依照国家法律组成的地方自治社团,它是一个拥有自身权利、义务和独立人格的公共团体。地方自治体通过自己选举产生的、只对自治体负责的地方政府,行使国家通过法律所赋予的职权,在法律规定的范围内,代表当地公民的利益和意愿。

自治体地方政府同中央及上级政府(包括政府的行政机关)不存在直接的上下隶属与服从关系,但必须接受后者的法律监督。在履行自治权限范围内的事务时,自治体地方政府有依法独立自主的处置权力,不受其他政府(包括中央政府)的干预。在自治体地域内的国家事务,或由中央政府在当地的代表执行,自治体无权干预;或由国家通过立法委托自治体地方政府执行,相应地受中央政府或其代表的行政监督与指挥。自治体地方政府拥有独立的财政来源和法定的某些征税权力，以筹措自治所需的资金。自治体地方政府的工作人员由自治体地方政府任命和管理，不属于国家公务员。除法定必设的机构外，自治体地方政府可自行决定其所需的机构。在各层级自治体地方政府之间，在法定管辖权限范围内，彼此保持着对地方事务管理上的分工与协调关系，而不存在行政意义上的上下级关系。大多数西方国家的基层政府和一部分较高层级的地方政府，都属于这一类型。

3. 民主集中制地方政府制度

社会主义国家，不论是单一制国家还是联邦制国家，中央与地方关系的制度都是按民主集中原则建立起来的。它一方面要求中央的统一领导，另一方面要求发挥地方的积极性和主动性，使中央集权和地方分权正确地结合起来。社会主义国家都以宪法明确规定中央政府与地方政府的职权，以保证中央政府和地方政府各司其职和整个国家机关正常运转，保证中央统一领导和因地制宜地发挥地方政府的积极性。因此，社会主义国家的地方政府都属于民主集中制地方政府。

民主集中制地方政府的基本特征是：地方存在由当地居民选举（直接的或间接的）产生的、代表当地居民意愿的代议机构，并由代议机构（通常称为权力机关）选出执行机关和行政机关；与此同时，地方行政机关是中央和上级行政机关在当地的代表，是它们的下级机关。在各级权力机关之间不存在上下隶属关系，只存在法律监督和指导关系，行政机关为权力机关的执行机关，在接受上级行政机关领导的同时，又对产生它的地方权力机关负责，并接受其领导。显然，这类地方政府既具有地方自治体的基本特征（地方政府是由当地居民选出的，权力来自当地居民），同时又具有地方行政体的基本特征（地方各级行政机关之间存在上下隶属关系，都是中央政府在当地的代表）。中国和其他社会主义国家的地方政府都属于这种类型。

（三）按照行政层级分类

1. 基层地方政府制度

基层地方政府是指对所辖地域承担直接管理与服务职责的地方政府。它们居于地方层次的最低层级，直接面向地方居民，是国家的政治基础。基层地方政府可分为三类：农村基层地方政府、市镇基层政府和城乡合一的基层地方政府。目前上述三类基层地方政府都同时大量存在于世界各国。一般来讲，除十分落后的国家外，一般都同时存在于农村和市镇两类基层地方政府。在一些发达国家，基层地方政府大都为新型的城乡合一的基层地方政府。

同其他层级类型地方政府相比，基层地方政府承担的职能有如下特点：①从数量上看，相对较少；②从内容上看，大都同当地居民日常生活密切相关；③从性质上看，较多地呈现出社会管理的特性。基层地方政府由于承担的职能较简单，且以社会管理为主，因而在政府的类型、体制、组织和行政部门设置等方面反映出相应的特点。从类型看,基层地方政府易采用自治体制,大多数国家在推行地方自治时,总是先从基层开始。从体制看,基层地方政府适宜采用议行合一体制。从组织看,基层地方政府组织较简单,行政部门设置也不太多。不实行地方自治或民主集中制的基层地方政府,大都承担有相当数量的地方国家行政事务,行政部门设置相对要多些。但由于工作量一般不太多,所需人员也较少,因而较多设置综合性部门,或由一个工作人员承担多项职责。同样,规模大小、城镇与农村的差异,也影响基层地方政府的部门设置。

2. 最高层地方政府制度

最高层地方政府是指在国家结构体系中,位居中央政府之下、层级最高的地方政府。它由中央政府设置,并规定其权限范围,直接受中央政府的领导、指挥或监督,大部分都通过对其下属的地方政府的领导、指挥或监督,完成其职责,本身只承担少量的直接管理和服务。

从地域上看,最高层地方政府所辖地域一般都包含城镇和乡村。在一般国家,个别城市地区,特别是首都所在城市地区,其城市政府因所在城市在国家政治生活中所居的重要地位,直接隶属于中央政府,成为最高层地方政府。从职权上看,一般而言,在一国之内,最高层地方政府承担的职能和拥有的权限,较低层级地方政府为多,其行政部门设置也相应较多。从管理方式上看,最高层级地方政府主要是通过间接管理方式来履行其职责的,即通过对下级政府的指挥、监督、指导,完成对辖区各项事务的管理并提供服务,以保证中央政府的政策、法令和决定在辖区范围内的实施。

3. 中间层地方政府制度

中间层地方政府是介于基层地方政府和最高层地方政府之间的地方政府,其层次或一个或两个,也可能没有。因其在地方层次中居于基层与最高层之间,因而具有介乎两者之间的性质。

中间层级地方政府的设置,明显地不同于最高层级地方政府,较为接近于基层地方政府,更多出于管理上的需要,但也包含政治上的要求(如民族区域型的中间层地方政府),这一点与基层地方政府完全相同。影响中间层级地方政府设置的因素大致有:①国土面积大小和人口的多少;②基层地方政府单位的数量;③有效管理可能达到的范围;④国家的政治体制。这些因素的综合作用,决定一个国家是否设置或设置几个层次的中间层级地方政府。

(四)按照地方政府的组织特点分类

按照地方政府的组织特点,可以将地方行政制度分为英国型地方行政制度、美国型地方行政制度、法国型地方行政制度、日本型地方行政制度。本书下面将着力阐述和讨论这四种类型的地方行政制度。

第二节　英国地方行政制度

英国也称“大不列颠及北爱尔兰联合王国”，由英格兰、苏格兰、威尔士、北爱尔兰和不列颠沿岸5000多个小岛组成。英国的地方政府制度历史悠久，现行的地方政府体制在很大程度上是建立在撒克逊时期的地方政府体制基础上的。从那时起，英国就形成了地方自治观念。地方政府之间相互独立，各有各的管区议会，用于处理内部的行政和司法事务，故地方政府享有很大程度的自治权。英国的这一地方自治传统一直被保留了下来。

英国现行地方政府结构的基本框架是在1972年地方政府改革的基础上形成的，1974年地方政府重组后基本形成了目前的基本框架，1985年英国政府又决定废除都市地区和大伦敦议会，将其职能分别交由一些专门机构和下级政府行使。由于政治、传统等方面的原因，英国各个地区的地方政府体制存在着差异，其中：英格兰和威尔士因合并得早些，适用同样的法律，差别相对小一些；苏格兰次之，其地方政府体制与英格兰有明显的差别；北爱尔兰的地方政府体制与英格兰差别最大；大伦敦区因地位特殊，其政府体制自成一体。

一、英国地方政府的层级

英国领土主要是由英格兰、威尔士、苏格兰和北爱尔兰4个地区组成，地方政府大体采取三级制。英格兰和威尔士的制度比较相近，采取三级制。苏格兰两级制和三级制并存。北爱尔兰的制度与其他地区的差别最大。首都大伦敦区基本上是二级制。

在英格兰和威尔士，地方政府分为3个层级，即郡、郡属区、教区或社区。郡是英国最高一级的地方政府，郡有2类，即城市郡和非城市郡，目前，英格兰有30多个郡。英格兰和威尔士的第二级地方政府是区。在英格兰，区划分为城市区和非城市区，分别设于城市郡和非城市郡之下。教区和社区是地方政府的第三层次。教区主要设在乡下，它包括一个村庄及其周围的农场。在威尔士则以社区代替教区。

在苏格兰，地方政府是两级制和三级制并存。根据1975年生效的《苏格兰地方政府法》，苏格兰设9个大陆行政区和3个岛区，为一级地方政府；行政区之下设立区作为第二级地方政府。区和不设区的岛区之下再设社区为最基层一级地方政府。

北爱尔兰地区的地方政府体制与英国其他地区相比，存在较大差别。1921年，北爱尔兰建立议会和自治政府，实行有限地方自治。英国中央政府对其实行严格的控制，只允许北爱尔兰地方政府享有一些地方事务管理权。20世纪60年代后期，北爱尔兰两大民族发生冲突，英国中央政府于1972年宣布暂时停止北爱尔兰自治政府的职权，成立北爱尔兰事务部，对北爱尔兰进行“直接管辖”。1974年，英国政府结束了直接统治。但是到了20世纪80年代,由于各种矛盾和冲突加剧,北爱尔兰的立法和行政机构又被迫停止行使职权,重新由英国中央议会和政府直接管辖。目前,北爱尔兰共设16个区。

在大伦敦区,地方政府原来分为两级,即大伦敦郡议会及其以下的自治市镇和伦敦市政府。根据1963年的《伦敦地方政府法》,伦敦市政府与自治市镇属于同级政府。1985年的《地方政府法》撤销了大伦敦郡议会,规定大伦敦区的政府结构采用一级制,原来由大伦敦郡议会行使的绝大部分职权交由自治市和伦敦市议会行使。目前,大伦敦地区有32个自治市和1个伦敦市。

二、英国地方政府的组织结构

英国地方政府主要是指各级地方议会及其所属的各类机构。英国地方政府实行议行合一制,代议权和行政权合一是英国地方政府组织和活动的一个基本原则,也是英国地方政府体制最突出的特点。英国的地方自治权,不论是代议权还是行政权基本上都是由地方议会统一行使的。

(一)地方议会

英国的地方议会都由地方选民直接选举产生的代表组成,教区除外,教区一般设教区会议,而不设教区议会。选举采用简单多数制,在一个选区内,得票多者当选。英国有关法律规定,凡居住在该地区的年满18周岁的英国公民都有选举权,罪犯和精神病患者除外。地方议员任期通常为4年。

英国各级地方议会都设有主席、副主席,由地方议会全体会议选举产生,任期1年,可连选连任。主席和副主席一般应从议员中选举产生,但当选主席者,不以议员为限,具有议员候选资格的外界人士,亦可当选。地方议会主席的职责主要是主持议会会议,维持会议秩序,代表本级政府出席或主持礼仪性活动;除此之外,他并不比其他议员拥有更多的权力。英国的有关法律和地方法规对此有明确的规定。自治市的议会主席通常又被称为"市长",一些大的都市,议会主席还被称为"大市长"。

英国各级地方议会均设有若干委员会,分别负责不同方面的事务。委员会成员除议员外,也可有少数非议员。非议员成员必须经地方议会的遴选,才可参加特定委员会的工作。

英国地方议会议员职位是无报酬的,他们任职期间没有薪俸,只有出席议会会议才能领取数额有限的津贴。由于这种无报酬制度不利于地方议会职权的有效行使,因此,后来也采取了一些改革措施,少数地方议会决定对担任委员会主席的议员发放一定数额的职务津贴。

(二)地方议会委员会

英国的地方议会设若干委员会,作为它们的执行机构,行使行政权。各委员会直接对本级地方议会负责,直接受本级地方议会的领导和监督。英国地方议会委员会的数目和规模由地方议会根据需要决定，没有统一标准，各委员会分别掌管某一方面的行政事务。一些较大的委员会下还分设若干个小组委员会，负责管理更具体的事务。在 20 世纪 70 年代改革前，英国郡和区议会一般设 20 ~ 30 个委员会；改革后，到了 20 世纪 80 年代末，英国郡和区议会已从 20 ~ 30 个降到平均 15 个左右。

英国的地方议会委员会通常分为两种主要类型，即普通委员会和联合委员会。普通委员会又分为常设委员会和临时委员会，而常设委员会又分为法定委员会和特设委员会。

普通委员会一般泛指某一地方议会下设的各委员会。联合委员会通常是由两个或两个以上地方议会为了管理某项或某些共同任务而各派代表共同组成的联合管理机构，它的主要任务是协调处理涉及双方或多方共同利益的问题和事务，如警务、供水、市镇规划、修筑道路、公园及娱乐设施等。联合委员会的管辖范围常常超出某一行政区划的界限。

常设委员会是指长期存在的地方议会委员会，其职能是长期管理特定的行政事务，如教育、卫生、住宅管理、交通、社会福利等。临时委员会，又称“特别委员会”，是为解决一定时期内不再重复发生的特别任务，或研究特种问题而由议会决定设立的，它并不长期存在，一旦其处理的事务结束或研究的问题得到解决，便立即被取消。

法定委员会即地方议会依据中央法律规定必须设立的委员会，其地位受法律保护，地方议会没有选择权。法定委员会通常是为处理特定事务而设立的，拥有一定的行政权，其职责范围非常明确。法定委员会的职权只能由其自身行使，地方议会不得代行。最重要的法定委员会有警察委员会、财政委员会、卫生委员会、消防委员会、教育委员会、社会服务委员会等。特设委员会即指地方议会依据各项法律法规中“任意条款”的规定而设置的委员会。特设委员会由地方议会酌情决定设立，这类委员会的性质、构成、授权范围都由地方议会决定。特设委员会的主要职责是处理大量与居民生活相关的日常事务，如环境卫生、住房、公用事业等。

英国地方议会委员会的成员由地方议会任命。除财政委员会的全体成员均须为地方议员，警察委员会须由 2/3 的地方议员和 1/3 的地方行政官组成外，其他委员会的成员可全部为议员，也可由议员和其他人士共同组成。一些专业性强的委员会，还要求必须聘请若干具有专业知识和经验的人士为其成员。英国的地方议会各委员会均设主席和副主席，并设有若干专业官员。主席和副主席必须与专业官员经常保持联系，专业官员负责向委员会提出建议，并执行各项事务。

英国地方议会各委员会的权力来自地方议会的授予。地方议会的各个委员会根据地方议会的授权，自行处理分管的一个或若干个方面的行政事务，负责向居民提供其职责范围内的服务。虽然各委员会在自己的职责范围内有一定的自由处置权，但处理有关事务的基本政策和原则，必须由议会全体会议决定，委员会只负责事务的具体执行。通常，地方的各项管理事务都必须先由地方议会讨论决定，然后交各相关委员会执行，各委员会受议会的监督和控制,向地方议会负责。但同时,各委员会对议会审议的某些事项也有一定的制约权,如某些事项在交地方议会讨论批准前需先经相关委员会审查并提出同意报告,地方议会不得直接表决。必须特别指出的是,地方议会虽然可以向各委员会授予行政权,但通常不得授予举债、征税方面的权力,关于举债、征税等重大事项必须由议会全体会议讨论决定。至于签订正式契约、财产的出卖与购进等事项,则必须得到议会明示的许可。此外,地方议会对各委员会有授予权,亦有随时收回授权的权力。对地方议会没有授权委员会办理的事务,地方议会可以拒绝委员会提出的建议或报告等。

(三)地方议会的办事机构

地方议会的办事机构是地方议会设置的负责具体执行地方议会及其各委员会决议的机构。办事机构的设置由地方议会根据需要决定,一般与地方议会各委员会相对应,由委员会对其实行对口领导,它们在相关委员会的指挥和监督下开展工作。每个办事机构都设有一名地方议会任命的主管官员,负责领导本机构的日常工作。地方议会办事机构的工作人员为领薪的地方常任文官。

三、英国地方政府的职能

从历史上看,英国地方政府的职能经历了一个逐步发展与逐步扩大的过程。从总体上分析,在维多利亚时期,英国地方政府的职能侧重于保护和发展公共事业,而到了20世纪,尤其是二战后,则更侧重于增进人民的福利及其效益。

英国地方政府承担的职能是多种多样的,雷德克利夫-莫德在1966年提出的报告中称,当时英国地方政府已拥有60多种职能。按性质来划分,英国地方政府职能大致可以归纳为以下五类:①保护性的职能,主要包括消防、治安、消费者保护、畜病防治、许可证发放等;②环境方面的职能,主要包括地方公共设施如公路、桥梁、街道、公共场所的建设、管理和维修,环境卫生管理,规划工作等;③与居民个人有关的职能,主要包括教育、住房、职业、居民卫生、社会福利等;④社会性和娱乐性方面的职能,主要包括运动设备、博物馆、美术馆、文化馆、剧院、电影院、宿营地等;⑤商业性的职能,主要包括市场、出售或出租小农田、交通运输等。

由于英国地方政府的权力主要来自法律和地方议会的法令,因此其各地地方政府的职能并不完全相同。一方面,在各个层级之间存在着一定差别;另一方面,在英国各个地区之间,地方政府的职能也存在着不同程度的差别。根据1972年《地方政府法》的规定,英国地方政府的职能分配大体如下:郡议会主要负责教育、治安、卫生、福利、托幼、道路、交通运输、建筑规划、住房、消防、保护消费者、图书馆等;区议会主要负责住房、公共保健、地方环境、地方规划和控制、街道与垃圾清理、地方道路、体育与娱乐、博物馆、停车场等;教区主要负责乡村会议厅、小路、文娱等。

在英格兰和威尔士地区,各级地方政府的职能划分比较明确。在这两个地区,郡政府（议会）主要负责制定地区规划、管理贸易、运输、道路、教育、公共图书馆和博物馆，负责青年就业和社会服务，任命消防、警察和国家公园的管理人员等；区政府（议会）主要负责管理飞机场、城市餐馆、住房、用水、市场、垃圾处理、计划监督、污水处理、博物馆，制订地方计划，对教区和社区实施宪法和执法方面的监督等；教区或社区政府主要负责管理物资分配、丧葬、火化、礼堂、会所、体育和娱乐设施、公共厕所、街道照明、停车场、人行道，资助地方艺术和工艺，鼓励旅游，以及在实施计划和某些法律方面接受区议会的咨询等。在这两个地区之间也存在着一些差别，如在英格兰，对食品、药品和度量衡的检查由郡政府（议会）负责，而在威尔士则由区政府负责。

在苏格兰地区，地方政府职能划分的情况与英格兰和威尔士地区大致相同，不设区的岛则兼行郡和区两者的职能。

北爱尔兰地区的情况较为特殊。在20世纪70年代以前，北爱尔兰是英国地方自治权最大的地区，但由于70年代初发生了动乱，该地区由中央直接治理，自治权大大缩小。现在该地区只设区议会，实行一级管理体制。许多地方事务都交由北爱尔兰事务大臣领导的一些区域性行政委员会管理。这类职权涉及的事务主要有教育、住宅、图书馆、规划、公路、供水、污水处理、卫生、福利和儿童照顾等。作为地方政府的区议会，必须通过上述行政委员会与这些方面的服务发生关系。

大伦敦郡政府（议会）与英格兰和威尔士的郡政府（议会）略有不同，它不仅负责管理公共运输、主要道路，而且还要负责制定全局性规划，管理住房建筑、主要公园、空地、消防、垃圾处理和泰晤士河防洪等事宜。1986年大伦敦郡议会撤销后，其职权下放给各自治市和伦敦市。伦敦市政府则主要负责其管辖范围内的警察、司法、桥梁、环境、卫生等事宜。大伦敦郡对教育的管理比较特殊。在伦敦市和接近大伦敦郡中心的12个原先所谓的内伦敦自治市，教育由伦敦教育局负责管理；而在伦敦郡外圈的其余20个原先所谓的外伦敦自治市，教育则由各自治市政府直接管理。

第三节　美国地方行政制度

美国是一个联邦制国家，政府体系分为联邦政府、州政府和地方政府三个层次。在美国，州政府不属于地方政府，它是介于联邦政府和地方政府之间的中间政府。根据美国宪法，州是美利坚合众国的构成单位，州政府是联邦的组成部分，故亦称成员政府，它和联邦政府共同享有政治权力。地方政府指的是州之下的各级政府，它是成员政府的分支机构，由州政府管辖，州政府在联邦宪法规定的权限范围内可以自行决定其体制，其权力源于联邦政府的授予。

一、美国地方政府的层级

美国是联邦制国家,只有州以下的行政单位才被称为地方和地方政府,它们是州的分治区。州以下的地方政府没有全国统一的建制,地方行政单位有县、市、乡镇及学校区等各类特别区。按照政府职能来分类,地方行政单位可以分为两类:一类是综合职能地方政府,即县、市、乡镇等,它们在本行政区域内行使一般和普通的管理职能;另一类是单一职能地方政府,它们只管理本辖区内某一特定方面的事务,如学校区和各种类型的特别区。

(一)县政府

县是州的最大分治区。虽然美国各州地方政府和行政区划体系很不相同,但是除康涅狄格州和罗得岛州外,其他各州均设有县。县也是美国较为稳定的地方政府,与其他地方政府相比,县的数目变化较小。在美国的地方政府单位中,县也是最具差异性的。从面积上看,县的大小相差悬殊,最大的是加利福尼亚州的圣贝纳边诺县,面积达20064平方英里,而最小的县——弗吉尼亚州的阿灵顿县只有26平方英里;从人口数量上看,洛杉矶县有800余万人,而得克萨斯州的富兰克林县只有300个居民;从分布上看,25%的县在农村,但其人口只占总人口的2%,而有13%的县主要在城市,但其人口却占总人口的68%;从各州设置的县的数量上看,有的州只有不足10个县,而有的州则设有200多个县,例如特拉华州仅有3个县,而得克萨斯州则有250多个县。

(二)市政府

与县政府不同,市政府是具有较大自治权力的地方自治团体,具有法人资格。市政府在美国的政府体制中具有重要作用。美国是高度城市化的国家,75%的人口居住在城镇、都市和市郊。市政府是有明确划定区域的居民聚居单位,根据州议会办法特许状进行经营和管理活动。美国有19万多市政自治体,大的市政自治体人口可达数百万人。从法律角度分析,美国的市政府分为两大类:一类为“宪章政府”,因有些州的法律允许州内的市制定自己的宪章而得名,这类市政府的自主权较大;另一类为“规约政府”,在这类市,政府的组织必须按照州的法律规定设立,自主权相对较小。

(三)乡镇政府

乡镇政府是美国的基层政府。乡主要是农村地区的政府单位,广泛存在于中西部地区和东部大西洋沿岸的纽约、宾夕法尼亚、新泽西州。镇一般是指小型城镇,其职能和体制与市相仿。乡镇并非美国普遍存在的地方政府形式,大约只有20个州设有乡镇政府形式,全美约有17000个乡镇。由于乡镇所管辖的区域规模较小,中西部乡镇尤为如此,所以乡镇管辖的人口规模也很小,全美55%的乡镇所服务的居民不足1000人。

（四）特别区政府

特别区是美国承担专门职能的地方政府，直接受州政府的领导，在其辖区内行使某种单一职能。特别区种类繁多，如学校区、灌溉区、消防区、水管理区、土壤保护区、卫生区等。特别区的行政区域往往与综合职能地方政府的地域相交错。美国历史悠久的一种特别区是学校区，大约占全部特别区的1/3，在美国的官方统计中，学校区单独列项，与其他特别区分开统计。

特别区的设置，大致有以下几个原因：从技术上看，处理特定问题往往涉及原料、能源、动力等经济因素和道路路线、河流走向、土壤土质等自然地理因素，因此不得不打破历史形成的行政地域边界的限制而设立特别区；为了避免州宪法和法律以及特许状所规定的赋税和借债总额的限制，或者分散税收负担，以便筹集资金兴办某一方面的地方事业；设立特别区并建立相应的独立管理机构，便于由有关专业人才进行管理，摆脱一般行政区域通常存在的政治斗争的干扰；普通地方政府之间为了某种共同的行政上的目的，将各自的全部或局部区域合并成履行某一特别职能的管理区，设立独立的管理机关，使之成为一个特别区。

二、美国地方政府的组织结构

（一）县政府的组织结构

美国的县政府不是一个单纯履行行政职能的地方机构，而是一个兼管立法、行政和司法的地方机关。虽然美国联邦政府对县的组织没有统一的规定，县政府的组织形式在具体方面存在着很大的差异，但其基本的结构形式大体相同。美国县的传统组织形式是县委员会领导县政府体制。

县委员会既是立法机关又是行政机关，全面负责县的各项事务。从组织结构看，县委员会大体可分为四类：①大型委员会。县委员会有的由县内各镇长参加，有的州规定由县内各镇公民选举一名代表参加，县内各市每区选举一名代表参加。委员的人数通常在40～50人，甚至更多。大多数州的县委员会主席由委员会成员选举产生，少数州的县委员会主席由公民直接选举产生，另有一些州则规定县法官或其他官员为委员会的当然主席。县委员会通常分为若干个小组，分别负责某一方面的行政事务。②小型委员会。委员会的人数一般为3～7人，委员全部由公民直接选举产生。③当然委员会。县委员会由县法官、治安官和其他官员组成。④混合委员会。县委员会由县法官和选举产生的委员组成。目前，大多数县采用前两种类型。

除县委员会外，各县还设有若干名由民选或任命产生的官员，负责执行县委员会的决定，分别管理司法、治安、财政等某一方面的事务。这些官员包括：①司法官，主要包括检察官、行政司法官和验尸官等。②财政和税务官，主要包括司库、审计官、评税员等。

③其他官员，主要包括秘书、督学、卫生官、福利官、道路专员和负责公共工程的工程师等。这些官员多数由公民选举产生，其中有些人可能领导一个独立的行政委员会。县委员会对民选官员和独立的行政委员会不能行使领导权。

由于传统的县委员会制和县的官员体制存在着政出多门、缺乏统一领导等弊端，因此，减少民选官员和行政委员会就成为县行政改革的趋势之一。解决的办法，一是实行县经理制。县经理制与市经理制基本相同。县委员会由选民直接选举产生，县委员会聘任1人为县行政经理，负责领导执行县的全部行政事务。县经理有权任命各部门的负责人，对各部门的行政工作全权负责。但仍有一些官员是独立的，不受县经理控制。他们或由选民选举产生或由一个机构如学校委员会选定。不受县经理控制的官员主要有行政司法官、检察官、审计官和督学等。县委员会可随时罢免县经理。二是设立县行政长官，由公民选举产生，负责领导县的全部行政工作。

（二）市政府的组织结构

美国各州的市政府组织形式虽不一样，但基本上采用三种形式：市长议会制、市委员会制和市经理制。

第一，市长议会制。市长议会制是美国实行最早的市政体制。在这种体制下，市议会是市的立法机关，根据市宪章行使立法权。市长是市的行政首脑，由选民选举产生。行政部门的其他官员，或由选民选出，或由议会推选，或由市长任命。根据市长权力大小，市长议会制又分为弱市长议会制和强市长议会制两种类型。弱市长议会制下，市议会的权力较大，地位突出，与议会相比，市长的权力较小，他不能制约市议会，对市政府所属的行政机关也没有完全的指挥权和控制权，无法有效地统一领导市的行政工作。在强市长议会制下，市长负责指挥和协调市政活动，拥有几乎全部行政管理权，从而使市长有效地领导市政工作。强市长议会制被认为是治理大城市的最好形式，为多数大城市所采用。

第二，市委员会制。委员会制是在20世纪初的市政改革运动中出现的，其特点是实行立法与行政合一，由一个委员会同时掌握立法权和行政权。委员会由本市公民直接选举产生，一般由3～7名专业委员组成，定期举行会议。委员会下设若干部门。部门个数和委员人数相等，每个委员领导和监督一个部门，同时又对委员会集体负责。委员会制的优点在于决策迅速，但是通过选举产生的委员不一定是管理专家，也存在着管理效率的问题。

第三，市经理制。市经理制是为了避免委员会制的缺点而设计的，是美国出现最晚的一种市政体制。市议会规模不大，一般由5～9人组成，市议员由选举产生，任期一般为4年。市议会拥有立法权，负责制定规章、决定决策、控制财政，并根据市政管理的需要，聘请一个受过专业训练的市政专家为市经理，领导和负责市的行政工作。市宪章一般不要求市经理必须是本市的公民。市议会对市经理有聘任、监督和随时撤免的权力；

市经理要执行市议会的政策和规章,对其负责。市经理有权任免、监督各行政部门的官员和其他行政人员,有权更换不适宜的公务员,有权监督和指导各行政部门的工作。市经理不介入政党活动,保证消除政治在管理中的影响。市经理的任期不固定,可以随时撤换。

(三)乡镇政府的组织结构

美国乡镇政府也主要有三种组织形式。

(1)乡镇大会制。乡镇大会为乡镇的最高机构,由本乡镇有选举权的居民参加,每年举行一次大会,必要时举行特别会议。乡镇大会对乡镇的重大问题做出决定,投票表决公共事务。在闭会期间,乡镇的行政事务由乡镇行政管理委员会负责。乡镇行政管理委员会由乡镇大会选举产生,委员一般为 3 ~ 5 人。该种组织形式多存在于人口较少的乡镇。

(2)乡镇代表大会经理制。该种体制由乡镇代表大会、理事会、乡镇经理或行政长官组成。乡镇代表和理事会成员都由选民直接选举产生,乡镇代表依据乡镇大小而人数不同,多则 200 人左右,乡镇理事会则一般为 5 ~ 9 人的单数,任期为 3 年。乡镇经理或行政长官由乡镇理事会面向社会招聘,并对乡镇理事会负责,行使行政权,管理乡镇日常事务。这种形式类似于公司的治理方式:乡镇代表大会相当于股东大会,即为决策机构;理事会相当于公司的董事会,即为执行机构;乡镇经理或行政长官相对于公司的经理,即为日常事项的管理者。该种组织形式多在人口较多、地域较广的乡镇实行。

(3)乡镇议会理事会制。在这种体制下,乡镇议会由选民直接选举产生,议长由议员选举产生,议会规模则依据乡镇的大小而定,可以为 7 ~ 13 人间的任何单数。议会议员任期 2 年或 3 年,每年改选 1/3。乡镇议会是乡镇的权力机构,具有决策权;乡镇长也由选民选举产生,负责执行乡镇议会做出的决策。乡镇议会理事会制还设有理事会或委员会,其成员不是选举产生,而是由民众自愿报名,乡镇长或议长任命组成,任期 2 ~ 3 年。乡镇理事会或委员会有权就乡镇发展中的方方面面提出建议、参与制定有关规划等。

(四)特别区政府的组织结构

特别区政府的行政管理机构比较复杂,普通的组织形式是设立一个民选的或委派的委员会。有的委员会实行分工制,由各委员会分别单独担任各种行政的或监督的职务;有的委员会则推举一位类似市经理的人来具体管理本特别区的行政事务。美国的各种特别区数目多、类型广,各州也各具特点,因此其具体结构形式也多种多样。

三、美国地方政府的职能

（一）县政府的职能

美国的县具有双重性，它既是一级地方政府，负责管理辖区内的地方事务，又是州在某一地区的代理机关，负责执行州政府委托的事宜。

美国县政府的职能大体可分为两大类，即传统职能和现代职能。传统职能主要包括维护治安，保存法院记录，把法律文件提供给有关的陪审人员和证人，征税，济贫，监督学校，指导选举，维修公路，负责出生、死亡、婚姻登记，维持土地登记，设立拘留所以及执行州政府下达的任务等。现代职能是指随着州和联邦活动的发展而迅速增加的职能，主要包括公园、图书馆和医院的设立和管理、公共卫生工作、公用事业、环境保护、制定分区开发规划、防火和防洪、社会福利服务等。此外，县政府还和联邦政府或州政府的有关机构合作，共同管理农业、养老金、住房等方面的事宜。

（二）市政府的职能

美国的市政府是由州特许成立的城市自治体，其职能由州政府规定。因此，市政府的职能也因多种因素而有所不同，但归纳起来大致包括治安、公共工程、公用事业、公共卫生和环境保护、公共教育、社会福利和城市规划、经济活动几个方面。

（1）治安。美国市政府最传统的职能之一是维护治安，保护市民的生命财产安全。治安工作主要包括警察和消防两个方面。警察任务包括维持城市的秩序，防止犯罪活动，逮捕和惩罚罪犯，指挥交通，为市的特殊地区和设施，如公园、河流、港口、戏院、住宅区和公共场所等，制定规章条例，管理罢工，控制公共集会等。消防是治安部门的第二项工作，它包括保护公众，防止火灾、爆炸以及其他公害。在较小的市，这一职能往往由一个治安部门承担。在较大的市则分设警察局和消防局，即便由一个部门管理也分别由不同的处室负责。

（2）公共工程。公共工程包括铺设与保养街道和人行道，建造下水道和排水沟，清洁街道，处理垃圾，改善已有的路线，改进交通，营建码头、公共汽车站等。

（3）公共卫生和环境保护。公共卫生和环境保护主要包括治病防病和环保两项工作，如：建造和维修医院；驱逐愚昧，宣传医学科学知识；检查食品质量；监督市场、饭店、饮食业和其他公共场所，并定期检查，以保证符合卫生标准；防止疾病的发生和蔓延，对疾病发生场所进行检疫，为市民注射防疫针，对疾病的可能来源进行杀菌消毒；保存出生和死亡记录，分析死因；防止空气污染、噪声污染、水流污染，清理垃圾等。

（4）公共教育。公共教育包括中小学教育、职业培训、成人教育，在某些市还设有市立大学、公立图书馆、画廊和博物馆、公共讲演厅及师资训练设施等。在美国，中小学教育主要由学校区管理。市政府在公共教育方面的主要任务是，为学生提供免费或低价午餐,进行健康检查,为有缺陷儿童设立特别班,为成年人设立夜校,为失业者举办职业培训班,为公众设立图书馆、博物馆等。市的教育工作通常由教育委员会主管。在许多市,该委员会为独立的机构,由选民选举产生。但在有些市,该委员会为市政府的一个工作部门,由市长任命。

(5)社会福利。在美国,社会保障主要是由联邦政府和州政府负责,当然市政府也提供一些社会福利服务,主要包括:建立各种慈善机构,如养老院、孤儿院、患不治之症者收容所、流浪汉公寓等;对病患者、年老者、暂时失业者、低收入者、孤儿给予照顾;建造住宅,改善住房条件;提供免费的法律援助;提供健康的娱乐,建造和管理公园、游戏场,增加体育娱乐设施等。

(6)公用事业。公用事业涉及电力、暖气、灯光、饮水和运输等,包括自来水厂、电力厂、煤气厂的建造、经营和管理,清洁水的供应等。公用事业可由市政府自行经营,也可交由私人公司经营,但经营公用事业的私人公司须受市政府的严格管制。

(7)城市规划。城市规划包括全部街道的布局,公园的规划和建造,交通管理,住宅、工厂、商业网点的分布,公用事业同城市规划的协调,水管和下水道的铺设和扩展,城市同郊区的关系等。

(8)经济活动。经济活动主要是指管理各种经济活动和职业活动,颁发各种执照等。

(三)乡镇政府的职能

乡镇政府的政治职能表现为:乡镇警察负责执行法律,维护治安,但主要是执行乡镇的交通法规。乡镇政府的主要社会职能与市政府基本相似,但在特殊情况下,乡镇还可以与州和县合作,直接管理地方的学校系统以及收集地方税等。总的来说,乡镇的许多职能与其他地方政府只是范围有所不同。随着乡镇人口的增加,有的乡镇被并入市或结成新的市镇联合会,出现乡镇城市化。例如,在新英格兰地区,镇的作用尤为突出,渐渐取代地位虚弱的县的职能。

(四)特别区政府的职能

特别区政府是美国地方政府的一种独特形式,其职能因设立美国特别区的目的不同而有所差异。如:学校区主要是管理学校的教育,卫生区则主管垃圾处理等。特别区作为一个整体,在地方进行着广泛的社会服务,其中1/4的特别区在自然资源保护、防火、城市供水、公墓建造与管理、住房建设、城市更新和污水处理方面开展积极主动的工作。

第四节　法国地方行政制度

在法国,地方区划被称为"领土单位",它既是一个自治行政的区域,又是国家行政的一个区域。法律将法国地方政府界定为"法国的地方团体,是一个以领土单位为基础的行政整体,具有独立的公法人资格,享有行政上的自治权力"。每一级地方政府都被称为地方团体,都是一个独立法人单位,具有行政主体资格。法国的地方行政建制基本上建立于法国大革命时期和拿破仑一世时期。法国大革命时期确定了地方行政区划,拿破仑一世时期确定了地方行政组织的框架。以后虽历经变革,几经反复,但基本格局未变。在1982年前,法国的领土单位包括省、市镇和海外领地;1982年后,其领土单位为大区、省、市镇和海外领地,增加了大区的建制。

一、法国地方政府的层级

法国是单一制的中央集权国家,现行的地方政府制度主要有3个层级,即大区、省和市镇。除了这三级之外,行政区划中还有一些纯行政单位,如省包括区和县,但其只是上级机关的派出机关,不具有法人资格。此外,还有一些特别地方单位,例如巴黎、科西嘉以及海外省。

(一)一般地方政府层级

1. 大区

大区前身是经济发展大区,建立于1960年,目的是统筹和协调国家和私人基金会基金的分配和使用,促进各个地区尤其是落后地区经济的发展。后来法国政府进一步扩充经济发展大区的结构、职位和职权,使经济发展大区具有了行政管理的职能,在法国地方事业发展中起着越来越大的作用。到1982年,经济发展大区享有了与市镇、省同等的自行管理权,改为大区,成为法国第一级地方行政单位,每个大区包括2~8个省不等。

2. 省

省现为法国第二级地方政府,也是法国最主要的地方政府。省是18世纪末依法设立的,到1982年正式成为一级地方政府。法国本土有96个省,各省的土地面积和人口数量以及社会经济发展程度都有相当大的差异。

3. 市镇

市镇是法国的基层地方领土单位。法国的市镇源于大革命前的旧王朝,它是按自然群体划分的,以适应以农业为主的社会的需要,因此数量非常之多,面积和人口悬殊。市镇平均面积约为 14 平方千米,最小的只有 3 公顷,最大的约有 76000 公顷。人口少则一二百人,多则超过数十万人,甚至有超过百万人口的,如马赛和里昂。

(二)特别地方单位

法国存在几种特别地方单位,它们与上述几个层级的地方政府的关系,或者属于一级地方政府,或者相对独立,地位较为特殊。

1. 巴黎

法国首都巴黎是一个具有双重地位的地方单位。它包括巴黎市和巴黎省,其事务由巴黎议会处理。这样,巴黎议会便同时行使省议会和市议会的职权。目前,巴黎分为 20 个区,区在巴黎的管理中起着重要作用,每个区都有自己的区议会和区长。

2. 科西嘉

科西嘉有其独特的经济和文化传统,该地区自治运动力量异常强大,常常引起暴力冲突。法国中央政府多次试图在体制上解决这种危机,但都未成功,于是决定给其更大的自治权。1982 年,法国政府以法律的形式规定科西嘉为大区地方单位。

(三)海外地方单位

目前,法国有 4 个海外省——瓜德罗普岛、马提尼克岛、圭亚那、留尼汪岛。这 4 个海外省同时具有省和大区的地位,有一定的特权。法国还有多个海外领地,即法属波利尼西亚群岛、新喀里多尼亚、瓦利斯和富图纳以及法属南半球和南极属地。海外领地一般由民选的代表进行治理,设有领地议会和政府委员会,海外领地具有很大的自治权,共和国政府在领地的权力极为有限。

二、法国地方政府的组织结构

(一)大区政府的组织结构

法国大区设大区议会,大区政府由大区议会主席领导,负责贯彻国家的经济发展和国土整治政策,推动大区经济、社会、文化等事业的发展。

1. 大区议会

大区议会是大区的自治权力机关,由直接普选产生。它通过商议自由地管理本大区的地方事务,对有关大区的事务拥有决策权。法国大区议会的人数根据居民和选区的多少决定,最少的只有 41 人,最多的达到 197 人,如巴黎大区议会为 197 名议员,而阿坤廷大区只有 83 人。议员任期 6 年,届满全部改选。大区议员候选人必须具备以下条件:年满 21 周岁,在选举名单上登记或在大区的直接税纳税清册上注册。法国有关法律规定,某些公共职务的正式任职者不具备被选举资格。法律还对大区议员的不得兼任问题做了明确的规定,与省议员基本相同。选举前,每份候选人名单都必须附一份候选人资格声明,并缴纳一定的保证金。

大区议会每季度至少开会一次,由大区议会主席召集和主持。大区议会会议可在大区议会主席认为必要时召开,也可应大区议会办公室或1/3议员的要求召开。在后一种情况下(应1/3议员的要求),会议应按特定议程进行,会期不得超过三天。同一名议员在半年之内不得提出一次以上的开会要求。在特殊情况下,中央政府可颁布法令要求召开大区议会特别会议。大区议会会议公开进行。它通常不得与议会两院的会议同期举行,特殊情况除外。

大区议会的日常事务由大区议会办公室负责。大区议会办公室由大区议会主席、副主席和其他成员组成。办公室成员由大区议会在议会主席选出后选举产生。选举采用比例代表制,任期6年。大区议会办公室协助大区议会主席工作。它可接受大区议会的授权,负责某些专门业务,但预算、财政和财务方面的事务除外。

大区议会下设若干专门委员会,分别负责某一或某些方面问题的研究,提出对策。大区议员分别在各专门委员会中工作。此外,大区议会还设有若干办事机构,分别负责一个或几个专门委员会的日常工作。以罗纳—阿尔卑斯大区为例:该大区议会按工业、农业、高中等教育等不同领域设有15个专门委员会,其150名议员分别在这些委员会中工作;另外,它还设有11个办事机构,共有工作人员280人,每个办事机构负责一个或几个专门委员会的日常工作。

2. 大区议会主席

大区执行机构由大区议会主席领导。1987年以前国家委派的代表——大区长具有双重身份:他既是国家代表,又掌有大区公共机构的行政权。1982年地方分权改革后,大区的行政管理权由国家代表转交到了大区议会主席的手中。从此,大区议会主席既是大区权力机关的主席,又是大区的行政首脑。

大区议会主席由大区议会在其内部选举产生,任期6年。大区议会主席主要行使以下职权:①准备大区议会会议和工作。他必须在议会会议召开的12天前将一份有关议会审议的各项事宜的报告送交各位议员。召集和主持大区议会会议,领导大区议会的议事活动。②向大区议会提供某些信息,并报告工作。他每年要向议会提交一份有关大区的总的形势、大区计划执行情况、大区事业的活动和投资、大区议会决议执行情况以及大区的财政状况的年度报告。③实施大区议会的决议,包括执行大区预算、签发大区各项开支的拨款命令、规定收入的执行、签订大区议会决定的合同等。④代表大区进行诉讼。⑤管理大区的财产。⑥领导大区创立的公共事业。⑦领导行使其职权所必需的地方行政机关。

大区议会副主席协助主席工作。大区议会主席可委托副主席行使某些职权,分管某个方面的工作。当副主席缺位或无力行使职权时,可授权大区议员行使。也可委托大区内国家派驻机构的负责人行使某些职权。

大区办事机构在大区议会主席的领导下，各司其职，各负其责。大区办事机构包括三种不同类型：一是转归大区议会主席领导的某些国家派驻机构；二是大区为保证自己职权行使而设置的新机构；三是在地方政府与国家的职责权限最终界定之前，大区议会主席可使用的大区国家派驻机构。可向这些国家派驻机构发布指示并授权。虽然大区办事机构目前远算不上庞大，但随着国家向大区逐步地放权，大区职能不断地增加，大区办事机构已呈扩大化和分工细化的趋势。

除大区议会和议会主席以外，大区政府还设立了经济与社会委员会作为咨询机构，其主要功能是政策咨询。按照法律规定，它由大区内经济、社会、职业、家庭、教育、科学、文化和体育界的代表组成。尽管有些问题在交大区议会审议之前，必须由经济与社会委员会先讨论，但相比之下，这一委员会的地位并不十分重要。

（二）省政府的组织结构

法国的省政府由审议机构—省议会和执行机构—省议会主席组成。

1. 省议会

省议会是省的自治权力机关。始设于18世纪末资产阶级大革命时期。1982年前，它的作用非常有限。实际上它更多的是起咨询机构的作用。1982年3月2日《市镇、省、大区权利和自由法》颁布后，省议会的地位大大提高，权力明显增强。

省议会由省内各区居民以直接普选方式选举产生的议员组成。每区不论人口多寡均选一名。省议员任期6年。每3年改选一次，每次改选1/2，可连选连任。省议员候选人必须具备下列条件：年满21周岁，与省具有某种联系（通过住所，直接税缴纳或地产等）。但是，有关法律规定，不在本省居住的省议员不得超过议员总数的1/4。一人不能同时担任两省的省议员。此外，省议员不得兼任某些公共职务，如省长官员团成员、行政法庭的法官、警察、职业军人、由省付酬或补助的职位等。

省议员职位是无报酬的，也不享有任何司法豁免权。省议员在任职期间没有薪俸，但领取一定的津贴和补助。省议员必须参加省议会的工作。这既是议员的义务，也是议员的权利。省议员的职务可因议会解散而集体终止，也可因死亡或突然丧失工作能力、受刑事处分、辞职或辞退（如无被选资格、不能兼任、拒绝行使职责等情况）而个别终止。

在1982年前，省议会是一个非常设性的议会。它只能在法律规定的时间期限内开会。通常每年召开两次会议。现在，省议会至少每季度召开一次会议，由省议长召集和主持，审议省的重大问题。省议会会议可应省议长的提议或省议会办公室的要求召开。此外，应1/3省议员的要求也可召开，但会议必须有特定的议程，会期不得超过两天，一名议员在半年内不得提出一次以上的开会要求。在特殊情况下，中央政府可颁布法令要求召开特别会议。每次省议会会议的日程和所审议事项的报告应在会议召开的至少8天前告知每个议员。省议会会议必须有绝对多数议员参加方能生效。如果与会者不足法定人数，会议在三天后举行，届时不论与会人数多少皆可生效。议会的决定须以出席议员的多数通过。

省议会下设若干专门委员会,分别负责某一或某些方面的问题的研究。省议会设置的专门委员会的数量少于大区议会。省议会专门委员会按比例代表制原则组成。省议会的日常工作由省议会办公室负责。

2. 省议会主席

共和八年至1982年前,法国省的行政权一直由国家代表——省长掌握。他负责准备省议会和省委员会会议,执行省议会的决议。1982年3月2日《市镇、省、大区权利和自由法》颁布后,这一情形有了根本的改变,省的行政权由省议会主席取代省长行使。从这以后,省议会主席不仅是省的权力机关的主席,同时也是省的行政首脑。

省议会主席由省议会在其成员中选举产生,选举采用无记名投票的方式进行。在第一轮、第二轮(如有必要)选举中,须获得绝对多数票方能当选。若仍无人当选,则举行第三轮选举,获相对多数票者即可当选。如票数相等,则年长者当选。省议会主席的选举在每次议会半数改选后进行,任期3年。省议会主席的法律地位与其他省议员相同。当省议会主席职位空缺时,其职位按任命顺序,暂时由一名副主席或议会指定的一名议员(当副主席空缺时)代替。省议会主席拥有委托权。他可发布政令将某些职权授予副主席甚至省议员(当副主席空缺或无力行使职权时)行使,并对之监督和承担责任。省议会主席有权随时收回授予的权力。

由于省议会主席同时又是省的行政首脑,他既要负责省议会的工作,又要代替原省长履行地方事务管理权,因此他的职权非常广泛,主要有:①领导省议会工作,召集省议会会议,主持省议会的议事活动,主持和领导省议会各委员会的工作。②为省议会的工作做准备,编制省的预算,起草提交省议会审议通过的草案,并在审议该草案的第一次会议召开的至少十天前将草案送交省议员。③实施省议会的各项决议,执行省的预算,签发开支拨款命令,规定省财政收入的执行,掌管行政账目;签订省议会决定的契约并付诸实施,在司法活动中代表省。④管理省的财产,并可在这方面行使治安管理权;同时,还可对省级公路的交通和省属港口行使治安管理权。⑤领导省的行政管理工作,领导省后备工作部门并监督其工作,领导省属工作人员,和省长共同协调省属工作机构和省内的国家派驻机构的关系。⑥当出现省议会被解散、全体议员辞职或省议会选举被最终取消等情况时,省议会主席负责处理日常事务,直至新的议会选举产生。

作为省的行政首脑,省议会主席对省议会不负政治上的责任,但是他每年要向省议会报告工作。省议会主席每年要向省议会提交一份有关省的总形势、省属工作机构的活动和资金、省议会决议的执行情况以及省的财政状况的报告,供省议会讨论。

(三)市镇政府的组织结构

法国的市镇政府一般由市镇议会、市镇长及若干名市镇长助理组成。除巴黎等大城市外,法国的市镇不论其经济、地理、人口状况如何,其政府都由审议机构——市镇议会和执行机构——市镇长等组成。法国市镇政府的结构具有同质性和一致性。

1. 市镇议会

法国市镇议会由直接普选产生。各市镇的议员人数根据市镇人口的多寡变化，为9～69人不等。市镇议会的选举方式也因市镇人口的多寡而有所不同，以3500居民为界线分为两种情况。在不足3500位居民的市镇，议会选举采取两轮多数制。在3500位以上居民的市镇，市镇议会选举采用两轮名单选举制。市镇议会选举每6年举行一次，期满全部改选，全国同时进行。在有些情况下可举行部分选举。如在不足3500位居民的市镇，当议会因席位空缺失去1/3成员时，可举行部分选举。在3500位以上居民（含3500位居民）的市镇，当议员席位出现空缺时，席位按名单顺序分配给名单上仅次于当选者的候选人。

市镇议员任期6年。只有具备下列条件者才具有被选举资格：年满18周岁，享有民事和政治权利，和市镇具有法定的联系（居住或注册缴纳直接税）。有1/4的市镇议员可不具备这后一条件。接受市镇社会行动中心救济者无被选举资格。某些公务员、司法官员在其职权行使区域内，市镇工作人员、与市镇政府有永久性业务关系的企业主和特许权享有者也无被选举资格。最后，法律对不得兼任做了明确的规定。任何人不得同时兼任两个市镇议会的议员。担任某些公共职务者，如省长、警察、职业军人等，不得兼任市镇议员。他们必须或者放弃议员席位，或者辞去其所担任的公共职务。直系亲属不能同时担任同一市镇议会的议员，500个以下居民的小市镇除外。

市镇议员职位是无报酬的，也不享有司法豁免权。市镇议员任职期没有薪俸。但在有40万个以上居民的城市，市镇议会可通过投票表决，决定议员的职务津贴。市镇议员的职责主要是参加议会的工作和议会委员会。他们可接受市镇长和市镇议会的委托，承担各种不同的使命。他们有权被召集和参加议会会议。如果他们的这一权利被侵犯，他们可提出申诉，要求宣布决议无效。市镇议员的职务可因下列原因告终：死亡，6年期限届满，自动辞职，官方辞退以及市镇议会解散等。

市镇议会每季度至少开会一次，会期约两周。此外，在市镇长认为必要时，可由市镇长召开临时会议。会议在市政厅进行，由市镇长主持。在特殊情况下，可由其代理者主持（讨论市镇长账目的会议除外）。市镇议会会议必须有绝对多数的法定人数参加方可做决议。如果与会者达不到法定人数，则在三天后重新召集一次会议。在这种情况下，不论与会人数多少，都可做决议。市镇议会的会议是公开的。每次会议都要指定一名秘书。会议报告由秘书起草。会议的决议要在市镇政府的门口公布。市镇议会可组织若干专门委员会，负责承担议会交办的任务，审议某些方面的问题，准备议会决议。这些委员会是市镇议会的内部机构，主要承担研究性工作，不具有决策权。

2. 市镇长

市镇议会的决议由选举产生的执行机关，即市镇长负责执行。市镇长全面领导市镇的行政管理工作，市镇长助理协助其工作。市镇长由市镇议会在其成员中选举产生。当选者必须年满21周岁。市镇长的任期与市镇议会相同。在任期内，市镇长不得被市镇议会罢免。市镇长对市镇议会不负有政治责任。如出现市镇议会的多数议员不支持市镇长的局面，市镇长并非必须辞职。市镇长的职务除被撤销外，还可因死亡、辞职、接受与市镇议员职位不相容的职务或受刑事处分而提前终止。部长会议可颁布法令撤销市镇长的职务。内政部长根据省长的请求，可发布政令停止市镇长职务一个月（不得超过一个月）。市镇长对处分不服，可向行政法庭起诉。

市镇长任职期间没有薪俸，但领取职务津贴。职务津贴由市镇议会在内政部提出的最高限额内确定。最高限额根据市镇人口的多寡而变化。此外，还可领取一定的差旅费等津贴和补助。

市镇长具有双重身份，他既是国家在市镇的公务人员，又是市镇的最高行政长官。这一双重身份使得他能在其管辖范围内执行行政任务时获得更大的协调和一致。

作为国家公务人员，市镇长代表国家履行某些职务。在履行这方面职权时，他受省长和中央政府的指挥和监督。其执行国家公务行为的责任由国家而不是市镇承担。在这方面，市镇长主要行使下列职权：①在中央和省的国家代表的领导下，保证法律和法令的公布和执行，负责维护社会治安；②领导国家下放的某些公共事业，如监督初等教育、发放建筑许可证；③组织省议会的选举；④作为市镇的户籍主管官，负责登记出生、死亡和婚姻，编制服兵役名单等；⑤作为司法警察官员，在共和国检察官的监督下开展活动，并有权对某些轻罪进行侦查。

作为市镇的代表，市镇长执行市镇的自治公务。在行使这方面职权时，其活动受议会的控制，议会对其执行公务的行为负责。同时，中央政府（通过省长）对此行使监督权。在这方面市镇长的职权可分为三类：①独立于市镇议会的职权。这类职权主要包括：负责市镇的治安管理，领导市镇的监察和司法工作，保证市镇良好的公共秩序和公共安全；领导市镇的工作机构；任免市镇工作人员，对他们行使行政等级领导权。②作为市镇议会决定执行者的职权。这方面的职权主要有：编制并执行议会通过的预算，签署议会决定缔结的契约并负责执行，实施议会决定采取的或支持的行动等。在这方面，执行具有强制性，拒绝执行将由行政法官宣布无效。③市镇议会委托行使的职权。这类职权包括：决定市镇机关使用的市镇财产的用途，确定路政税，接受某些捐赠，做出有关签约的某些决定等。

三、法国地方政府的职能

（一）大区政府的职能

大区议会的职能可分为两大类，一类涉及大区行政管理，另一类涉及国家行政管理。

1. 大区行政管理方面

大区议会负责推动大区的经济、社会、卫生、文化和科学事业的发展及国土的整治，讨论和决定本大区的经济和社会发展计划；表决大区预算，决定大区的收入和支出；决定公共事业的创建和组织；决定大区财产的管理和使用。为了大区的利益，大区议会可决定举办各种经济事业，参加或创设大区开发公司，必要时，可对企业的运行进行干预，如提供援助、发放财政贷款等。

2. 国家行政管理方面

大区议会对国家行政管理事务具有咨询权。它要就国家计划以及一切有关大区开发和规划方面的问题接受中央政府的咨询。它要就国家每年决定对大区及大区内各省的投资拨款接受咨询。它还要就大区内地方行政单位向国家机关的借款发表意见。大区议会负责协助国家计划的制定和实施。大区国家代表——大区长要向大区议会报告国家计划在大区的执行情况和在大区内执行的投资的情况。大区议会有权对与国家或其他领土单位和领土单位的联合体委托给它的职权有关的事务做出决定。

(二)省政府的职能

省议会主要负责涉及省的利益的事务。具体地说，包括省的行政事务和部分国家行政事务两大类职能。

1. 省的行政事务

1982 年 3 月 2 日《市镇、省、大区权利和自由法》第 23 条规定，省议会通过商议处理省的事务。在这方面，省议会的职能主要有通过省的预算，批准省的账目，决定省的公共工程、省的财产的管理和使用以及须签订的合同，创建公共事业，参与经济和社会事务，如经济发展、文化教育、环境保护、国土整治、生活环境改善等。省的公共事业的创建分为强制性的和非强制性的两类。强制性的公共事业是指法律规定省必须创建的，如省级公路的管理和维修，医院的设立，实施某些社会救济和卫生服务等，对此省议会没有选择自由。非强制性的公共事业的创建，如是否设立某类职业学校，是否设立某类公益性事业的补助项目等，则由省议会自由决定，但必须遵守有关的法律规定，并不得侵犯其他地方行政单位和国家的权限。

2. 国家行政事务

省议会要根据法律的规定或省长的请求，对国家的某些决定，如经济计划和公共装备规划的制定等，发表意见。它也可对国家的政治和行政问题表示自己的愿望。省议会要就省所辖的市镇的某些问题，如市镇的捐税、选区的划分等，做出决定。同时，它还要就市镇的更名、市镇加入跨市镇联合会等有关所辖市镇的问题发表意见。1971 年 7 月 6 日关于市镇合并和组合法规定，省议会在市镇合并组合方面拥有重要权力。

（三）市镇政府的职能

根据法国现行有关法律规定，市镇议会主要具有以下职能：负责市镇管理，设立和组织市镇机构，讨论和表决市镇预算，并监督执行，批准市镇长的账目，决定市镇的财产管理，决定市镇的公共工程及实施的方式，领导市镇规划，创立和组织市镇的公共事业，批准市镇长签订的合同等。

市镇有权创建和组织市镇的公共事业，但是市镇的这一自由不是绝对的，它受到一定的限制。在法国，公共事业分为两种类型，一种是强制性的，如基础教育等，另一类是可自由处置的。对于强制性的公共事业，市镇议会没有选择的自由。无论是为国家利益，还是为地方利益，市镇议会都无权推诿。至于可自由处置的公共服务，则由市镇议会根据需要自行决定，但不得违反法律原则和法规条例，也不得侵犯其他地方行政单位和国家的权限。

20 世纪 60 年代以后，市镇职能的范围有了很大的扩展，以便为居民谋求更多的福利。市镇的职能涉及社会、文化、教育、体育、卫生等诸多方面。它们负责创建为繁荣居民社会生活必不可少的文化和娱乐环境，如与国家合作共同发展图书馆、博物馆和体育设施，参加住房建筑，安排整治住宅等。它们还参加医院、养老院、济贫院、社会救助中心的管理工作。它们可合作或直接经营这些机构。1982 年地方分权改革后，市镇在城市规划、计划和国土整治方面的职能有所增强。

第五节　日本地方行政制度

日本的地方政府是自治单位，被称为“地方公共团体”。日本的地方公共团体是指以一定地区为基础，以该区域的居民为成员，并承认有权由居民自治来处理当地事务的自治团体，它具有相对于国家而独立的法人资格。《日本国宪法》对此作了明确规定：“关于地方公共团体的组织和运营事项，根据地方自治的宗旨由法律规定之。”（第九十三条）

日本近代地方自治制度始于 1888 年，从那时起，日本明治政府实行市町村制。1890 年又推出府县制，和市町村一起构成了府县—市—町村三阶梯的地方自治体系。当时日本的地方政府从外观上看具有某种自治形式，实质不过是中央政府的一种辅助性机构。在第二次世界大战期间，日本在 1943 年实行地方自治的战时体制，加强了中央对地方的控制。第二次世界大战后，日本制定了《地方自治法》，扩大了地方自治体和地方居民的民主权利，调动了地方的积极性。

一、日本地方政府的层级

日本地方公共团体按其种类和性质可以分为两大类:一般地方公共团体和特别地方公共团体。

(一)一般地方公共团体

一般地方公共团体是指在全国地方公共团体里具有一般性、普遍性的团体。日本现行的一般地方公共团体包括日本的各级地方政府,即都、道、府、县、市、町、村。日本《地方自治法》规定,一般地方公共团体是指依据宪法和有关法律的规定,由当地居民选举组成的具有的公法人资格的地方公共团体。它们不是中央政府的分支机构,而是独立于中央政府之外自主地管理本地区事务的地方自治体。但是,实现地方自治并不表明地方政府是绝对自由的,它们必须在宪法和法律规定的范围内行事,并在立法、行政、财政三方面受中央政府的监督和控制。

现行的日本地方自治体制实行"都道府县"和"市町村"两级制。都、道、府、县是介于国家和市町村之间地域较为广阔的地方公共团体。它们是同一级行政区划单位,名称不同主要是沿袭历史习惯,在组织上和职能上并无本质的差异,个别情况除外,如都有设立特别区的制度等。"市町村"是设在都道府县内的地方公共团体的基层组织。"都道府县"和"市町村"虽系两级政府,但都享有独立的自治地位,相互之间没有领导和被领导的行政等级关系,各自在法律规定的范围内行使自己的职权,完成自己的任务。它们的差别主要表现在两个方面:一是管辖范围不同,都道府县的职权管辖范围要比市町村广阔;二是职能分工有别。一般说来,都、道、府、县主要负责国家委托的事务;市、町、村主要负责处理与居民日常生活密切相关的事务。此外,都、道、府、县还负责沟通市、町、村的联系,在一定范围内对市、町、村具有指导和约束作用。

日本的市也分为两类,一类是一般的市,另一类是政令指定市。城市的设置以人口和从事城市性业务的人口多寡为主要标准。一般城市和政令指定城市的设置标准有所不同。设置一般市的标准主要有:①人口在5万以上;②集体户数占总户数的60%以上;③从事城市性业务的人口占全部人口的60%以上;④具备在都道府县条例上规定的作为城市的其他条件。设置政令指定市的标准主要为人口。日本有关法律规定,一些具有50万人口以上的规模较大的市,经批准可成为政令指定市。现在实际上要达到100万人口的市才可批准为政令指定市。

凡被列为政令指定市者,其权限、地位和作用都发生了明显变化。第一,在事务分配、行政监督、组织和财政等方面,享有与都道府县同等的权限。如城市的规划建设、环境保护、居民生活福利等重大事务均可由市长决定,不必报都道府县审批。第二,享有与都道府县等同的地位,在行政监督上可不受都道府县的监督而直接接受国家的监督。第三,在行政区划上,允许政令指定城市分区并设立区级办事机构——区役所,以保证大城市的行政得到有的地贯彻执行。第四,在财政方面享有与一般市不同的特别权限。

(二)特别地方公共团体

日本特别地方公共团体包括四类:特别区、地方公共团体组合、财产区和地方事业开发团。

1. 特别区

特别区是根据地方自治法,在大都市设立的行政区域。目前特别区仅在东京都设立,共23个。特别区原则上适用市的规则,享有与市同等的法律地位,其组织和职能与市基本相同。特别区设有民选产生的代表机构,区长也由选民直接选举产生。但是,和一般的市不同,特别区还要负责管理都的一部分公共事务,如消防、水道、废弃物的处理,都市规划等。

2. 地方公共团体组合

地方公共团体组合是指由两个以上地方公共团体为共同处理其事务而联合组成的组织。地方公共团体组合通常是为解决某一或某些特定问题而设立的,大多为临时性的,但也不排除有常设性的。地方公共团体组合的主要职责是解决单个市、町、村难以解决的某一特定工作,如垃圾、粪便处理,消防,中小学教育,农业互助等。这种联合性公共团体的存在,既有利于解决基层地方公共团体所遇到的难题,又有利于达到提高功效和节约人力的目的。日本地方公共团体组合大体包括三类:一是部分事务组合,专门负责解决某一或少数共同事务;二是全部事务组合,负责解决多方面的共同事务;三是公所事务组合。

3. 财产区

财产区是为管理某项地方共有财产,如山林、水路、温泉等设立的,始设于1888年。财产区的主要职责是管理地方上,主要是市、町、村之间的一部分地区的某项共有财产和公共设施。日本现有的财产区分为两种情况:一种是明治维新时代市、町、村合并而设立的;另一种是以后合并市、町、村新设的。目前,日本大约共有4000多个财产区,其中60%以上为山林和原野区。

4. 地方事业开发团

地方事业开发团是指在一定的地域内,以综合开发为目的,由两个以上地方公共团体共同设立的专门组织,该类组织受这些地方公共团体的委托去实施其事业。

二、日本地方政府的组织结构

日本地方政府由议决机关——地方议会和执行机关——行政首长,即都、道、府、县知事或市、町、村长组成。

(一)地方议会

地方议会是地方政府的最高权力机关,它由本地区公民直接选举产生的议员组成。议员的人数根据地方公共团体的规模大小和人口多寡确定。日本有关法律规定了地方公共团体议员的定员:都为130名,道府县为40~120名,市为30~100名,町村为12~30名。除都以外,其他地方议会的人员数额,根据其人口的多少,在规定的幅度内自行决定,法定的上下限都不得突破。议员任期4年,为了保证其能公正地履行其职务,日本有关法律规定,地方议员不得兼任国会议员和其他地方公共团体的议会议员,不得兼任地方公共团体中的常勤职务,不得成为在本地区做承包工作的法人和法人单位的负责人或职员。日本地方议会设议长和副议长,从议员中选举产生。议长的主要职责是:维持议会会场的秩序,整理议会的议案,管理议会事务,对外代表议会。

地方议会每年召开4次定期例会,由议长主持。会议的内容主要是审议条例和预算草案等,会议按多数表决原则作出决定。此外,如有必要,议长有权召开临时会议,讨论特定议案。临时会议也可由1/4以上的议员向议长提出要求而召开。议会必须有超过半数的议员出席才能召开会议。地方议会每年的总体意向,均由议会全体会议决定。议员有权提出立法案,法案由议会以简单多数通过即可成立,经公布后便成为地方立法。地方议会的会议公开进行,允许公众旁听,但如有2/3以上议员提出要求,也可以举行秘密会议。

日本地方议会成立了若干委员会。委员会分为两种,一种是常任委员会,另一种是特别委员会。《日本国会法》规定,常任委员会的设置数量依据该地方公共团体的人数决定。都可以设置12个常任委员会;道和人口在250万以上的府、县及人口在100万以上的市,可以设置8个常任委员会;人口在100万以上未满250万的府、县及人口在30万以上未满100万的市,可以设置6个常任委员会;人口未满100万的府、县及人口未满30万的市、町、村,可以设置4个常任委员会。常任委员会的设置通常与地方执行机构对口,最主要的有总务常任委员会、土木常任委员会、教育常任委员会等。常任委员会的主要职责是调查相关部门的有关事务,审查提出的有关议案、请愿,以及接受有关部门的工作报告等。日本有关法律规定,每一议员只能担任一个委员会的委员。特别委员会是因特别需要而设立的,其主要职责是审查涉及两个以上常任委员会的事务、议会委托的特定或特别重要的事项等。特别委员会一般限于在议会会期中举行活动,但在议会闭会期间,它也可对议会委托的议案进行审查。

日本地方议会下还设有事务局。都、道、府、县议会的事务局为法律规定必须设置的,而市、町、村议会的事务局则为任意设置的,由地方议会制定条例决定。议会事务局由事务局长、书记和其他成员组成,由议长任免。

日本地方议会是日本地方政府的议决机关,它拥有条例制定权、选举权、监督权、意见提出权、调查权、请愿受理权等多项权力。具体说来,其职权主要有:①制定、改正或撤销地方条例；②审议批准预算，承认决算；③决定地方税的赋课征收以及分担款、使用费、加入费、手续费的征收；④决定缔结协议；⑤使用或出卖财产以及其他有关财产处理的委托；⑥检查、监督地方事务的管理和执行机关的工作。此外，地方议会还可对地方公共团体的事务进行强制性调查。

制定条例是日本地方议会的一项重要权力。日本地方议会制定的条例包括了十分广泛的内容，主要涉及以下事项：①岁入岁出预算事项，决算报告事项；②地方税、使用费、手续费、分组金、加入金等课赋征收事项；③基本财产或减债基金，或其他储备金的设置、管理及处理事项；④依据条例决定的重要财政的取得或处理，及营造物的设置和处理事项；⑤除岁入岁出预算决定之外的新负担义务，或负担附加捐款或赠予的接受及权利的放弃事项；⑥缔结条例规定的重要契约；⑦普通地方公共团体为其当事人之异议提出的起诉、诉愿、诉讼、和解、斡旋、调停及仲裁事项等。

（二）执行机关

日本地方政府的执行机关分为地方行政长官和行政委员会两部分。

1. 地方行政长官

地方行政长官在都、道、府、县称“知事”，在市、町、村称“（市、町、村）长”。知事和（市、町、村）长均由辖区内选民直接选举产生，任期 4 年。日本有关法律规定：凡年满 30 周岁以上的地方居民，均有权作知事候选人；凡年满 25 周岁以上的地方居民，均有权作市、町、村长候选人。知事和长不得兼任国会议员、地方议会议员以及政府的常勤职务。

行政长官与议会之间的关系是自治体内的一种横向结构的分权制衡关系，即行政与立法关系。而行政主管长官的权力一般大于议会的权力。行政主管长官有权向议会提出立法议案，而议会通过的议案也要送交主管长官签字始可发布。虽然议会可以通过不信任案迫使行政主管长官辞职，但主管长官自接到不信任案之日起 10 日内可以解散议会。当议会所通过的议案与行政主管长官发生异议时，主管长官自接到议案之日起，在 10 日内可以提出重议，而重议的议案必须以出席议员的 2/3 多数通过始可生效。主管首长还有权驳回议会超越其权限或违反法令和议会规则而审议的法案以及违法选举。如果议会仍坚持其议案，地方政府主管长官可以向法院提出申诉。由此可见，地方行政长官同中央政府的行政长官一样，在一定程度上仍凌驾于地方立法机关之上，成为地方权力的真正掌管者和实际领导者。

作为地方政府的执行机关，地方行政长官负责全面领导和处理所辖区域内的行政管理事务，以确保地方公共团体的统一协调运行。地方行政长官主要行使以下职权：①制定规则；②向议会提出议案；③预算编制与执行；④地方税赋课征收；⑤分担款、使用费、附加费、手续费征收；⑥财产使用、管理和出卖；⑦公共设施设置、管理和废置；⑧向议会报告财政决算，以取得批准；⑨承担国家委托的事项；等等。为此，地方行政长官还拥有制定规章、任免职员、指挥监督、设置必要的事务组织、综合协调等权力。

为处理属于地方行政长官权限范围内的工作，日本在都、道、府、县设有副知事、出纳长、副出纳长、专门委员及其他职员，协助知事工作；在市、町、村设有助役、收纳员、吏员及其他职员，协助市、町、村长工作。所有这些人员都是地方行政长官的辅助人员。此外，为了完成地方公共团体的事务，地方行政长官之下还设有局、部、科、系等工作部门，为地方行政长官的办事机构。

2. 行政委员会

行政委员会是地方公共团体的独立机构，委员由地方行政长官取得议会同意后任命，任期通常为4年。行政委员会不受地方行政长官的领导，拥有相对独立的地位和权限。但其所设置的事务局接受地方行政长官监督和协调。行政委员会的职责主要是对本地区某一方面的工作提出建议和指导。设立行政委员会的目的主要在于：一是便于某项专门事务的完成；二是相对独立于地方行政长官，以避免地方行政长官的权力过分集中。

日本各地方自治政府行政委员会的设置数量依据人口确定。在都、道、府、县一级，一般设有公安委员会、选举管理委员会、教育委员会、人事委员会或公平委员会、监查委员会、地方劳动委员会、收用委员会、海区渔业调整委员会、内河水域渔场委员会等；在市町村一级，一般设有教育委员会、人事委员会或公平委员会、监查委员会、选举管理委员会等。

三、日本地方政府的职能

《日本国宪法》第九十四条规定："地方公共团体有管理财产、处理事务以及执行行政的权能，并可在法律范围内，制定条例。"日本《地方自治法》规定地方公共团体有权处理不属于全国性事务的各种地方事务，除了国防、外交、司法以及有关全国性的事务外，地方政府有权负责直接关系本地区居民日常生活的各种行政事务。

依据以上法律规定，日本地方政府的职能大体可归结为三类。

1. 地方财产管理职能

地方自治政府有权保护、维护和使用属于地方公共团体的财产，如：对属于地方管理的学校、图书馆、博物馆等文化教育设施，体育场（馆）、文化馆等体育娱乐设施，医院、保健所、防疫站等卫生、医疗设施等进行管理；对公园、广场、绿化地带、道路、桥梁、河流、码头以及仓库等公共设施进行建设、管理和维修等。

2. 公共事务处理职能

地方自治政府有权处理本地区有关消防、卫生保健、环境保护、社会保障等事务，如制订医疗卫生计划，批准开设医院，保证药品及食品卫生，防止有害物质，清理垃圾，对大气污染、水污染、噪声、振动、恶臭等进行监控等；有权管理地方社会福利事务，如开办老人之家、托儿所以及为残疾人服务的公共设施等，举办社会保险事业，组织职业培训，实施就业对策等。与此相适应,地方自治政府也可以从事一些地方公用事业,如地方自来水事业、下水道事业、电气煤气事业、汽车运输事业等,并且还可以经营管理林业、渔业及市场等事务。

3. 行政执行职能

地方自治政府负责办理户口、登记注册、发放居民身份证,领导地方警察,执行国家法律、法令和政策,编制地方预算和征收地方税,监督公债的偿还,管理地方财政等。为了行使上述职能,维护社会秩序,防止和排除对居民权利的损害,地方自治政府有权依法限制某些特定居民的权利和自由,为促使其承担某种义务而采取强制性行政措施。例如:为了防止污染,对某些道路、河流实行强制管理;对某种生产品或家畜进行免疫检查或强制没收;对未成年人或精神病患者采取某种保护措施;为防止噪声、恶臭,制定某些强制性规定;等等。

日本地方自治政府除管理上述"固有事务",即处理涉及地方居民的事务外,还负责处理大量的"委任事务",即完成国家委托的某些属于中央政府或涉及全国利益的事务,这一点在都、道、府、县尤为明显。地方自治政府承担的"委任事务"主要包括以下几个方面的内容:①关系国家和地方双方利益的事务,如义务教育、生活保护、卫生保健等;②为适应国民经济而制订的综合计划,如公共事务、就业政策的实施等;③法律或法令规定的有关灾害方面的事务,如灾害救护、灾害复修等;④涉及国家利益的专门事务,如国会议员的选举、外国人登记等。

日本虽然实现地方自治,但地方自治制度以中央对地方官僚统治和地方势力的支配为特征,中央政府在立法权、行政权和财政权上都对地方自治有很强的控制力。在立法方面,各都、道、府、县制定、修改或废除条例,必须报自治大臣核准;市、町、村则要向知事报告,而且,这些条例均不得与法律或上级条例相抵触,否则一律无效。在行政方面,自治省可以要求地方政府就某项工作提出书面报告;地方政府的交通、教育、医疗、建设等事务,必须与中央政府有关部门保持联系,如果主管大臣认为有违法或失职行为,可以向地方行政首长发布命令,要求其纠正。此外,如果总理大臣认为知事有不依法办事的行为,可以令其改正,如不改正,可以依据《地方自治法》的有关规定,撤销其职务。在财政方面,中央政府控制着地方政府财源的绝大部分,地方政府的自主财源在地方财政中仅占30%~40%,故日本地方自治又称"三分自治"。

由此可见,日本地方政府在行政和财政方面受到中央政府较为严格的监督和控制,因而地方自治的程度是相对有限的。

思考题

1. 什么是地方行政制度?简述其特征和类型。
2. 简述英国地方政府的层级与职能。

3. 简述英国地方议会的组织结构。
4. 简述美国地方政府的层级与职能。
5. 简述美国市政府的组织结构。
6. 简述法国地方政府的层级与职能。
7. 简述法国省政府的组织结构。
8. 简述日本地方政府的层级、组织结构与职能。

参考文献

[1]王丛虎. 地方政府[M]. 南京:江苏人民出版社,2014.
[2]胡世前. 中外行政体制比较[M]. 北京:经济科学出版社,2018.
[3]张立荣. 中外行政制度比较[M]. 北京:商务印书馆,2013.
[4]杨凤春. 中国地方政府[M]. 北京:中央广播电视大学出版社,2007.
[5]潘小娟. 发达国家地方政府管理制度[M]. 北京:时事出版社,2001.
[6]陈嘉陵. 各国地方政府比较[M]. 武汉:武汉出版社,1991.
[7]米勒,波格丹诺. 布莱克维尔政治学百科全书[M]. 邓正来,等译. 北京:中国政法大学出版社,2002.
[8]丘晓. 政治学辞典[M]. 成都:四川人民出版社,1986.

第五章

政府行政过程

第一节　政府行政过程概述

一、政府行政过程的含义

任何实际运行中的政府行政，都不仅是一种制度体系，而且是一个过程。所谓政府行政过程是指行政主体及其他行政参与者（如立法机关、政党、智库、利益集团等）行使各自的权力（或权利），相互影响，相互作用，设定并最终实现政府公共政策目标的活动过程。政府行政过程一般被理解为政府决策的运作过程，主要包括政府的政策制定与执行等功能活动及其权力结构关系，它是公共政策的运作过程，应和一般政策尤其是私人政策区分开来，突出“公共”性质。

政府行政过程的主体除了政府之外，还包括其他的行政参与者，如立法机关、政党、利益集团、大众传媒、公民等。政府行政过程的客体是公共事务，包括社会问题、公共项目、公共资源、公共利益等。只有公共事务才能由政府的决策来处理。与公共事务相对应的是私人事务。所谓私人事务，并不仅指个人事务，而是指某些事务的成本和收益具有排他性，其利害关系人是特定的个人或较小的社群。在市场经济条件下，私人事务主要依靠市场的机制来解决；政府行政过程不应干涉私人事务、解决私人问题。当然，如果某一事务的成本和收益涉及了整个社会，同时社会中每个成员都感受到这种利害相关性并因而产生了被剥夺感时，这种事务就由私人的转化成了公共问题（比如企业经营造成了环境污染）。与此相对，公共事务是指以整个社会作为利害关系人的事务。这里的社会不仅指整个国家，也可以下指一个地区，上达整个人类。公共事务有以下突出特点：一是整体性。它关系到所有社会成员的利益，由所有社会成员作为一个整体提出。二是集中性。它要由整个社会的代表，即国家权力机构统一组织、集中解决。三是政治强制性。公共事务的处理总是依托政治权力、动用强制性的手段，即公共政策手段。简言之，公共事务就是不能通过市场来满足的社会需求、不能通过市场来处理的社会问题。

政府行政过程的目标取向是政治。政府行政过程的政治目标取向就是要维持整个社会的稳定、促进整个社会的发展。这是政府行政过程的本质特征之一。尽管政府行政过程要处理的问题包括经济、政治、文化甚至社会生活，但政府在制定和推行公共政策时，其出发点和归宿总是政治目标和政治理想。

政府行政过程是一个过程，即制定政策和实施政策的过程。它是政府为实现某一特定时期的政治目标所进行的一系列政治行为，包括体察民意、确定政策议题、制定政策、建立组织、推行政策实施、进行政策监控、评估政策效果等环节。

政府行政过程的结果表现为政府正式颁布的各类政策规定，包括法规、方针、策略、部署、方法等行为准则和行为规范,也体现在领导人的谋略、指示、讲话之中。作为行为准则,它规定对象应当做什么、不应当做什么,应当怎样做、不应当怎样做,哪些行为应被提倡、哪些行为应被禁止。作为国家意志的象征,这些政策规定一般具有强制性。

二、政府行政过程的特征

政府行政过程的特征可以归纳为以下几个方面:阶级性、手段性、政治性、公共性、资源性、规范性。

(一)阶级性

在政府行政过程中,制定公共政策主要是统治阶级意志和利益的集中体现与表达。这是政府行政过程的核心本质。政府行政过程与国家政权和政治统治密不可分,随着国家及政治的产生而产生。国家是阶级斗争不可调和的产物,是阶级统治的工具。对于统治阶级及其执政党来说,当它们代表国家主导政府行政过程、制定政策、处理公共事务、解决社会问题时,其出发点总是如何通过问题的解决更加有利于自己的统治,有效地达到对被统治阶级的控制和实现整个社会的稳定有序。而对于被统治阶级及其政党来说,它们也要针对各种社会问题提出自己的政策主张,针对执政者提出的政策采取自己的对策,以达到本阶级生存、发展、推翻统治阶级,最后使自己上升为统治者的目的。

必须说明,政府行政过程代表的不是阶级的局部或暂时利益,而是整体的、长远的根本利益。一个阶级或政党在制定政策(尤其是基本政策或总政策)时,不应仅为某个阶层或利益集团的局部利益、某个历史时期的短暂利益所左右,而应着眼于整个阶级的根本利益,为了这种利益,甚至可以牺牲局部或眼前利益。同时,一个阶级尤其是社会的统治阶级,作为“国家的管理者”,在制定政策时,不能不考虑社会的其他阶级和阶层。统治阶段往往会在局部或暂时的利益上向其他阶级甚至敌对阶级做出某种妥协和让步,以求“公正身份”的维护、社会秩序的稳定、自身统治的巩固。政府行政过程在一定程度上成为社会各阶级力量对比的晴雨表。

(二)手段性

政府行政过程既体现了某个阶级的意志和利益,同时又是统治阶级管理国家、控制社会、实现阶级意志、维护阶级利益的手段。国家要履行两大职能——作为阶级统治工具的政治职能和作为社会管理机关的社会管理职能,包括:调整本阶级内部各成员、各层次、各派别以及本阶级和同盟者阶级之间的关系,以维护本阶级和同盟者阶级的共同利益,免得因内部矛盾而使其阶级利益受损害;调整其他各种社会关系,如不同地区之间的关系、不同部门之间的关系、不同民族之间的关系以及家庭关系、社会成员之间的各种纠纷等,以保持社会秩序的安定和保障各种社会活动的正常进行;组织领导社会生产活动和科学文化教育事业,这项任务在社会化大生产的国家里尤其重要。

而国家行使政治职能和社会管理职能大都是通过政府制定和推行包括制度、法规、路线、方针在内的公共政策来实现的。

(三)政治性

政治性指政策主要是由国家政权和政党制定和推行的。政治是公共政策的出发点，一切政策的制定都要从政治上加以考虑;政治是公共政策的归宿，一切政策都是为了实现一定的政治目标。什么是政治?人们可以从不同角度加以说明。从发生学意义上说，随着"居民第一次划分为两大阶级"和"城市的出现"，需要有行政机关、警察、赋税等，一句话，即需要有公共的政治机构，也就是说需要政治。从社会结构的角度分析，政治是上层建筑的核心部分，即国家政权。政治是经济的集中表现，对经济有极大的反作用，对思想文化有极大的制约性。它规定了一个社会经济文化的发展方向。从内容上考察，政治是一个阶级或社会集团为了维护其根本利益、夺取或巩固国家政权的一切活动，政治就是各阶级之间的斗争。它处理的是阶级、政党、民族、国家、公民之间的关系。

公共政策是一种政治措施，是政府在各种涉及全局利害关系方面的问题上制定和实施的各项措施、准则。说政策的政治本质体现在外交政策、干部政策等方面是容易理解的;但说它体现在经济政策、社会政策、文化政策等方面则往往不好理解，应该认识到，虽然此类政策其内容是非政治的，但政府在制定和推行这些政策时，主要着眼于政治，服务于政治目标。

(四)公共性

政府行政过程是制定和实施公共政策的过程。公共政策的内容是对社会公共事务的管理，包括维护社会稳定、组织经济活动、发展科学文化、促进社会进步。政策的公共性与政策的阶级性、政治性是互为表里的。马克思主义虽然强调国家是阶级统治的工具，但并不否认国家管理整个社会的职能。相反，国家只有通过公正全面地履行对社会公共事务的管理才能实现其阶级性和政治性的本质。作为国家管理基本手段的公共政策必然也就具有公共性的特点。有些政策看起来是针对某个地区或某部分社会成员的，但都关系到社会整体的利益，也是社会公共事务。公共政策和企业政策的显著区别就在于公共政策的公共性。即公共政策的内容特征是处理社会公共事务，关系的是社会公共利益;而企业管理的本质是追求某一群体的共同利益，即利润最大化。而其共同利益并不等于公共利益，它们之间的根本差别就在一个"公"字上。即使有些企业也部分地承担为社会提供公共产品、公共服务的责任，即使它们在决策中也要考虑到事关社会全局的国家政策目标，但总体上企业的政策还是属于"私人政策"范畴。以营利为目的还是以谋求社会的公共利益为宗旨是区分企业政策与公共政策的标准。

(五)资源性

政府行政过程处理公共事务、解决公共利益问题，是以提供和调节资源，使人们受益或受损的手段，实现引导、控制、管理人们行为的目的。这是公共政策发挥功能的机制。这里的资源不仅包括实物、资金、技术、知识，还包括机会、权力、荣誉和服务等社会中一切有价值的、可给人们带来利益的东西。资源和价值、利益紧密相关，有时可以互相通用。资源分为自然资源和社会资源、私人资源和公共资源。公共政策所提供和调节的资源一般属于社会资源和公共资源。虽然在现代社会中，随着人与自然分离鸿沟的日益弥合，自然资源和社会资源有融合的趋势，譬如在传统社会中，阳光是纯粹的自然资源，政府的政策无法实现对阳光的调节。但在法制完备的现代社会中，政府可以通过保护公民的住宅采光权实现对阳光的分配调节。然而，这种分配又是不完全的，任何公共政策都无法给阳光清晰地划定产权，使得一部分人拥有阳光，而另一部分人却没有。同样，公共政策在调节公共资源时，不但影响私人资源的配置，有时甚至直接配置私人资源。这在专制国家和战时政府体制中曾屡见不鲜。不过在现代市场经济国家，私人资源和公共资源的配置应该加以分开。私人资源一般由私人通过市场机制来配置，公共资源由国家通过政策机制来配置。

政府行政过程对资源的提供和调节包括公共资源的生产、交换、分配和消费。公共资源的生产是资源提供的前提。比如政府通过直接投资、国家控股等政策，直接创造公共物品和公共服务，这种公共政策的生产功能在政府主导型的后发展国家尤为突出。有人将政策本身当作一种资源，甚至是“元资源”，认为政府的功能就是生产和提供这种“元资源”。政府还要遵循比较优势原则，通过谈判和执行政府间的各种协议，互相交换各种资源。对政策的资源分配机制，人们的感受更加深切，像物价政策、货币政策、工资政策、税收政策、地区倾斜和产业倾斜等政策优惠都是政府通过政策对公共资源的分配调节。政策对资源消费的调节既有直接的，也有间接的。通过制定扩大内需等政策、鼓励民众消费社会资源就是直接的，而上述的分配政策就是间接地调节消费。

（六）规范性

政府行政过程的本质特征从外在表现来看，体现为一系列公共政策的制定和执行。任何一项政策，都规定社会中某一部分或全部成员的行为方向和准则，告诉人们怎样活动、遵循什么路线、达到什么目标，应该做什么、不应该做什么，提倡做什么、禁止做什么，有什么利益、受什么惩罚。

政策的规范性不同于道德的规范性、习惯的规范性。道德的规范诉诸人们的良心自省和道德自律。习惯的规范诉诸人们的下意识甚至无意识。政策的规范性则依赖于其自身的权威性乃至强制性。公共政策的权威性是指作为对社会、团体、个人行为的规范和指导，政策必须得到所涉对象的认可、接受，不管是出于自愿还是被迫；否则，政策就没有约束力，难以取得所期望的效果。政策权威性的取得，或是经过特定的法律程序，或是依据一套习惯性程序，或是遵照领袖人物的指示。许多时候，一项政策并不总是符合所有人的利益，有时甚至需要部分对象为了全体的利益做出牺牲。这种政策的实施对于那些非自愿做出牺牲的对象而言,就具有了强制性。政策的强制性往往同一些惩罚性的措施相联系,若缺乏惩罚性措施,有些政策就会失去其权威性,无法贯彻执行。当然,为了维护政策的权威性而使用的强制措施是有限度的,如果政策过分损害了大部分人的利益,则可能招致大部分人的抵制而导致政策执行者和相对人之间的紧张关系或冲突,政策也就失去了权威性。

第二节　英国政府行政过程

英国是一个议会内阁制国家,内阁对议会负责,内阁是政府的核心,决定着英国的内政外交政策,在政府决策上实行内阁集体合议制。英国首相是英国权力最大的人物,他身兼政府首脑、议会党团领袖和多数党领袖以及执政党党魁数职,实际上成为最高决策者。英国责任内阁制实质上又是"政党内阁制",政党对政府行政影响深远。鉴于内阁、首相、议会以及政党在英国政府行政过程中的重要性,本节主要以这几个行动主体为主,同时兼顾智库、利益集团,以此来理解英国政府行政过程。

一、内阁与首相处于核心地位

内阁是英国行政管理机构和行政决策制定的中枢。虽然内阁在法律上并不是最高的行政机构,但实际上却掌握着英国的最高行政权,制定和执行一切重大决策,是政府行政过程的核心。内阁的主要职权体现在决策、行政控制、协调和划分权限三个方面。

(一)决策

内阁作为中央行政机构范围内的最高决策机关,对政治方面的重要问题进行讨论并做出决定。其中:有些是以例行公事的方式上报内阁的,比如财政大臣的预算草案,涉及外交与联邦事务的重大问题和所有的白皮书均会自动上报内阁;而另一些涉及部门的重要政策,通常也要由部门主管或首相做出决定提交内阁讨论。此外,内阁还要对各个部门为了列入政府的立法计划而提出的议案做出最终决定。由于内阁提出的立法议案多数会被议会通过,因而,内阁通常不仅是行政政策的最后决定者,而且也是公共政策和立法的主要决定者。

(二)行政控制

这主要是指内阁对行政承担主要责任。内阁做出决定后,由各个部门负责具体实施。对于执行过程中出现的重大问题,内阁要及时进行讨论。内阁还可以授权内阁委员会对行政工作的执行情况进行监督和控制。

(三)协调和划分权限

内阁对中央行政机构范围的协调承担主要责任。协调包括对各种决定的协调和对各种活动的协调。前者主要是指对决策工作的协调,这种协调既有预防性的,又有战略性的;后者主要是指对行政活动的协调,这种协调同样有预防性协调和战略性协调两个方面。无论是哪一种协调,内阁在协调过程中都必须坚持既要避免矛盾又要解决矛盾的原则。关于划分权限,主要是指内阁负责解决部门之间的有关权限的争端,充当"最高法院"的角色。

除此以外,内阁还行使"非常权力",根据1920年的《紧急状态法》,内阁有权在"正常物质生活受到威胁"的情况下,宣布全国处于"紧急状态",采取各种"紧急行动"。

内阁实行集体负责制,重大决策皆由内阁集体作出,内阁会议由首相主持,全体阁员参加。内阁办公厅是英国内阁的办事机构,设有内阁秘书处、中央统计局、人事管理局、历史档案馆等机构。内阁办公厅是行政机构的总协调者,甚至可以说是英国政府的神经中枢,办公厅由内阁秘书长领导。内阁委员会是负责处理内阁经常性事务的机构,由于内阁本身的负担变得过重,内阁委员会逐渐成为一种制度。内阁委员会的作用和职权越来越大,成为政府行政决策制定的重要行动主体。

如果说内阁是英国政府的核心,那么首相则是这个核心机构的核心。英国首相身兼政府首脑、议会领袖和政党党魁数职,几乎无所不能,成为英国名副其实的最高决策者和领导者。首相的权力来自宪法惯例。英国官方手册介绍:"首相的任务是:向英王报告政府工作概况,主持内阁会议,对各部进行总的指导,解决各部之间的争端以及批准各部不需提交内阁讨论的重大决定。首相在下院中就最重要的问题为政府辩护,并答复下院对政府一般行政所提出的质问。"具体来说,首相的主要权力有:

一是掌握最高决策权。一切内政外交方面的重大决策都由首相最终决定。所有重大议案在提交下院讨论之前都要由首相过目;重要的决策最终都要首相拍板定案,其他人未经首相授权不得擅自决断;各部所制定的政策必须经由首相同意才能实施等。

二是掌握人事任命权。首相有权任命阁员和所有政府成员,有权重组内阁。如英国首相布朗上台之后,就完成了内阁重组,改组了贸易与工业部等机构设置,并增设了住房部长等职位,教育、住房以及医疗和宪法改革等成为布朗政府内政的重点,对外援助以及非洲和亚洲等地区事务则成为其政府重头戏。

三是掌控内阁。首相对内阁享有绝对的控制权,主持内阁会议,决定内阁议事日程,最后的决议以首相的意见为准。

四是掌握政府财政权。英国的国家预算几乎由首相和财政大臣两人决定。通常由财政部主管预算编制,而首相负责决策,其他内阁大臣无权过问。

此外,首相还有权决定何时解散议会、提前大选,有权宣布"紧急状态"等。

二、议会对政府行政的监督

英国作为实行内阁制的国家，其政府和内阁对议会负有政治责任。因此，议会当然有监督政府行政的职能和权力。议会对政府行政的监督权主要体现在提出质询、进行调查、推行辩论、批准立法、提出不信任案等方面。

（一）提出质询

质询是指议会就某一事件以书面或口头形式向行政机关及其公职人员提出质问和询问，要求答复，它发轫于18世纪末。目前英国议会对质询的规范是：议会开会期间的星期一至星期四下午2:30至3:30，是议员就政府工作向大臣提出质询的时间；每个议员口头质询问题每天最多不超过3个，书面质询问题的数量不限；星期一至星期四每天开会的头一个小时为大臣们轮流答询的时间，首相在星期二和星期四下午3:15有一刻钟的专用答询时间。为了让政府做好准备，议会必须在48小时前将所提问题送交有关大臣。19世纪中叶，议会每年只提出200～300个问题；19世纪末猛增到4000～5000个；而20世纪60年代以来，每天提出的问题就达300个左右。面对如此众多的答询，政府大臣往往挑选几个无关痛痒的问题大作表面文章，而对实质性问题却有意回避。可见，质询对政府行政的影响并不是强有力的。

（二）进行调查

英国议会中设有查弊专员，亦称"行政监察专员"。查弊专员由首相推荐、英王任命，终身任职。查弊专员向议会负责，并受下院的选择委员会的支持、协助和监督。查弊专员对政府官员在执行政策过程中表现出来的无能、无效、失信、失职、滥用权力、堕落腐化等行为进行调查。当然，查弊专员在发现弊政后，既无法律授权纠正弊政，又不能对弊政责任者提出起诉，查弊的范围还受到局限（如不得审查大臣的决策意图、不能调查涉及人事问题的弊政、不能与公民直接接触等），因此，查弊方式对政府行政所发挥的监督作用比较有限。

（三）推行辩论

按惯例，英国议会在每次会期开始、英王演说后进行6～8天的辩论。议员可对政府公共政策进行辩论。此外，从星期一至星期五，每天会议的公共事务结束后，议员可以动议休会举行辩论。辩论的时间可延长到晚上10:30。为使有关大臣届时出席辩论，议会得事先通知。在辩论中，议员可对政府政策的细节展开争论，或提出各选区的问题。应当指出，辩论不同于质询，质询不能直接转变为辩论。议员如对质询的答复不满意，则可提出动议，将质询改为辩论。如动议成立，便在议会进行辩论，以此向政府施加压力。

（四）批准立法

政府的预算案和其他法律草案均需议会批准。没有议会的批准，便不能成为法律。

（五）提出不信任案

一些英国学者和政治家认为，对政府提出不信任案是使政府接受议会监督的最为有效的方式。根据英国的内阁责任制，内阁必须得到议会下院的支持和信任。如果下院对政府不信任，则可以提出不信任议案；如果该议案获得通过，内阁应当总辞职。然而，1867 年以来，除 1924 年麦克唐纳因此辞职外，还没有发生过上述情况。

三、政党对政府行政的重要影响

英国内阁是由下院选举中获胜的多数党或政党联盟来组阁的，内阁首相通常由执政党的党魁来兼任，政党、议会与内阁之间复杂的权力关系，使得政党成为英国政府行政过程中不可小觑的行动主体。

政党是近代民主政治的产物，几乎所有政党都有两种功能，一是利益表达，二是推行或实施政党的政策主张。政党是联系政府和社会的纽带，就其对政府行政的影响而言，主要体现在以下几个方面：一是选举获胜成为执政党掌控政府，成为行政决策主体；二是进行社会动员，整合社会利益，影响政府行政的价值选择，并通过沟通公众与公权之间的关系来践履决策目标；三是政党的执政理念、执政方式或党魁的素质影响政府行政的进程和方向。

英国是现代政党政治的发源地，是典型的两党制国家。虽然英国国内实际上的政党数目不止两个，但长期以来都是保守党和工党通过选举轮流执政，影响政府行政过程。随着保守党和工党的轮流坐庄，英国的政府行政取向也发生相应的变化，所制定和实施的公共政策也各具特色。

以英国两党执政历史为例，可以看出政党对政府行政过程的影响。第二次世界大战后，工党在 1947 年 5 月大选中取得了压倒性胜利，获得 393 个下议院席，而保守党仅获得 213 票。工党执政后，转变了英国政府的行政方向，从保守党侧重经济和外交、鼓励出口以及在国际事务的强硬立场，转向体恤民情、组织社会生活、以“社会主义计划和高效率”来保证高薪和充分就业。对于百废待兴的战后英国来说，这种决策选择无疑是一件好事，它让人民获得了补偿与休息。工党政府执政之后，将其国有化和建设福利国家的决策目标付诸实施。1946 年，工党政府连续出台了《国民保险法》和《国民保健法》，为福利国家打下了基石。

但是，随着 1975 年撒切尔当选首相，英国政府的决策重点和行政理念发生变化。撒切尔政府反对凯恩斯主义，抨击福利国家政策，主张重新界定国家与市场的关系。面对存在的问题，撒切尔所领导的保守党政府作出了新的决策，试图拆散福利国家，收缩国家对经济的干预，以有利于市场机制下的个人和企业的发展。1997 年工党在大选中胜出，英国政府行政又有了新的变化。围绕着“实现现代化”的大目标，布莱尔领导的工党政府对宪政改革、宏观经济政策、社会保障制度改革和外交目标等，都有了新的决断。在宏观经济上，布莱尔政府决定下放决策权限，调整工业关系；采取从紧、灵活的财政政策；进行社会保障制度改革，把自由市场经济同基本的社会保障结合起来，强调在市场经济的范围内实现公平、机会均等和照顾社会弱者。布莱尔领导的工党政府还试图以“社会投资国家”来改变传统的福利国家模式，等等。

工党和保守党轮流执政而导致的政府政策变迁说明，任何一个政党在议会选举中获胜之后，都会制定出不同的行政决策来维护本党的利益。政党是一种制度化的组织，政党与社会团体或利益集团的最大不同之处在于，政党的各项活动是直指政权的，并希望通过行使公权力而作出有利于本党利益的决策。尤其在英国，执政党的领袖往往又是最高的行政首长，是最高的决策者，所有这些都表明政党在英国政府行政过程中是一个不可小觑的行动主体。

四、智库的作用

如果我们把政府行政决策的主体比喻为内脑，那么各种类型的智库则可称为外脑。外脑包括官方半官方智库、政党型智库、大学附属型智库以及许许多多的民间智库。这些智库是政府行政决策的社会行动主体，虽然它们一般不能直接制定决策，但它们是民间组织或大学机构影响政府行政决策的一个管道，是政府行政决策的第二圈参与者，对政府行政决策具有巨大的影响。智库进行决策咨询的最终目标在于帮助服务对象改进决策水平，提高决策质量。作为行政决策制定的第二轨道，各式各样外脑的职责不是传播或散发政府已经作出的决策，而是通过对不同观点的交汇与辩论，另辟蹊径，为政府决策献计献策。

在英国，有众多的智库服务于政府行政决策，从而成为政府行政决策的社会行动主体。独立的、非营利性的智库在英国已经有上百年的历史，早在 1884 年就已建立的费边社就是著名的智库。20 世纪 90 年代以来，智库在英国越发活跃。这些智库为英国政府的行政决策提供了智力和信息支持。不过，比较特别的是，英国的智库党派属性比较突出，这是与英国的政党政治和议会政治分不开的。

依据不同的划分标准，英国社会有不同的智库，它们分散在政治、经济和外交等不同领域。如从研究领域来分，有政治类、经济类和外交类智库。公共政策研究会就是政治倾向比较显著的智库；英国经济学家智囊团（EIU）、经济事务研究会等则是经济类的智库；欧洲改革中心致力于改善欧盟，显然是外交型的智库。再比如从隶属性上看，可分为政府型（中央政府和地方政府）、政党型、独立型（含个人）智库。前者如外交政策中心，是由当时的首相布莱尔一手组建的；中间的如 Localis 论坛；市民社会研究所则属于独立型智库。而从政党属性来看，智库可分为中右派的智库、中左派的智库以及其他。

各式各样的智库在英国政府行政决策中扮演了重要的角色。如 Localis 论坛建立的目的就是力图为广泛的公共政策问题提供一个跨党派论坛，其活动范围囊括运输、教育、社会服务以及环境等地方政府政策的方方面面。Politeia 论坛亦是如此，它平均每年大概要出版 10 本有关社会和经济政策的小册子，内容涉及就业、养老保险、健康以及教育等多个政策领域。成立于 1988 年的公共政策研究会是最大也是最有影响的中左派智库，它因与工党有着千丝万缕的联系而被称为“粉红色智库”。

简而言之，英国智库是中央政府与地方政府之间，不同政党之间，国家、公民社会与世界各国之间的桥梁，是政府政策宣传的重要工具。向政府提供建议是智库最显著的功能。智库作为一种沟通国家(政府)与公民、英国与世界的工具，可以直接影响政府决策者的思想，同时也以一种更为温和的方式帮助政府决策者形成新思想、新决策。

五、利益集团的影响

利益集团(interest group)又称压力集团或院外活动集团，其主要社会功能是在政府行政过程中通过意见表达的方式参与国家机关的行政决策、执行与监督等。利益集团影响政府行政的形式方法是多种多样的，如个人联系、接近决策核心人物、培养代理人、直接进入政策制定机构以及通过政党渠道等。在一般情况下，是通过本团体的代表人物在各种代表机构中就某个政策问题向政府进行利益表达，提出建议或提案，或者通过社会新闻舆论等阐述自己的观点和见解，力图向政府游说或施加压力等。在某种特殊或紧急情况下，也可能由一个团体单独或几个团体联合向政府施加某种压力。为了发挥更大的能量影响政府行政过程，美国社会的利益集团有联盟化趋势。大型的企业集团或者一些特殊利益集团往往会借助自己雄厚的实力，通过向政府输入代理人或通过捐赠方式支持总统选举，以此影响未来的政府行政过程。而一些工会组织、公共利益集团等更多是采取游说政府的方式，向政府施压，以期影响政府决策。

在英国，利益集团被看作“政府的必需品”，英国前首相丘吉尔也把它比喻为“王国的财富”。与美国利益集团的较长历史不同，英国的利益集团在 20 世纪后期才逐渐勃兴，并在政府行政中占据一席之地。作为非正式组织，英国利益集团的性质和功能与其他国家的利益集团没有多少差异。这些利益集团都是秉持一定目的和立场，向政府行政过程中的政府主要行动者施加影响和压力，以期改变政府的决定或政策。当然，利益集团不总是扮演“黑包公”的角色，它们也为政府及其主要决策制定者提供信息和建议，从而使得这些主要行动主体能够更好地面对日益复杂的行政环境。

虽然利益集团在英国的兴起是晚近的事情，但利益集团的活动可追溯到 18 世纪下半叶。“废除奴隶贸易促进会”的民众组织早在 1787 年就出现在英国，该组织为在英废除奴隶贸易制度进行了长期不懈的斗争，并在 1807 年终于实现其目标。19 世纪诞生的工会组织，一直帮助工人为改善自身劳动环境与生活条件进行不懈的斗争，由此又建立工党，并且一直对政府和主要政党的决策制定施加影响。至今，利益集团在英国逐步壮大，经历了“从小到大、由偏到全”的发展过程。比如“伦敦大地之友组织”，20 世纪 70 年代还不足千人，且活动仅限于伦敦地区，现在其成员已逾百万，而且组织遍及全英，名称也随之改为“大地之友”。再比如“土地所有者”，也成为一支力量强大的利益集团，其成员达220万人，而“全国观众与听众协会”成员有18.3万人。

英国利益集团发展速度之快、数量之多既是情理之中，又是意料之外的，其活动范围涉及政治、经济、环境卫生、医疗救济、文化教育、国际关系等内政外交的方方面面。各种各样的利益集团活跃在英国社会，如大地之友、绿色和平、皇家鸟类保护协会、全国农场主联合会、土地所有者、国民托管组织、合作监管、世界发展运动、争取残疾人权利组织、反转基因种植、反克隆人、反毒品利益组织以及反同性恋利益组织、反禁止堕胎利益组织等，不胜枚举。

作为不可或缺的社会行动主体，利益集团在英国政府行政过程中的主要作用是输入要求，为政府提供信息、报告和必要的建议。许多政府行政事务由于有了利益集团的协助与配合而进展顺利。如在经济事务中，拥有约1160万名会员的职工大会（TUC）一直影响着政府经济决策。许多利益集团由于对政府的一些决定不满而转向抵制政府决策，常常会极力促使政府改变决定。如1981年由于保守党政府提供的财政开支减少，英国国家煤矿局决定关闭一些无法盈利的矿井，遭到全国矿工同盟的反对。迫于压力，政府不得不改变政策，增加了2亿英镑的政府支出，以继续维持原定关闭的矿井。再比如，1970年上台的希思政府坚持改革工会的立场，不顾工会反对制定了一项新的劳资关系法，结果在1972年1月引发了一场尖锐的劳资纠纷：英国28万名煤矿工人罢工，要求提高工资。这场罢工持续了近一个月，最终以政府的妥协告终。而1973年，希思政府又在推行反通货膨胀问题的政策上与工会发生冲突，导致了保守党在1974年大选中的败北。

通过各种利益集团，政府和决策官员们能够及时捕获信息、了解动态、获取公众对政府行政的各种反馈，并可借助利益集团完成政府行政过程中的某些困难目标。当然，输入政府行政系统的压力不能过于强大，以防出现“输入超载”现象或者出现“过分容量的压力”，可能破坏政府行政中枢的决策能力。

第三节　美国政府行政过程

美国是总统制国家，其自由主义的氛围、政府架构、权力结构以及社团制度等，都影响到其政府行政过程。就行动主体而言，美国总统、行政机构、国会、智库、利益集团等，都是决定或影响美国政府行政的要素。本节主要通过对这几个行动主体的分析来理解美国政府行政过程。

一、总统具有最高行政决策权

美国是一个总统制国家，总统既是国家元首又是政府首脑，美国宪法虽然没有明文规定总统为国家元首，但宪法实际上赋予了总统作为国家元首的一些权力。如美国宪法

第2条第1款规定,总统有权"颁赐缓刑和特赦""缔结条约""接见大使和公使""任命大使、公使及领事、最高法院的法官,以及一切其他在本宪法中未经明定但以后将依法律的规定而设置之合众国官员"等。

美国总统的行政权力则是宪法明确规定的。宪法第2条第1款规定:"行政权赋予美利坚合众国总统。"这一规定使得美国总统行使行政权有了法理依据,确保了总统在内政与外交决策中拥有至上权威,主要表现在:

一是从内政事务上看,美国总统作为行政机构负责人和主要管理者,拥有任免官员权、赦免权、否决权、立法倡议权、发布行政命令、宣布紧急状态、编制预算、召开特别会议或下令国会休会、国内使用武力权等。

根据美国宪法第2条第2款之规定,总统提名并经咨询参议院和取得其同意,有权任命大使、公使和领事、最高法院法官和任命手续未由本宪法另行规定而应由法律规定的合众国所有其他官员。大约有2000个职位由总统任命,直接接受总统的领导,这些人构成了行政机构的政策负责人,是决策制定的高级官员。对于低级官员的任命权,国会认为适当时,可通过法律将此项权力授予总统;总统还有权委任人员填补在参议院休会期间可能出现的官员缺额。对于免职权,美国宪法虽然没有明确规定,但1926年联邦最高法院裁决总统的任命权中包含免职权,这一裁决至今有效。不过这种免职权不是无限的,只适用于由总统任命的纯粹政治性的官员。

宪法规定美国总统有立法否决权和倡议权。依据宪法第1条第7款,凡是需要由参议院和众议院一致同意的每项命令、决议或表决(关于休会问题除外),须送交总统批准后方可生效。如总统不批准,则应将该议案同其反对意见退回最初提出该议案的议院。任何议案在送交总统后10天内(星期日除外)未经总统退回,该议案如同总统已签署一样,即成为法律,除非因国会休会而使该议案不能退回,在此种情况下,该议案不能成为法,这些就是所谓的否决权。总统还有立法倡议权。依据宪法第2条第3款,总统可以向国会提出他认为必要和妥善的措施供国会审议。但宪法第1条第1款规定国会自己就可以制定法律,这也就意味着国会也可以不接受总统的立法倡议。

"负责使法律切实执行"也是宪法规定的总统权力。为了执行法律,总统有权颁布具有法律效力的各种行政命令。总统作为行政首脑可以协同各行政机构的负责人颁布行政命令,修改规章制度。与此同时,随着国会将越来越多委托立法权授予总统,总统借用委托立法权,发布大量的行政命令,尤其是在面临重大事变或突发事件时,总统可以采取紧急措施,作出决断,发布命令。不过这种权力不是来自宪法规定,而是来自传统惯例,它受到国会的制约。

总的说来,美国总统在内政上有着广泛的权力,尤其随着行政权力的膨胀,作为行政部门的负责人和执法者,总统制定决策的权力越来越大。

二是从外交事务上看,总统实际上已然成为美国外交政策的决策者和主导者。美国宪法规定,总统为合众国陆海军的总司令,而且随着19世纪美国武装力量的增长,总统外交权力也随之增长。这主要表现为:总统有权缔结条约,任命大使或派出驻外使节,接见来使,承认外国政府等;总统还掌握和控制着大量的情报人员,拥有发动战争的权力。简而言之,总统有权决定是否宣战、缔约、任命或接见使节等。

在外交决策上,总统与国会之间的权力之争一直没有消停过,但总统作为最为重要的行动主体,在外交决策过程中逐渐占据主导地位。依据美国宪法,须经过 2/3 参议员投票赞同,总统才能缔结条约和任命大使,但总统可以通过签订行政协定代替缔结条约,从而摆脱国会的制约。行政协定不需要参议院批准即能生效,且与条约的法律效力没有什么区别,所以美国总统越来越多地使用行政协定代替条约,而且在行政协定数量上大大超过条约。

宣战权本来属于国会,但总统往往越过国会不宣而战。200 多年来,美国与外国发生过 150 多次战争,其中只有 6 次(包括 1991 年的海湾战争)是经过美国国会宣战的,其余都是美国总统不宣而战。在战争和紧急情况下,经国会授权,美国总统还可拥有更大的权力。据有关统计数字, 1948—1972 年,美国总统在外交和防务政策方面拥有 70% 的决定权,而 1986 年的数字显示,美国总统在外交方面的政策要求,65% 以上都能得到国会支持而得以实现。

历史传统和众多事例都已表明,美国总统在制定对外政策和处理外交事务中长期处于支配地位。在变幻莫测的国际形势中,美国总统借助庞大的情报系统和决策团队,能够及时从众多可供选择方案中作出外交抉择。

二、行政机构是政府行政的主体

在美国,联邦行政机构是总统的助手,行政机构只对总统负责。美国联邦行政机构包括总统办事机构、联邦政府各部以及一些独立机构,这些行政部门都接受总统的行政领导,它们构成了美国政府行政的主体。

(一)总统办事机构

总统办事机构是美国总统的助手和顾问班子,由总统的亲信、顾问、专家学者和行政人员组成,在各个方面辅佐与协助总统,是政府行政的行动主体之一。总统办事机构成立于 1939 年,美国罗斯福总统执政时期根据国会的有关法律设立了这个机构。大部分总统办事机构代表总统进行政策性领导工作。其中比较重要的有白宫办公厅、行政管理和预算局、国内政策委员会、国家安全委员会、中央情报局、经济顾问委员会、美国贸易代表办公室等。

白宫办公厅是美国总统办事机构的中枢,是总统处理日常工作的办事机构。它负责汇总情况、拟订方案,以备总统决策,因此通常被称为"小内阁"。办公厅由总统顾问、正副主任、总统助理等人员组成,其主要人员为总统的幕僚和亲信。白宫办公厅班子成员由总统任命,无须参议院批准,他们在政府行政过程中的地位常常超越了内阁各部长。

行政管理和预算局既是总统编制和审核预算的助手,又是总统了解政府各部门活动情况的耳目。行政管理和预算局是1970年尼克松总统根据第2号改组计划建立起来的,其前身是1921年成立的预算局。该局在财政方面处于极其要害的地位,它通过监督开支来控制和协调政府活动,因此成了总统协调政府活动、提高行政效率、控制财政计划的重要工具。它除了拥有制订和执行联邦政府年度预算、监控政府预算及执行、协调国内政策和计划的贯彻执行等职能之外,还有协助总统指导、改进和整顿政府行政管理等职能,几乎成为总统政府行政过程中可资利用的最为权威的协调机构。

国内政策委员会是国内事务的决策机构,曾被命名为"国内事务委员会""政策发展研究室"等。国内政策委员会主要职责是协助总统制定、协调和实施经济和国内政策。

国家安全委员会是根据1947年国家安全法而建立的,1949年划归总统办事机构。它不是真正意义上的决策机构,其基本职能是就国家安全事务向总统提出建议,协助总统协调政策和统筹政策的执行,与国务卿密切合作,协助总统制定长期的外交政策等。不过,国家安全委员会自己虽然不能制定政策,但作为总统的顾问,通过为总统提供情报和建议,实际上在美国军事和外交最高决策中发挥了不可低估的作用,因而甚至被人称为"国防内阁"。

中央情报局名义上隶属于国家安全委员会,是美国最大的情报机构。该局的主要任务是公开或秘密地收集情报,分析和评估情报,为国家安全委员会提供咨询意见。

经济顾问委员会成立于1946年,通常由3名著名经济学家组成,由总统任命,参议院批准,其主要职责是进行经济统计,为总统决策提供可靠的数据依据;分析国民经济发展状况,及时向总统汇报;评估联邦政府的经济项目和政策,预测未来经济的发展趋势,向总统提出政策性建议以及为总统起草在国会作的年度经济报告;等等。总之是为总统出谋划策,以此辅助总统制定出高水平的能够促进充分就业、提高生产力和购买力的良策。

美国贸易代表办公室全面负责制定和执行外贸政策,协助总统处理有关国际贸易协定、贸易障碍与纠纷,参与国际商贸谈判等。美国贸易代表办公室由美国贸易代表领导,贸易代表是大使衔的内阁成员,办公室还配备了3名大使衔的副代表。

(二)总统内阁(联邦政府各部)

美国总统领导的行政部门分为两部分:总统办事机构和联邦政府各部。联邦政府各部组成了总统顾问智囊团,通称"总统内阁"。比较重要的部有:国务院、财政部、国防部、司法部、商务部、能源部、内政部、农业部、教育部、运输部、劳工部、卫生与公众服务部、退伍军人事务部、住房和城市发展部、国土安全部。

国务院的前身是外交部,是美国政府中成立时间最早、地位最高的内阁部,常被称为"美国内阁第一部",它与国防部、财政部等一起构成总统的"核心内阁"。国务院最高领导人是国务卿,其主要职责是主管外交事务,是总统外交政策的主要顾问机构,协助总统制定外交政策。

至今,美国内阁仍不是一个真正的集体决策机构。总统在作出重大决策时,有权召开内阁会议,听取内阁成员的意见,但政府内阁成员的任命、内阁成员的任期、内阁会议举行的时间等,都取决于总统个人的意志。有例子表明,在制定决策时总统完全压倒内阁,具有绝对的权力。例如,在林肯总统举行的一次内阁会议上,7 个阁员均反对林肯总统的意见,但是林肯坚持己见,会议结束时,林肯宣布:“7 票反对,1 票赞成,赞成占多数。”这表明内阁其实不是真正意义上的决策机构,而只是总统的顾问机构,但这并没有否认内阁在政府行政过程中的作用,内阁依然是政府行政过程中不可缺少的行动主体。

(三)独立机构

美国政府还设有大量的独立机构,它们几乎构成了政府的第四大机构。这些机构可分为行政管理机构、调控机构或法人机构等类型。独立机构是应美国政府管理经济事务之需而逐步兴起的,它协助政府处理许多繁杂的事务,做了许多政府不需要、不必要做的事。一直以来,独立机构在美国经济和社会生活中扮演了重要角色,成为美国政府结构中重要的一极,是政府行政过程不可忽视的行动主体。

这些独立机构都直属总统,据不完全统计,这类机构有数十个到上百个不等。主要的独立机构有:文官委员会、洲际商业委员、美国新闻署、军备控制与裁军署、联邦贸易委员会、退伍军人管理局、美国邮政总局、国家航空与宇宙航行局、核管制委员会、证券交易委员会、小企业管理局、国家科学基金会、联邦储备系统委员会、国家艺术和文学基金会等。

三、国会对政府行政的监督

美国作为“三权分立”的总统制国家,其国会、总统、联邦法院分别行使最高立法权、行政权和司法权,三者互相分工又互相制衡。因此,总统在政府行政事务上虽然无须向国会负责,但要受国会众参两院的制衡。国会主要通过行使立法权、财政权、调查权和弹劾权来影响和牵制政府行政过程。①

首先,从国会立法权的行使来看。在美国,任何行政机构的设立、分合和撤销,都是由国会立法决定的。比如,根据国会 1789 年 9 月 2 日的一项法案设立财政部,并规定财政部有 5 个职务,即部长、审计官、审计员、司库和登记员。国会虽然会授予总统改组机构的创议权,但却牢牢地执掌着对机构改组的控制权。

其次,从国会财政权的行使来看。总统所有的国内发展项目、外交活动和国内外军事行动,都依赖于国会的财政支持,而国会有效地控制着税收和拨款。因此,国会可以利用财政手段,干预或限制总统权力的行使。例如,1973 年 7 月 1 日国会通过的一项法律规定:从是年 8 月 15 日开始,对美军在北越、南越、老挝和柬埔寨的一切军事行动停止财

① 张定河:《美国政治制度的起源与演变》,中国社会科学出版社,1998,第 234—235 页。

政支持,结果美军的军事行动于 8 月 15 日全部停止。1975 年国会又拒绝总统提出的向土耳其提供援助的要求。

再次,从国会调查权的行使来看。在美国,国会可以利用调查权来制约总统及其行政机关。调查是由国会两院的常设委员会或特别委员会来进行的。委员会可以发出传票,对于不理会传票的任何人,国会以藐视国会罪交由司法部门提起刑事诉讼。调查的主要方式是举行国会听证会,要求接受有关政府官员、利益集团代表或个人的作证。由于听证会是公开进行的,因而,国会的调查听证会对总统及其政府官员的声誉能产生巨大的影响。例如,参议院一个特别委员会对总统竞选活动召开的电视听证会,曾使尼克松总统的声誉在美国人民当中丧失殆尽。此外,国会还可以雇用私人调查人员对行政机关进行调查。

最后,从国会弹劾权的行使来看。宪法规定,国会可以通过弹劾程序罢免总统。这是国会牵制总统的一种极具威慑力的手段。根据美国联邦宪法,对总统的弹劾由众议院提出,由参议院组织法庭对弹劾案进行审判(由联邦最高法院首席法官主持审判),判决须由出席参议员 2/3 多数票通过。如遭弹劾的总统被判有罪,惩罚仅限于其个人,且限于免除其职务并不得再出任合众国负有责任或领取报酬的任何职务。历史上,美国众议院弹劾过的总统有三位:第一位是美国内战之后的约翰逊总统,在 1866 年以一票之差被宣告无罪;第二位是尼克松总统,1974 年,他在因“水门事件”而面临国会弹劾起诉和审判的情况下被迫辞职;第三位就是 20 世纪 90 年代的克林顿总统,因“莱温斯基案”遭众议院弹劾,但在参议院的审判过程中幸免下台。

进入 20 世纪 70 年代,美国总统及其行政机关的权力急剧膨胀。面对这种情形,美国国会重申自己是与行政机关平等的国家权力机关。随后,国会调整了自己的一些做法,并重新规定了总统的某些做法,这使总统及其行政机关的官员受到更多的制约。这种举措得到了公众的广泛支持。民意测验表明,公众认为国会比总统和行政机关更注意公众意见。因此,伴随总统权力的扩大,国会对行政当局的干预和行政当局的反干预之争一直持续着。

四、智库的作用

总统是美国政府行政和行政决策的中枢,而智库则是行政决策的情报与咨询信息机构。在美国的立法和制定维护公共利益的决策方面,智库发挥着关键的作用。美国比较重要的智库有兰德公司、布鲁金斯研究所和外交关系协会。

兰德公司是在美国空军的敦促下于 1948 年设立的,其研究范围涉及国防、教育训练、保健、民刑法、劳工及人口、科技、社区发展、国际关系、区域研究等,属于半官方的智库。它所雇用的专家超过 500 人,美国政府为其提供大部分的研究经费。兰德公司设有国家安全研究部,下设三个以赞助者为主的研究中心——采购及科技政策中心、兵力资源政策中心、国际安全及国防政策中心。此外,它还设有中东政策中心、亚太政策中心、俄罗斯及欧洲中心,其中亚太政策中心以美国亚太政策、亚太政治经济、亚太人口教育及交通环境等为主要的关注点。兰德公司非常注重优化知识结构,而且十分重视优化智能结构和规模结构。公司有雇员近千人,其中500多名研究人员是各方面的专家,全部是大学本科以上学历,有博士学位的占40%,有硕士学位的占36%。按学科分类,兰德公司的专家学者有社会科学家、数学家、经济学家、工程技术专家、物理学家、计算机专家,以及法律、商业、教育、艺术、医学、政策分析、军事分析等方面的专家学者。兰德公司除拥有高素质的雇员外,还在各大学、研究机构中聘请了700余名有名望的教授和高级专家作为特级顾问和研究员。

布鲁金斯研究所成立于1927年,它的研究旨趣不仅包括外交政策研究,也包括经济研究和政府研究。在有关美国政府、政治运作,如竞选经费改革及其他相关机制的研究方面,已经相当有见地。在外交政策上,主要研究内容包括军备管制、区域安全、国防预算、危机处理、军事战略等。

外交关系协会创设于1921年,总部设在纽约,在华盛顿特区设有办公室,其会员有3300名,大部分来自纽约市与华盛顿特区及其他美国城市。外交关系协会党派色彩不明显,但深具影响力,是美国名流政客与各国领袖经常举行演讲的场所。

其他比较重要的智库还有战略暨国际研究中心、美国企业研究所、美国大西洋理事会、传统基金会、美国和平研究所、卡内基国际和平基金会、美国外交政策全国委员会、哥伦比亚大学东亚研究所、哈佛大学国际事务中心等。

以上各种智库,本质上就是专家组织,它们为专家介入政府行政过程提供了组织机构或者说提供了载体。智库最终还是要依靠专家们的才能发挥作用。所谓专家,就是在某一个领域掌握专业知识或具有专业技能的高层次人才。在现代社会,由于政府行政对象日益专业化、技术化,政府行政环境日益复杂化,光靠行政组织和行政人员自身是远远不够的,而专家们可以利用自己的专长,介入行政活动,从而为政府行政注入新的活力与动力,增加政府行政的科学性、实用性和适用性,提高政府行政的前瞻性和效率。介入政府行政的专家大致可以分为技术专家或行政专家、工程专家或管理专家、政府专家或民间专家等。

五、利益集团的影响

美国集团理论第一人亚瑟·本特利指出,美国社会是一个"由集团组成的综合体",倘若美国社会将集团现象排除在外,便无所谓的政治现象,在美国,只有当集团被充分阐述之后,其他一切才能够得以解释清楚;政府行为也是利益集团作用的结果,政府行政决策是不同利益集团在政府内外相互影响和斗争的结果。继本特利之后,美国研究利益集团政治的著名学者戴维·杜鲁门也指出,美国政治和政府是不同利益集团之间相互作用和讨价还价的复杂的结合物,利益集团所形成的公共领域使各种不同的集团具有多个途径进入政府决策系统,最终产生一种稳定的、理想的决策机制。美国宪法第一修正案中也规定:"公民有和平集会和向政府申诉以纠正不公正的权利。"这为利益集团在美国的兴起提供了合法性依据,而1946年美国联邦法院又制定了专门管理压力集团院外活动的较为全面的法律,即《联邦院外活动管理法》。

利益集团之所以是政府行政过程的重要行动主体,是因为政府行政过程中需要了解大量的信息,需要输入要求,行政官员只有在充分了解各种诉求和信息之后,才能输出合理的公共政策。利益集团恰好能够担此重任,它是人们集合利益诉求并向政府表达利益诉求的组织渠道,也是政府向公众个人解释问题的渠道。无论是福利政策、经济政策还是军事政策,一句话,美国内政外交决策的制定等都深受利益集团的影响。例如,克林顿因为美国退休人员协会(AARP)反对削减医疗福利,而否决了共和党人于1995年提出的相关法案。再比如,代表美国知识产权行业的国际知识产权联盟(IIPA)从20世纪90年代中期开始,一直是力压中国、保护美国在华知识产权的首要利益集团,在美国知识产权政策制定中有着重要的影响。

在美国,对政府行政过程有影响的利益团体有很多,据统计,1983年美国有17644个全国性利益集团,60%以上的美国成年人至少参加一个社团。据《华盛顿观察》2002年11月公布的统计数字:大概有3000个利益集团集中在税收政策领域;700个利益集团关注预算问题;400个利益集团希望影响美国公共医疗政策问题;2000多个利益集团集中在对外贸易领域;近1900个利益集团集中在环保领域;305个利益集团集中在种族问题上;605个利益集团集中在国际关系上;499个利益集团聚焦在移民政策上。若对美国利益集团进行归类,可大致归类如下:

一是企业界利益集团,如全美商会、全国制造业协会、企业界圆桌会议等;二是劳工利益集团,如美国劳工联合会—产业工会联合会、联合汽车工人工会、联合矿业工人工会和货车司机工会等;三是农业界利益集团,如美国农业社联合会、全国农场主联合会、全国农场主组织、美国农业运动、全国农民协进会、制奶协会、全国毛织品协会、全美畜牧协会等;四是妇女利益集团,如妇女选民联盟、全国妇女组织、妇女平等权利行动联盟和美国妇女政治核心等;五是公共利益集团,如环境保护组织、山岭俱乐部、全国公园和自然资源保护协会、消费者组织、和平与军备问题组织、民权与贫困问题组织等;六是专业利益集团,如美国医学协会、全美律师协会、全国教育协会、美国教员联合会;七是少数民族或外来游说集团,前者如全国有色人种协进会、美国以色列公共事务委员会和美国主要犹太人组织主席会议,后者如以色列在美的院外游说集团等;八是单一问题集团或代表其他利益的集团,如外国利益集团、老年人集团等。此外,还有一些特殊利益集团,如洛克希德马丁、波音、雷神、通用动力等军火利益集团,雪佛龙、埃克森美孚、洛克菲勒等石油利益集团等。

一句话,在美国,利益集团无所不在。在某种程度上,我们甚至可以说美国政府行政过程实质上就是各种利益集团相互博弈的过程。需要指出的是,各利益集团的力量及影响并不是均衡的。一般而言,成员人数众多、财力雄厚、社会地位高、地理分布广,成员之间有凝聚力,领导者能力强的利益集团的力量较强,影响较大;反之则力量和影响都较小。当然,一个利益集团的力量不论多么强大,对政府行政的影响也不是无限度的,并不总是能如愿以偿,或使政府完全接受其要求。

第四节　法国政府行政过程

法国是一个总统—内阁混合制国家,通常也被称为“半总统制”国家。在这种体制下,总统是国家权力中心,也是政府行政决策制定的中心。总理是政府首脑,但由总统任命。总统只对宪法负责而总理要对议会负责,总统定夺重大决策,但是一旦政府受到议会弹劾,则由总理承担一切责任。总统、总理(政府)和议会之间的复杂关系,使得它们都成为法国政府行政过程中非常重要的行动主体。与此同时,众多的智库、利益集团也是值得关注的行动主体,虽然它们不是政府行政过程的主导者,但至少是其中重要的参与者。

一、总统的权力

在政府行政方面,法国总统具有美国总统和英国首相所拥有的权限,但却无须承担任何责任。对于总统的权限,法国第五共和国宪法作出了具体规定。根据宪法第 5 条,法国“共和国总统监督对宪法的遵守。总统进行仲裁以保证国家权力的正常行使和国家的持续性。总统是国家独立、领土完整和遵守共同协议与条约的保证人”。宪法第 5 条明确规定了总统是仲裁者和保证人,拥有至尊的地位。此外,根据宪法其他规定,法国总统还有很多其他权力:

一是任免总理,组成政府,根据总理建议任免政府的文职人员、军职人员、驻外使节、法官审计、大学校长等其他成员,这标志着总统权力的扩大和议会权力的弱化。

二是主持内阁会议。宪法第 9 条规定:“共和国总统主持内阁会议。”法国最高层次的行政决策是由总统主持下的内阁会议来决定的。内阁会议由总统召集和主持,出席内阁会议的通常有总理、全体部长、总统的总秘书长,内阁会议讨论和决定政府的各项重大方针政策,听取部长们的工作汇报,讨论和通过准备向议会提出的法律草案,以及讨论批准“限制性部长会议”或“部际委员会”会议的决议。但是由于内阁会议不采用投票表决的方法决定待议事项,所以事实上最终决断权属于总统。

三是解散国民议会。宪法规定,总统在征询总理和议会两院议长意见后可宣布解散议会。宪法赋予总统的这种权力,成为总统平息议会中反对派的有力武器,也成为政府稳定运行的有力保证。

四是签署法令,颁布法律,发布咨文。内阁会议通过的法令均需总统签署才能生效,但总统对决议不负政治上的责任。对于紧急立法和重大决策,总统可以通过咨文形式向议会提出。总统用咨文决定政策,已经成为总统立法创议的一种方式。

五是军事权、外交权、司法权以及宣布紧急状态的非常权力等。宪法规定:法国总统是军队的最高统帅,主持最高国防会议和国防委员会;任命驻外使节,接受外国大使和特使,缔结并批准条约;保证司法独立,拥有特赦权等。

总统—内阁混合制的制度设计,赋予了法国总统极大的权限,总统负责重大行政决策的决断并监督它的执行。总统既有职又有权,既统又治,是事实上的国家最高行政首脑,是国家和政府行政的"拱顶石"。

总统府是协助总统工作的主要办事机构,在政府高层决策中起到至关重要的作用。甚至有人认为,这个机构实际上是法国政府的决策中心,是法国的"真正政府",是"法国的隐蔽政府",因而总统府的官员被称为"真正的超级部长"。总统府设总秘书处、总统府办公厅、私人秘书处、私人军事参谋部 4 个机构。另外,总统还有 1 名总统府发言人、3 名总统特派员、1 名总统特别顾问。

总秘书处是总统指导和监督政府各部的重要机构,是总统府中的核心部门,协助总统决定重大政治性问题,协调总统府内各办事机构之间的关系。总秘书处设有总秘书长 1 名、秘书长 1 名和秘书长顾问 1 名。总秘书长是总统的"耳目和代言人",每天就文件的处理与总统直接联系,并就各类问题与部长们,特别是与总理经常接触、磋商。秘书长参加部长会议和部际会议,分析、筛选与加工会议的各种资料、文件,为总统决策提出重要依据。

总统府办公厅确保总统与外界的联系,负责总统本人及总统府内部的日常管理事务,设有主任、副主任各 1 名,并设有新闻专员、财务处长等。私人秘书处负责处理总统个人的日常事务,配备主任、副主任各 1 名,私人秘书若干名。私人军事参谋部由三军高级军官组成,负责总统的国防事务。

在法国,总秘书长通常被称为"宫廷代理人",办公厅主任被称为"管家",总统特别顾问被誉为"智囊",而军事参谋素有"参谋长"之称,其中总秘书长、办公厅主任和特别顾问三足鼎立,成为拉动"总统大院"运转的三驾马车。

二、总理的作用

虽然总统的权力强大,但总理的权力范围亦很广泛,在现行的法国宪政体制下,除了总统专属的权力之外,总理实际上与总统共享政府行政权。换言之,总理作为法国中央政府的首脑,在政府行政过程中具有重要作用,负有重要责任。

其一,领导政府的活动。主要内容有:内阁成员由总理提名,总理有权向总统建议任免其所领导的政府成员,即国务部长、部长、部长级代表和国务秘书,还有权任免总统职权以外的所有文职人员和军职人员;总理承担领导政府的责任,代表政府向议会提出政府的施政纲领和发表总政策声明;必要时代理总统主持最高国防会议和国防委员会会议;特殊情况下,可经授权代替总统主持内阁会议。

其二,对国家防务负责。总统是武装部队的统帅,但武装部队由政府掌管,总理领导国防部,负责组织国防事宜并兼任国防委员会副主席。总统任命高级军职人员时必须有总理的副署。

其三,确保法律的执行。总理享有命令发布权、以政府名义宣布12天以内的戒严令权和条例制订权,并通过行使这些权力来保证法律的执行。

总之,总理在政府重大决策过程中享有创议权,并对政府日常事务具有决定权。总理的主要助手是总理府办公厅和总秘书处、总理府办公厅负责同总统府办公厅联系,并监督中央各部的工作。办公厅正、副主任直接与部长们进行工作联系。办公厅成员是总理的"耳目",其技术顾问分别负责一个部或几个部的业务。总理府总秘书处则负责准备并传送部长会议和部际委员会文件,转交法律草案给议会,把议会通过的法律交给总统和有关部长签字,保管总统或总理签署的法律和法令文件,安排部长们答复议会的询问,把政府文件交由《法兰西共和国政府公报》发表等。

三、议会对政府行政的监督

对政府行政进行监督,是法国议会的一项重要职权。法国第三至第五共和国时期的宪法都规定,法国政府向议会负责。不同的是,1875年宪法规定,各部部长关于政府的一般政策向两院(国民议会和参议院)负连带责任,关于他们的个人行为则个别负责。1946年宪法将政府向两院负责改为向国民议会负责。1958年宪法规定,总理经内阁会议审议后,应就政府的施政纲领或者必要时就一项总政策声明向国民议会承担政府责任。

大体说来,法国议会监督政府行政的方式有四种:

(一)询问

1958年宪法规定,议会"每周应留一次会议,优先供议会议员提出询问和政府进行答辩"。询问有两种形式:①书面询问。即选民通过本选区议员或其他议员以及议员本人,以书面形式向有关部长询问有关法律条文的解释、某种程序、必须履行的手续或者某些情况等技术性问题,也可以要求总理就政府总政策和某些活动进行解释。书面询问由议员交给议长秘书处,再由秘书处转交给政府并发表在议会正式公报上。在一般情况下,政府成员必须在一个月内做出书面答复,并见诸议会的正式公报。在特殊情况下,政府成员可以要求延期回答,但一般不得超过一个月。一般而言,2/3的询问可得到回答。如询问在规定期限内得不到回答,还可以用口头询问的方式进行。②口头询问。对于这种方式的询问,议会规章做了较为详尽的规定:首先,每周只能有一次会议为口头询问,如国民议会在周三或周五下午,参议院为周五下午;其次,口头询问权属于议员,委员会不得滥用;最后,由政府决定有关部长或国务秘书回答,提问者不得指名道姓要求回答。询问的具体方式很多。其中较有影响的方式是对政府提问。1974年德斯坦总统建立了"对政府提问”的监督程序,替代 1969 年在国民议会中建立的“现实性问题”的监督程序。1982 年,在参议院中也开始使用这种监督程序。创建者的初衷是把“对政府提问”作为和解的监督程序,避免其他询问程序中双方对立情绪的出现。根据这种程序,在每周举行会议前一小时提出问题,以便让政府成员有充分的准备。对政府提问约 1 小时 45 分,多数派和反对派各占一半,从而建立了两大派监督权力的平衡。总理亲自回答和电视转播,使其大受民众欢迎。①

(二)财政监督

通过财政权的行使来监督政府行政,这是法国议会的一项传统职权。在法国自由资本主义时期和垄断资本主义时期,法国议会的财政权是议会监督政府行政的重要手段。法国议会在同国王和第二帝国路易·波拿巴专制独裁的斗争中,建立了财政年度拨款专项专用的原则,为此,议会禁用对财政法律草案一次性投票的表决方式,建立逐项审议和表决的制度。这种制度可以严格控制预算,防止政府挪用和滥用拨款,并通过它全面监督政府。与英国议会相似,在财政权方面,法国国民议会的权力大大高于参议院,按照 1958 年宪法的规定,政府首先把财政法案提交国民议会。如果后者在 40 日内未能一读通过,政府则提交参议院,并在 15 日内做出决定。如果议会两院发生意见分歧,而且不能分别在两院二读后通过,那么,总理有权召开由两院同等人数参加的混合委员会,共同拟订一个文本,再交两院讨论。如果仍然未能通过,政府可以在议会两院再读之后,要求国民议会做出最后的决议。如国民议会议而未决使财政法案在议会已逾 70 日,法案则以法令的形式自动生效。

(三)不信任投票

第五共和国宪法载明,“经部长会议审议后,总理就政府的施政纲领或者必要时就一项总政策的声明,向国民议会承担政府责任”,“经部长会议审议后,总理可以就一项文本的表决向国民议会承担政府责任”。第五共和国创始人戴高乐曾说,总理承担政府责任,“不言自明,就是提出信任问题”。②这就意味着,如果议会对政府的施政纲领、总政策声明或一项文本表示不信任,则可举行不信任投票。当然,第五共和国时期,戴高乐为削弱议会的倒阁权而对议会通过不信任案做了诸多限制。比如:唯有国民议会可以对政府提出不信任案;不信任案必须至少有国民议会 1/2 议员的签名才能受理;如果不信任案被否决,签名的议员不得在同一次例会期间提出新的不信任案。他还严格规定了对不信任案进行表决的条件:不信任案必须在提出 48 小时之后,方能进行表决,比第四共和国时期多 24 小时,增加了政府争取和拉拢议员的时间;不信任案只有获得国民议会全体议员多数赞成时才能通过;不信任案的表决只计算赞成票,弃权和缺席算作支持政府等。

---

① 吴国庆:《当代各国政治体制:法国》,兰州大学出版社,1998,第 118—119 页。

② 吴国庆:《当代各国政治体制:法国》,兰州大学出版社,1998,第 121 页。

（四）弹劾

第五共和国宪法规定："国民议会可以通过一项不信任案（即弹劾案）追究政府的责任。"通过弹劾案需要过半数，即国民议会议员的总数的过半数，而不是实际出席议员的过半数。在统计时，只计算赞成票，弃权和反对票都属于支持政府一方，从而使弹劾案的通过有一定的难度，如果弹劾案获得通过，总理应代表政府向国家元首提出辞呈。但为了国家政权的连续性，在新政府成立之前，原总理及其原班人马应留守维持日常行政事务。从1958年至1996年6月，国民议会共提出过44起弹劾案，其中只有一次获得成功。尽管如此，弹劾案仍是悬在政府头上的一把利剑，发挥着重要的监督作用。

四、智库的作用

在当代世界各国行政日趋民主化和技术性的背景下，法国智库也在稳步发展。法国中央政府机构里面有一些内设的智库，它们都是总理决策的智囊机构。这些智库在法国的行政体系中占有重要的地位，其主要任务就是根据政府行政管理需要，就相关问题进行客观公正的研究，提出意见和建议，供高层决策参考。在法国，行政决策咨询大体上可以分为强制性和非强制性两类。强制性咨询，即行政机关在做某些决定前必须征求智库的意见，法律法规对此作了明确规定。非强制性咨询，即行政机关可根据需要自行决定是否征询智库的意见。

法国内设智库的组织和活动差别比较大，按照其地位和作用不同，分别由宪法、法律和法令规定。有些智库由总统直接领导，有些归总理管辖，有些直属各大部委等。在众多官方智库中，经济和社会委员会、行政法院、最高司法委员会、最高国防委员会以及最高公职委员会占有重要的地位。

经济和社会委员会是法国宪法规定设立的官方智库，是政府决策十分重要的内脑。依据法国宪法，经济和社会委员会按照政府的请求，对由政府提交的法律草案、法令和命令以及法律提案提出意见：可以指派委员到议会就相关问题提出意见和建议；任何计划或任何有关经济社会性质规划的法律草案，都要提请经济和社会委员会提出意见。由此可见，经济和社会委员会是颇为重要的智库，对政府行政决策有着一定的影响。因此，经济和社会委员会常被称为"第三议会"，它似乎成为政府与公民社会之间、不同利益团体之间、不同阶层之间对话、协商与沟通的场所。

行政法院是管理行政诉讼的中央国家机关，也是重要的官方智库。法国宪法规定，政府向议会提交的法律草案以及依议会授权制定的法令草案，均需要接受行政法院的强制性咨询。政府和部长们还可以就行政文件和行政问题咨询行政法院的意见。行政法院内设立了若干个工作部门，其中报告和研究组负责总结行政法院的活动，以行政法院的名义对法律、行政条例和行政活动提出改进意见，并拟定每年向总统提交的报告。行政法院院长由总理兼任，但主要工作由副院长主持。

最高司法委员会、最高国防委员会、最高公职委员会、最高教育委员会、最高交通委员会等是专业智库。最高司法委员会有权对最高法院院长、司法部长以及其他法官的任命提出建议和意见，还可以就特赦问题向总统提出咨询意见。最高国防委员会是法国最高军事咨询委员会，为政府的国防事务决策提供咨询意见。最高公职委员会是法国公务员事务的最高智库，负责就一切有关公务员的问题提供咨询服务。①

除了上面提及的官方智库之外，半官方的、民间的、政党型的智库也如雨后春笋般地大量涌现，20 世纪 70—80 年代达到顶峰，出现了一些影响力比较大的智库。如法国行政学会就是一个比较著名的民间智库，它成为沟通民间和政府的桥梁。法国行政学会几乎在全国 22 个大区设有分会，其组成人员都是在法国有影响力的人物，如会长雷诺 · 德诺阿是国家最高行政法院的常务副院长，秘书长塞尔日 · 达埃尔是行政法院大法官。法国行政学会与法国中央政府各部委联系密切，且积极参与国家的行政体制改革研究，是国家行政机关的重要的参谋和咨询机构。法国的研究和咨询企业协会（SYNTEC）也是非常著名的智囊团。

从与政府的关系、研究内容以及服务对象来看，法国智库与美国有比较大的差异。主要表现为：一是无论是官方的智库，还是非官方的智库，都高度依赖政府的人员和资金支持。政府会在投资、人才派遣、情报交流等方面间接支持智库的活动。二是法国智库一开始主要以国际关系为研究重点，主要内容涉及国家安全保障、亚太或南太平洋等地区性研究、开发发展中国家，以及欧佩克等项目研究。现在则是越来越转向经济安全保障研究。三是法国智库不像美国智库主要服务于总统决策，而是服务于总统、总理以及中央政府等多种主体。

五、利益集团的影响

法国的利益集团是政府“解压”的产物。第二次世界大战后，法国各种经济和社会问题日益增多，政府无力应对所有这些问题，为此政府决定把一部分经济和社会职能交给有代表性的利益集团来行使，通过利益集团来缓和社会矛盾与冲突。在第五共和国时期，法国各种利益集团因此得以迅速发展，在法国政府行政中发挥着日益重要的作用，成为法国政府必须与之对话的“社会伙伴”。

法国民意测验调查所于 1977 年对法国人的调查表明，占人口总数 52% 的人属于某个组织、俱乐部或联合会等利益集团，法国人参加利益集团的比率要比参加政党的比率高得多，1965 年新成立的利益集团有 17450 个，1977 年上升为 32877 个，1981 年达到 39000 个。根据 1976 年统计，用以处理社会问题的协会已达到 20 万个，其中环境保护团体约 6000 个，拥有 30 万会员。②

① 潘小娟：《法国行政体制》，中国法制出版社，1997，第 48—50 页。

② 吴国庆：《当代各国政治体制：法国》，兰州大学出版社，1998，第 250 页。

法国利益集团按所在行业及特定的利益划分可分为工人、农民、雇主及其他四类；如按所要解决的问题划分，有社会问题、文化问题、城市问题、农村问题、工农业问题、环境问题、生态问题、移民问题、青少年问题、妇女问题、吸毒问题、艾滋病问题、癌症问题等利益集团；如按社会行业划分，则有雇主协会、工会、联合会等利益集团。在法国，利益集团对政府行政的影响虽然不能与政党相比，但仍是十分重要的。概括地说，法国利益集团影响政府行政的主要方式有四种：

（一）提供信息

法国各利益集团大都认为，向官方机构及高级官员提供信息和资料，可以直接或间接地影响政府政策，从而有利于维护和实现本集团的利益和目标。因此，各利益集团常常主动地、无偿地向政府行政部门提供有关信息和资料，如利益集团的会议文件、大会决议、声明、专题讨论会的文件、有关经济和社会问题的动态等，供官方在决策时参考。

（二）对话协商

在法兰西第五共和国成立以前，工会和农民组织主要采取激烈的"体制外的"阶级行动方式，迫使当局做出让步。第五共和国成立以来，对话和协商则成为法国利益集团影响政府行为的重要方式之一。法国政府也把利益集团作为"社会伙伴"，进行对话和协商，并使之规范化、制度化。据不完全统计，目前法国政府在全国范围内设立了约 4700 个各种各样的委员会，专供利益集团同政府官员进行对话协商。仅财政部就要同 130 多个这样的委员会进行对话协商。在对话协商中，法国雇主全国委员会拥有较大的发言权，其意见和主张大都受到官方的重视和采纳。这一委员会还通过计划总署、经济和社会委员会中的代表表达自己的愿望和要求，确立法国经济尤其是工业发展的规模和方向，优先安排雇主们所希望的项目。

（三）打入（或渗入）政府

法国利益集团常常通过各种手段派人打入中央政府有关部门，把它们变成自己的"代理机构"，把这些"代理机构"的官员变成自己的"代理人"；还有一些利益集团则以种种方式渗入中央政府各个部门，划分"势力范围"（如全国农业经营者工会联合会把农业部视为自己的"势力范围"等），进而影响政府的经济和社会政策的制定和实施，实现自己的利益要求。

法国利益集团鉴于国家行政权的优越地位，把总统和政府作为"渗入"工作的重点对象，尤其是对总统府和总理府的办事机构给予特殊照顾，许多有影响的利益集团的上层人物与总统和总理个人保持着紧密的联系，经常受到召见，共同讨论和研究重大的经济和社会政策。法国利益集团为了对中央政府各部门开展"渗入"工作，在首都巴黎都设置有联络机构或办事处。法国雇主全国委员会所属的委员会、局和处，与它们对口的各部门保持频繁的接触。中央政府各部、委的办公厅，也都设有专人负责与利益集团的联系工作。他们被称为“通讯员”或“鼹鼠”。这些专人经常以隐蔽的方式向利益集团透露信息,让利益集团掌握行政部门的最新消息和最新动向。

(四)施加压力

除了上述三种方式外,法国利益集团还往往通过隐蔽或公开的方式,就某个问题向有关政府部门施加压力。比如,一些利益集团通过自己的传播媒介、出版物,或资助大众传播媒介如广播、电视和报刊等,宣传本集团的观点和主张,取得公众舆论的同情和支持,从而对政府及有关部门形成压力。

第五节 日本政府行政过程

第二次世界大战后,日本经过民主化改革,建成了真正意义上的议会责任内阁制度。内阁是日本中央政府核心,总揽行政大权,首相掌握着行政决策的实权。在日本政治体制中,一个突出特征就是行政官僚、政党和利益集团所形成的“三角同盟”结构,这种结构直接影响着日本政府的行政过程,也使得政党和利益集团成为备受争议的活跃主体。本节将主要选择内阁、首相、国会、政党、智库、利益集团等行动主体来探讨日本的政府行政过程。

一、内阁与首相处于核心地位

依据第二次世界大战后的日本法律,日本政府最高行政决策权属于内阁,内阁是“决策班子”,内阁首相是“班长”。但日本内阁一开始并不是处于行政决策制定的主导地位,充其量只能算是代替天皇行使行政权的执行机构。

日本内阁制始于近代,不过当时的内阁有名无实,并不是“议会责任内阁制”,而是日本式的“天皇制内阁制”。1885 年根据明治天皇第 69 号敕令,日本正式建立内阁制。但根据此时的《明治宪法》第 4 条至第 10 条以及第 13 条之规定,“天皇作为国家元首总揽统治权”,天皇“在议会的协赞下行使立法权”,“裁可法律,命公布执行”,“召集帝国议会命其开会、闭会、停会及解散众议院”,“发布代替法律之紧急敕令”以及“统率陆海军”,并拥有“宣战、靖和及缔结条约”等权力。所有这些都说明,天皇才是最高行政决策权的拥有者,他实际上统揽了国家的行政、立法、外交和军队的统率大权,而此时的议会只是一种装饰,内阁的行政权力也是名不副实的。在这种“天皇制内阁制”下,内阁只对天皇负责,内阁的首相和阁员都由天皇任命。虽然 1889 年 12 月 24 日明治天皇通过了第 135 号敕令,颁布了《内阁官制》,把管理国家、颁布行政法令、处理预算法案、处理国际关系的部分权限等职权赋予了内阁,但这种“敕令内阁”依然依附于天皇。

随着《日本国宪法》的生效和《内阁法》《国会法》的实施，日本于第二次世界大战后才真正确立起了议会责任内阁制。日本新宪法即《日本国宪法》规定，“天皇是日本国的象征，是日本国民整体的象征，其地位以主权所在的全体日本国民的意志为依据”（第1条）；“天皇只能行使本宪法所规定的国事行为，并无关于国政的权能”（第4条）；“天皇有关国事的一切行为，须有内阁的建议和承认，有内阁负其责任”（第3条）。新宪法表明，天皇不再拥有实权，同时还规定了天皇的权力隶属于内阁。

日本新宪法规定，“国会是国家的最高权力机关，是国家的唯一的立法机关”（第41条）；“预算案必须先在众议院提出”（第60条）；缔结条约必须得到国会的承认（第61条）。此外，新宪法还明确规定，“行政权属于内阁”（第65条）；“内阁行使行政权，共同对国会负责”（第66条）；“内阁总理大臣（即首相）经国会决议在国会议员中提名”（第67条）；“内阁总理大臣任命国务大臣。但其中半数以上人员必须由国会议员中选任。内阁总理大臣可任意罢免国务大臣”（第68条）；“内阁在众议院通过不信任案或信任案遭到否决时如10日内不解散众议院就必须总辞职”（第69条）；“内阁除执行一般行政事务外”，还有执行法律、总理国务，处理对外关系、缔结条约，掌管有关官吏事务，编造预算，制定政令，决定大赦、特赦、减刑、免除刑罚执行及恢复权利的权力（第73条）。至此，日本才建立现代意义上的议会责任内阁制。

但若当时就说日本内阁拥有最高行政决策权还为时过早。直到20世纪90年代末日本新一轮行政改革之后，日本内阁才脱离官僚的行政控权而有了名实一致的最高行政决策权。在新的行政改革之前，所有重大行政决策在提交内阁会议决断之前，首先都需要获得次官会议的通过。倘若次官会议没有一致通过，决策议案就无法提交到内阁会议来表决。次官会议本是部门之间的高层综合协调机构，在实际运作中却有越俎代庖之嫌。加上由于内阁会议采取“一致同意”的决策规则，这样一来只要有一个部门反对，即使首相同意的决策方案也无法通过。日本的行政割据和官僚控权，使得内阁会议集体决策的权限大打折扣。①

日本新一轮行政改革之后，这一切才得以改观。战后日本最大一次中央政府行政改革完成于2001年1月，改革内阁制度是其中的主要内容之一。内阁制度改革的目的是要改变“强省弱相”和官僚行政控权等问题。新一轮行政改革强化了内阁职能，确定了首相在行政决策制定中的主导地位，改变了官僚控权的局面。行政改革最终确立了公民和内阁主导权的地位，由公民选举国会，国会任命首相，首相组阁，内阁领导政府各省，实现了从公民到首相（政治家）再到官僚的正向控制，即实现了内阁控制官僚的状态。至此，内阁和内阁会议才真正成为日本最高行政决策机关。

在日本，政府的主要决策由内阁会议做出。内阁会议由总理大臣（即首相）主持，每周定期召开两次（即在星期二和星期五上午召开），出席内阁会议的是全体大臣（包括12

① 韩国明：《外国行政制度》，兰州大学出版社，2004，第361页。

个省的大臣和兼任一些重要厅和委员会长官的国务大臣)。内阁会议的决议有三种形式,即"阁议决定""阁议承认"和"阁议报告"。这三种形式的决议,均需全体阁员签字。日本内阁是合议体,实行全员一致、共同负责的原则。如有大臣不赞成总理大臣的结论,要么自己辞职,要么被免职,因为日本内阁不允许有不同意见存在。除定期的内阁会议外,在紧急情况下,总理大臣还可以召开临时会议,比如,为了解决某些专项问题,可以召开由有关阁员参加的"阁员座谈会""阁员协议会"等。

根据《日本国宪法》的规定,内阁具有如下主要权能:

(一)执行法律,总理国务

所谓"执行法律",当前的日本内阁已不仅仅是按照法律的抽象条文行政,集国家官僚机构为一体的内阁在执行法律的过程中有相当广泛的自由裁量权。国会对内阁提出的有关大政方针的法案进行审议、做出决议,从形式上看当然比执行法律的内阁的职权更为重要,但在内阁提出法案和执行法律的整个过程中,不少官方与产业界私下做出的交易是作为主权者的国民和主权者代表的国会所无法监察到的。内阁决策过程的透明度并不是很高的。因此,内阁的所谓"总理国务",实际上赋予了在总理大臣的主持下内阁决定国家重大政策的权力。

(二)处理外交关系,缔结条约

有关重大的外交关系事务的处理,属于内阁的权限,必须在内阁会议上讨论决定。内阁拥有缔结条约的权力,但必须得到国会事前或事后的承认,仅有两国政府间通过的行政部门的事务性、技术性条约可以不经国会的同意和批准。然而,实际上在日本自民党长期执政时期,国会被自民党把持,内阁提出的任何外交方针提案以及与其他国家签署的条约均得以通过,包括违反宪法精神的"日美安保条约"以及相关的"日美行政协定"在内。司法机关对国民就此提出的违宪控告,下级审判裁定为违宪,但内阁总理大臣指定的最高法院的法官却以种种理由驳回上诉。这表明,内阁在外交决策方面拥有事实上的绝对最高权。

(三)按照法律规定的准则,掌管有关官吏的事务

内阁掌管任免官吏,决定官吏薪俸,对官吏进行监督和赏罚等事务。

(四)编制并向国会提出预算

日本每年都要由大藏大臣主管编制年度预算,经内阁讨论决定后,由总理大臣代表内阁向国会(首先是众议院)提出,请求国会审议并做出决议。自民党长期执政时期,国会对自民党内阁提出的预算案几乎从未修改过,只是在社会党等在野党力量相对强大的"伯仲国会"时期,自民党内阁在预算案修改问题上采取了柔软、妥协的态度,允许在局部范围内,对不超过3000亿日元的减税方案予以认可。

（五）制定政令

由内阁做出的命令，在形式上具有最高行政命令的性质。这是在执行宪法和法律的权限内，内阁对具体的、技术性较强事项做出的规定。制定行政命令的权力是由国会赋予内阁和行政机关的“委任命令”确定的。由于国会会期有限，不能对复杂的、技术性强的立法给予全面的审查，在一定条件下采用了委任立法的方式。

（六）决定大赦、特赦、减刑、刑罚执行的免除及恢复权利

作为国家最高权力的“恩赦权”，过去历来是天皇的权能。二战后《日本国宪法》规定，改由内阁行使这一职权，天皇只在形式上保留了认证的权力。

此外，日本内阁还具有以下权能：对天皇的国事行为提出建议和承认；提名最高法院院长；要求参议院紧急集会；任命最高法院院长以外的法官及下级法院的法官；从预算储金中支出预备费；向国会提出决算；向国会及国民报告国家的财政状况等。

日本首相（即内阁总理大臣）是行政决策制定的主角，但是他在行政决策制定上的核心作用不是一蹴而就的，而是经过了几番变革之后才最终从幕后走向了台前。在敕令内阁期间，内阁总理大臣（即首相）是由天皇征询元老院的意见后任命的，总理向天皇负责，其主要职责是辅弼天皇。二战期间，军人当政，总理权力被架空。直到二战后，新宪法确定了总理经由两院投票获胜才能被国会指定为内阁总理大臣。

日本新宪法规定，内阁总理大臣作为政府首脑具有以下权限：一是代表内阁向国会提出议案和报告，可以就议案随时出席国会会议并发表意见；二是主持内阁会议，并根据会议精神指挥与监督行政部门；三是任免国务大臣，批准对国务大臣的追诉；四是签署法律和政令；五是有权通过阁议裁决，即“权限疑义裁定”；六是有权宣布紧急状况令，但需要国家公安委员会的建议以及国会事后的追认。

但如前所述，在新一轮改革之前，次官会议和全体一致同意的规则还是制约了首相的行政决策权力。因为根据全体一致同意的规则，只要一个内阁成员在内阁会议上对待决事项投反对票，即使首相同意的待决事项也不能进行决断。为了凸显首相的权力，1998 年日本国会出台了《中央省厅改革基本法》，明确规定首相在内阁会议上的领导地位，赋予首相在行政决策制定上的主导权，如对重大决策的动议权等。同时，为了确保首相对行政决策的领导、弱化部门利益、改变省厅割据的局面，改革了决策规则，在内阁会议上采取了多数同意的决策规则。这些改革弱化了部门利益，瓦解了省厅割据和部门分割，强化了内阁和首相的领导地位，从而使得首相从幕后走出来，成为决策制定的核心行动主体。

内阁府当仁不让是首相最为重要的行政决策内脑。1998 年出台的《中央省厅改革基本法》，调整了内阁机构，以内阁府取代了总理府，强化了内阁府的决策辅助和综合协调的地位。内阁府由原来的总理府、经济企划厅和冲绳开发厅合并而成，同时直辖国家公

安委员会、宫内厅、金融监督厅等。新成立的内阁府凌驾于其他省厅之上,负责制定国家战略,综合协调各省厅之间的合作与沟通,以及具有企划、大典等职能。

为了更好地辅助首相决策:内阁府还设置了经济财政咨询会议、综合科学技术会议等审议机构。审议机构成员是来自各行各业的知名人士,其主要职权是根据首相或主管大臣的咨询进行调查和审议,既可以参与行政决策制定,也可以行使独立的调查权,或就某些问题提出自己的见解。具体到经济决策:审议机构负责收集材料,促进决策科学性;平衡各方利益和关系,维护政策的广泛性;参与制定政府中长期经济计划;促进政府与民间情报的交流。但是审议机构本身没有决定权,它们的决定和咨询是否被采纳,皆取决于省厅领导者的决定。审议机构成员由政府有关部门任命,除个别审议机构设有专职委员外,绝大多数成员都是兼职的,任期一到两年。审议机构成员与政府官员类似,几乎不受内阁交替的影响。

二、国会对政府行政的监督

日本作为实行内阁制的国家,内阁总理大臣由国会多数党领袖担任,总理大臣负责组阁,政府内阁对国会负连带责任。因此,国会享有对政府内阁的监督权。根据《日本国宪法》的规定,国会对政府内阁进行监督的权能主要表现在以下几个方面:

(一)行政监督权

这种权能主要有:①提名和选举内阁总理大臣。根据日本国宪法,内阁总理大臣由国会参、众两院分别从国会议员中提名和投票选举,并先于一切议案。如果两院提名不一致,则召开两院协议会协商提名。如协商仍不能取得一致意见,则实行众议院优越原则。其内阁总理大臣候选人在获得国会议员的多数票后,国会就作出决议正式确定该候选人。尔后,天皇根据国会的提名任命内阁总理大臣。不难看出,日本国会众议院是决定内阁总理大臣的主要机关。②众议院有权对内阁提出不信任案和否决对内阁的信任案。如果众议院通过了不信任案或者否决了对内阁的信任案,而内阁在 10 日内不解散众议院,内阁就必须总辞职。第二次世界大战后,日本众议院曾数次对内阁提出不信任案,有的获得了通过,但内阁均拒绝辞职,以解散众议院相对抗。③国会议员有权就内阁发表的施政方针和提出的各项议案,向总理大臣和国务大臣提出质询,被质询的有关人员必须负责答复。议员的质询多以书面形式向议长提出,议长同意后转交内阁,内阁在接到议员的质询书后 7 日内进行答询。此外,国会开会时,经议院同意,议员可向政府提出紧急质询,有关大臣必须当场答复。④国会有权对行政官员进行审查和调查,举行听证会,要求证人作证,收集证言和记录。

(二)财政监督权

国会对国家财政的监督,被认为是监督政府行政的有效手段。根据宪法规定,国家的年度财政预算、补充预算和决算，均须经过国会的审议和通过。年度财政预算由内阁编制后，先送交众议院审议，然后再交参议院审议。两院对预算案的审议程序相同，先由议长将预算案交预算委员会审议，总理大臣、大藏大臣及有关人员向预算委员会说明预算的内容并接受预算委员会的质询；然后，预算委员会向议院报告审议结果，并在议院表决通过。如果参、众两院对预算案发生分歧，则需召开两院协议会解决。如仍不能取得一致意见，当参议院又接到众议院已通过的预算案后，30日（国会休会期间除外）内要是还不做出决议，即以众议院的决议作为国会的决议。除对预算案的审议外，国会还有权审查国家的年度决算，有权变更现行租税的法律。

（三）外交监督权

根据宪法规定，内阁有权与其他国家缔结条约，但须在事前或者事后得到国会的批准或者承认，否则条约无效。但在实践中，内阁往往可以利用国会中的多数党地位投票通过，有时因执政党内部发生内讧而不惜采用暴力践踏宪法规定的“民主原则”，强行通过。这类事件中臭名昭著的是1960年5月19日岸信内阁强行使国会通过新日美“安全条约”，在该事件中，内阁不惜动用暴力赶走反对党的议员，由清一色的自民党议员举行众议院全体会议，条约前后不过13分钟就告“通过”。

三、政党在政府行政中的作用

日本自第二次世界大战以后实行多党制。较有影响的政党有自由民主党（自民党）、社会党、公明党、民社党、新自由俱乐部、社会民主联盟、日本共产党等。由于种种原因，1955年以来，除个别时段外，一直由自民党单独执政，形成了“一党多元执政”格局。因此，日本政党对政府行政的影响主要是自民党对政府行政的影响。当然，1993年以新党领袖细川护熙为首相的多党联合内阁成立以后，日本的政党政治发生了一些重要变化。大而言之，日本政党影响政府行政的主要方式有以下几种：

（一）通过党政一体化来操纵政府行政

这主要表现为：①党的总裁就是政府首相，实行最高职务的党政兼职。②执政党执掌组阁权，主要阁员的选择一般取决于党内各派系之间的讨价还价和权力均衡分配的结果。各派系都以实力的大小和地位的高低，在争斗中分到相应的内阁职位，特别是诸如大藏、外务等重要职务更是各派系竞相猎取的对象。③执政党自始至终直接进入政府议案的起草、修订和确定程序，即从议案的提出、审议、修改、报送、决定到通过和实施的各个环节，都有执政党的干预和作用。按照宪法规定，内阁作为政府和最高行政决策机关，其议案分为两类：一类为纯属政府职权范围的议案，不需要国会的授权，但执政党却能间接地施加影响；另一类则是完全在执政党直接领导下提出并向国会呈报的议案。

（二）利用国会中多数党的地位，左右政府的决策

二战后日本宪法规定，国会是国家权力的最高机关，政府的重要方针、政策必须通过国会的批准。内阁为了使法案能在国会顺利通过，在制定重要方针、政策时，总是事先派出课长、局长等高级官员与各党派协商，取得谅解，如此，执政党便利用多数党的地位，影响政府的决策。譬如，大藏省在编制年度财政预算过程中，各省厅为使本部门获得较多预算，纷纷向自民党政务调查会做“疏通”工作，请求协助。如果这一工作做得不彻底，在召开部会审议法案时，一旦某位具有重要影响的议员表示未听说过此法案，那么，该法案的制定工作就可能半途而废，只有当政务调查会同意并协调好了各省厅的预算要求后，大藏省的预算才算编成。自民党虽然隐居幕后，却实际影响、左右着政府决策。

（三）充分发挥市党国会议员和入阁议员的作用

议员进入政府担任公职后，具有一定的独立性，在执行党的决议时亦有较大的灵活性和机动性。但是，党组织对他们仍要进行约束，对于那些背离或者不严格执行党的政策的大臣或政务次官，党就通过开总务会、两院议员总会或党本部与内阁联席会议的形式，提出批评或劝告，甚至逼其辞职。

党本部的政治家注意加强与政府各省厅高级官员的沟通甚至政治性交涉，使他们了解执政党的政策意旨和取向，以便在制定政策时充分考虑到执政党的要求。20 世纪 70 年代初经济低速增长导致政府财政规模紧缩以后，一些政治家竭力保持自己在决策过程尤其是在有关预算的决策过程中的影响力，致使许多预算项目在自律性最强的大藏省也难以做出结论，不得不提交自民党三首脑（干事长、总务会长和政务调查会长）与大藏相进行直接政治性交涉去解决，而交涉的结果往往以政府的让步而告终。例如，1975 年科学技术厅提出的设立原子能安全局法案，总理府提出的养老抚恤金法案，建设、厚生、农林、通产等省提出的公共事业费法案，内阁提出的战争遗属特别慰问费法案，文部省提出的改善教师待遇法案等涉及预算的法案，都是在政治性交涉中按照执政党的意见解决的。

四、智库的作用

在日本政府之外，有许许多多的智库，它们成为政府行政决策制定的外脑和重要的行动主体。从隶属关系来看，日本智库可以分为以下几类：半官方的智库，如日本综合研究开发机构、安全保障与防卫力量恳谈会；政党型的智库，如自民党的政调会；民间智库，如野村综合研究所等。日本咨询业兴起于第一次世界大战后，并很快出现了一大批具有国际影响力的综合研究机构，它们不但服务于本国政府行政决策，而且也为外国政府和企业服务，其咨询内容涉及经济、技术、工程乃至国防等高尖端领域。对日本政府决策影响大的智库主要有：

(一)野村综合研究所

野村综合研究所(NRI)正式建于1965年4月1日,创始人是野村德七,是日本智库中历史最久、规模最大、社会影响最广、活动能力最强的综合性智库,也是日本民间智库的典型代表。野村综合研究所设立了企业调查部、经营调查部和证券调查部等,设有镰仓本部、东京本部和生物化学本部,并在纽约、伦敦、香港等地设有分支机构,将其触须延伸到世界各地,形成了全球性的调研网络。野村综合研究所通过调研网的触角,建立了自己的信息库,专门收集经济动向、股票证券市场、国民所得、家计、商品价格、金融等方面的情报资料,为深入研究课题和参与政府决策创造了有利条件。

(二)安全保障与防卫力量恳谈会

安全保障与防卫力量恳谈会是日本前首相小泉组建的军事智囊机构,其职责是为日本政府制定国家安全保障和防卫政策提供决策意见,对日本政府决策起着举足轻重的作用。据日本媒体宣传,这个机构看似有着浓重的民间色彩,但小泉在军事领域所做出的许多决策都源于此。安全保障与防卫力量恳谈会有10名成员,包括日本大型公司老总、前内阁官房副长官、自卫队参谋长联席会议主席以及一些大学的教授。这些军事顾问,不占政府编制,不领官方薪水,主要是帮小泉在军事决策领域出谋划策。平时这个智囊团相当低调,不接受任何媒体的采访,且办公地点也鲜为人知。据日本英文媒体透露,这10个人其实是一整套的班子,他们在首相府附近比较隐蔽的写字楼里以公司名义租房办公,而且有自己专用电梯,其他高层电梯经过他们所租楼层时都不能停下。

(三)其他著名智库

譬如樱花综合研究所。该研究所以亚洲为中心,以东盟、中国、越南、印度为重点研究调查对象,同国外12家研究机构有合作关系。明日银行综合研究所也是著名的智库,其前身是协和琦玉综合研究所,该研究所职员们经常深入企业搞调查,提出分析建议。三和综合研究所、三井信息开发研究所以及三菱综合研究所等都是日本著名的智库,在其国内声望很高。三井信息开发研究所力图把众智库的职能和信息系统开发职能有机地结合在一起。三菱综合研究所更是人才云集,实力雄厚,在其800名研究人员中,有700人是技术界出身的跨学科领域的综合研究人员。

五、利益集团的影响

利益集团在日本政治与行政中也具有久远的历史。在财阀政治时代,可以说日本政治与财团的利益是息息相关的。即使是今天,也不可低估利益集团在日本政府行政中的影响力。甚至有人认为,20世纪90年代以来的日本泡沫经济是政府和利益集团共谋的结果,“政府为特殊利益集团所俘虏”是造成日本经济长期萧条的根本原因。一个普遍的事实是,利益集团为维护自己的既得利益或为取得更大的利益,以各种方式干预国会立

法或对政府决策施加影响,这种现象在日本尤为严重。归纳起来,日本利益集团影响政府行政的途径及方式主要有:

(一)私下接触

这是利益集团利用其成员的私人关系接触政治家和高级官僚而对政府行政施加影响的一种主要方式。在当今日本社会,利用个人关系影响政府行政过程的多是工商业团体、行政关系团体、教育团体和专家团体。因为日本权力精英(政治家、高级官僚、财界头面人物及部分利益集团领袖)社会地位的主要基础是学历,而且相同学校的经历是构成同质集团的重要条件,因此,同校毕业生之间的联系和友谊是用于表达并实现个人和集团利益要求的一个重要途径。名牌大学特别是东京大学的毕业生在这方面表现得尤为突出,因为社会各界的最高领导职务多为该校毕业生所占据。同届毕业生即使取得很高的社会地位也仍然定期聚会,相互之间保持着密切的联系,无形之中对政府的行政过程施加着影响。

作为工商业利益集团最高层次组织的经济团体联合会(以下简称"经团联")还保持着另外一种形式的个人联系,即"经团联"下属的常设委员会是与政府各经济省厅相对应的机构:一方面,政府有关省厅的主管局长或主管课长经常被邀请到"经团联"的常设委员会,就某项正在制定的法案作说明。另一方面,"经团联"常设委员会的负责人也经常参加政府有关省厅举行的听证会,并陈述工商业团体对某项政策的意见和要求。在这种非正式的相互交流中,"经团联"的事务局起到重要作用,因而事务局配备了许多不亚于政府官僚的优秀人才,这也是工商业利益集团对政府行政过程保持强大影响力的因素之一。

(二)提供政治资金

这是利益集团通过向政党或国会议员提供资金,以使政策决策者在制定政策时照顾本集团利益的一种间接而有效的方式。日本的选举法规定了企业、团体、个人向政党及国会议员提供政治捐助的合法性。尽管 1976 年国会对《政治资金规正法》做了修改,1993 年自民党下台后细川护熙内阁在国会通过了新的《政治资金规正法》(该法对政治资金的数量及提供方式做了一定限制),但前提都是承认政治资金存在的合法性。既然如此,各种利益集团为了实现各自的特殊利益就必须千方百计筹集资金,去满足政党及国会议员的资金需要,以换取决策过程中对利益集团的保护和支持。

在日本自民党长期执政的过程中,经济利益集团以日本"财界四团体"[①]为中心,向自民党及其党内各派系提供了大量政治资金。作为回报,自民党在社会经济政策的制定过程中,对"财界四团体"及其下属主要献金的企业、财团的特殊利益和要求给予政策性

① 日本的"财界四团体"是指经济团体联合会、经济同友会、日本经营者团体联盟和日本商工会议所。

的保护，满足了垄断资本的利益需要。其他利益集团也是如此，为了达到影响政府决策的特定目的，可以向国会议员提供政治资金。在国会议员的支持下，通过特定的立法或是避免立法中存有不利于本集团的内容。比如，1989 年 8 月《文艺春秋》周刊报道的“弹子房”业团体——全国娱乐业组合联合会向 83 名国会议员提供了 1.5 亿日元的政治资金，结果成功地删除了在《风俗业法修正案》中附有警察可以进入“弹子房”检查的条款。

（三）制造舆论压力

与其他西方国家一样，日本利益集团也常常通过现代社会所能提供的传播媒介如报刊、广播、电视、书籍等，发动社会舆论，以影响政府的行政过程。尤其是对那些资金匮乏、不能利用其他方式的利益集团而言，通过发动社会舆论、引起公民关注，形成对政府某项政策的压力，无疑是一种行之有效的方式。目前，日本公益性利益集团（如日本残疾人团体联合会、日本消费者联盟、新日本妇女会等）多采用这种方式来对政府决策产生影响。

思考题

1. 简述政府行政过程的含义与特征。
2. 简述英国内阁在行政过程中的地位。
3. 简述英国议会对政府行政的监督内容。
4. 简述美国总统在政府行政过程中的地位。
5. 简述政党在美国行政过程中的作用。
6. 简述美国利益集团对政府行政过程的影响。
7. 简述法国政府行政过程中总统与总理的作用。
8. 简述法国利益集团对政府行政过程的影响。
9. 简述日本内阁在政府行政中的地位。
10. 简述日本政党在政府行政中的作用。

参考文献

[1]胡世前．中外行政体制比较[M]．北京：经济科学出版社，2018.
[2]张立荣．中外行政制度比较[M]．北京：商务印书馆，2013.
[3]吴国庆．当代各国政治体制：法国[M]．兰州：兰州大学出版社，1998.
[4]刘峰，舒绍福．中外行政决策体制比较[M]．北京：国家行政学院出版社，2008.
[5]张定河．美国政治制度的起源与演变[M]．北京：中国社会科学出版社，1998.
[6]潘小娟．法国行政体制[M]．北京：中国法制出版社，1997.
[7]韩国明．外国行政制度[M]．兰州：兰州大学出版社，2004.

第六章

政府人事制度

第一节 政府人事制度概述

在西方,国家公务员制度是现代政府人事制度的主要表现形式。公务员制度对于国家选用各方面的精英人才、强化政府职能、提高政府工作效率、保持国家政权乃至整个社会的稳定都起到了重要作用。

一、公务员与公务员制度的含义

(一)公务员的含义

公务员一词,最初译自英语单词 Civil Servant,但是,在不同的国家,其称谓有所不同。在英美以及英联邦国家,称作"文官";在法国和瑞士等国,称作"公务员"或"公职人员";在德国,称作"联邦公务员";在日本,二战前称作"文官",二战后称作"公务员"。

在国外,关于公务员的概念有大有小,范围也不尽相同,但主要有三种类型:

一是将公务员限定在行政系统内,并排除选举职和任命职。按照这一划定,公务员一般是指政府中事务次官以下的所有工作人员,有的国家称之为"常任文官"或"事务官"。这一类型以英国最为典型。在英国,文官是指那些不与内阁共进退、经过公开竞争考试、无过失即可长期任职的文职人员,其范围上自常务次官,下至清洁工。

二是将公务员范围扩大到整个行政系统的所有工作人员,包括经选举产生和政治任命的政务官在内。美国、德国属于这一类型。美国是实行"三权分立"较为典型的国家,行政部门的文职官员统称"政府雇员"(公务员),包括部长、副部长、助理部长、独立机构的长官等政治任命官员和行政部门的其他文职人员,而立法部门的参议员和众议员、国会雇用的职员以及司法部门的法官均不属于文官。

三是将所有国家机关,包括立法、行政、司法三大系统的工作人员以及公共企事业单位的人员(如邮局职工、公共汽车司机、教师等)统称为"公务员"。法国、日本属于这一类型。在法国,公务员包括中央、大区、省、市镇及其公务法人的行政组织中的文职人员、议会工作人员和司法部门的法官、军事人员以及工商业性质的国家管理部门、公用事业和公立公益机构的人员。这些人员又分为两大类:一类是不适用公务员法的公务员,主要指议会工作人员和司法部门的法官,军事人员,以及工商业领域的国家管理、公用事业和公立公益机构的人员;另一类是适用公务员法的公务员,指的是在中央政府以及其所属的驻外机构或公立公益机构的各级部门中担任正式职务的人员,如中央各机关从事国家管理的常任官员,其范围基本上同英国的"常任官"相同。

综上所述,我们认为在西方国家,所谓公务员指的是依法行使国家行政权力、代表国家从事社会公共事务管理、履行国家公务的公职人员。

（二）公务员制度的含义与内容

在西方，公务员制度指的是对行使国家行政权力、执行国家公务的人员等依法进行科学管理的一系列法规体系和管理体制的总称，它是现代民主政治发展和行政管理科学化、专业化、法制化、高效化的基本要求和重要保障。作为国家政治与行政制度的重要组成部分，公务员制度包括对公务员义务与权利、分类管理、考试录用、培训、考核、任免与升降、工资、福利与保险、辞职、辞退与退休、申诉、控告与仲裁等一系列具体的制度安排。

二、西方国家公务员制度的发展历程

西方现代公务员制度创立于 19 世纪中叶的英国。它在形成的过程中，吸收了中国古代官吏制度（特别是科举制）和普鲁士的考试制度的经验。它的建立实现了全体公民进入政府工作和担任官职的权利，它的成功运作开辟了行政管理法治化的新时代。

在西方，随着君主制的发展，西方的文职官员阶层逐渐形成。14 世纪末以前，封建时代的英国，官吏全部是教士和贵族。16 世纪的法国和 17 世纪中叶以前的德国，由封建诸侯直接统治人民。14 世纪末以后，随着城市手工业、商业、金融的发展和文艺复兴运动的兴起，出现了统一的君主国家。这些国家的管理职能得到发展，开始出现了由君主直接任命和指挥的、效忠并协助君主统治和管理国家的职业公务员。他们之中既有原来的贵族、教士，也有平民。这是公务员制度萌芽的初期，即所谓的“恩赐制时期”。这一时期的西方公务员，类似于中国封建时代的官员，是君主的家臣或奴仆。他们的官职及薪俸，皆赖于君主的恩赐。职业文职官员阶层的出现，是西方公务员制度产生的前提。

16 世纪以后，西方公务员经历了第二个发展时期。英国在 1688 年“光荣革命”以后，形成了君主立宪政体。重要官员的任免权逐渐由国会所掌握，一般官员的任免仍受国王和枢密院控制。这种任免官员的“双轨”体制，加上制度化程度不足，使得任用私人和卖官鬻爵之风盛行，政府的官职常常成了个人赡恩徇私、相互赠授的礼品。这一时期被称为“个人赡徇制时期”。

进入 19 世纪以后，两党制在英美两国逐渐形成。执政党的更迭，经常会引起政府人员的大换班。新上台的执政党往往把政府职位作为战利品，分封给党内同僚。这同样带来了营私舞弊、买官求职等现象，给政府工作的稳定性带来威胁。这是西方公务员发展的第三个时期，即所谓的“政党分肥制时期”。它造成了政府内大量的腐败和贪污等现象。一些才能平庸的官僚充斥了政府部门，造成了政府的行政效率低下。这种周期性的政治震荡，常常因执政党的换班而引起整个国内政局的不稳。

19 世纪中叶，西方各国先后完成了工业革命，经济出现了前所未有的发展。经济的迅速发展对国家的管理职能提出了新的要求。为此，提出了建立廉洁高效的政府、更广泛地公开招揽优秀人才、保持政府部门工作人员的稳定性和连续性等客观要求。这是西方公务员制度得以产生的最深刻的社会原因。

1853年,英国的诺斯科特和屈维廉两位爵士受政府委托,提出了《关于建立常任公务员制度的报告》(又称《诺斯科特—屈维廉报告》),提出了通过公开考试选拔行政人员、根据功绩提升、统一管理各部人员以及区分“智力工作”和“机械工作”等四点根本性的主要建议,奠定了英国近代公务员制度的基础。此后,英国政府先后于1855年和1870年两次颁布枢密院令,对贯彻上述四项基本原则做了较具体的规定。至此,英国近代公务员制度正式确立。英国常任公务员制度的确立,很快为西方各国所仿效和采用。加拿大和美国在英国的影响下,分别于1882年和1883年建立了自己的公务员制度。法国和德国由于长期保留封建官僚制度,直到第二次世界大战后才仿效英国建立了现代公务员制度。日本和意大利二战前实行法西斯统治,直到二战后才确立现代公务员制度。俄罗斯的公务员制度则是在20世纪90年代苏联解体后,在废除苏联的干部制度的基础上建立起来的。

三、西方国家公务员制度的政治地位和功能①

无论是实行三权分立的国家,还是实行议行合一的国家,都把公务员制度作为国家政治制度的组成部分,它在整个国家政治制度体系中有着特殊的地位和功能。

(一)西方国家公务员制度的政治地位

公务员制度在现代国家一系列基本政治制度中处于一种从属地位。现代国家政治制度涉及的内容很多,从大的方面来看,有政党制度、选举制度、议会制度、首脑制度、司法制度、军事制度等。这些制度反映国体性质,决定国家政体架构。公务员制度是一项具体的政治制度,在这些重大政治制度中,公务员制度只是一种从属性的政治制度。

1. 公务员制度服从和服务于国家主要政治制度

各国公务员制度的实质,就是把国家主要政治制度通过公务员制度来实现和具体化,国家元首或国家行政首脑的意志往往要通过公务员系统的逐级执行,才能成为现实。以美国为例,美国管理公务员的机构是美国联邦人事总署(即以前的文官委员会),根据《美国文官法》规定,总统可以解雇任何一名文官委员,如果委员职位有空缺则由总统决定填补。显然,美国文官制度是总统制度的从属性制度,是保证总统权力行使的具体制度。《日本公务员法》规定,人事院总裁由内阁从人事官中任命;人事院必须每年向国会和内阁报告工作;人事管理官担任人事部、局的部长或局长,他必须协助其机关的首长掌管人事工作。这就保证了公务员系统必须服从和服务于政府首脑。实行公务员制度的西方其他国家,都有类似的法律法规,以确保行政长官的意志执行。

① 本部分的撰写参考了姜海如的《中外公务员制度比较》的相关内容。

2. 公务员制度是政府为克服封建人事制度和政党人事制度弊端的制度创新

从西方公务员制度的演进历史可以看出,资产阶级取得政权的初期,国家行政人事制度一方面继续沿用封建恩赐制度,特别是实行二元制的国家,继续实行国家元首任命政府重要行政官员,如英国资产阶级革命后一直保留着封建制度残余,直到 19 世纪中叶以前,政府重要官员均由国王任免,并没有形成新的人事制度;另一方面把政党分肥制度在行政系统中推广,即把政府中的官员职务作为战利品分赐给本党和助选有功的人员担任。美国、法国、加拿大、澳大利亚等国家都经历过这个阶段。西方国家公务员制度的建立,是对政府官员的任命封建恩赐制和政党分肥制的否定,是一种制度创新。

3. 公务员制度是政府管理公共事务执行者的制度

从决策上讲,政党、总统(元首)、议会、内阁是国家重大政治事件和政治行为的决策者,公务员则只是执行者,大范围划分公务员制度的国家,许多公务员只是社会公共服务的提供者。从国体意义上讲,政党制度、总统(元首)制度、议会制度、内阁制度是反映国家性质的核心政治制度。公务员制度侧重的是行政执行,是政府对行政执行人的管理。公务员制度既存在反映国家性质的内容,也存在反映非国家性质的内容。

4. 公务员制度是国家政权建设的具体内容

政府体制是国家政权和政治机构的组织形式,任何社会组织形式最终都是由一定的人员根据一定的组织原则建立形成的,国家政权组织也是如此。任何一个国家为了维护其阶级统治和本阶级的利益,都需要通过一定的行政手段来贯彻和执行本阶级的意志和政策,这就必须解决在国家权力机关、政府机关选什么人、用什么人、如何用人的问题。西方国家公务员制度,重点是关于如何选拔、如何使用、如何管理国家行政机关人员的制度。

5. 公务员制度是国家行政管理的重要内容

政府是国家权力的执行机关,是管理国家公共事务的重要机构。政府机关只是政府运行的组织载体,政府机构作用的最终发挥还是取决于其中的人员。国家行政管理的范围十分广泛,但无论哪方面的行政活动,都需要行政人员去实施或执行。各国公务员都是实现政府职能的主体,他们不仅是各项政策的执行者,而且还能够影响政府的决策。国家执政水平、国家行政机关的形象和国家行政机关的工作效率,都是通过具体的公务员体现出来的。由于社会经济的迅速发展,政府机构越来越多,其工作人员也不断增加,要组织管理好这支庞大的公务员队伍,本身就是政府行政管理的一项重要内容。

(二)西方国家公务员制度的功能

公务员制度是现代国家发展的时代产物,是国家政治现代化进程的历史选择。它在现代国家和社会制度中有着特殊的功能。

1. 有利于国家政治和行政秩序的长期稳定

由于西方国家政党制度和选举因素,一批政务官员必然随执政党的更迭而进退,国家的政治统治和社会秩序的连续性和稳定性也可能将因此受到影响。实行公务员制度,就可能避免这种影响的出现或者降低这种影响可能造成的不良后果。特别是政党林立、政局不稳定的国家,政府时刻面临着危机,更需要有稳定的公务员制度。如日本政府,从1970年至1996年,26年间先后更换内阁总理15人,平均任职不到两年,进入20世纪90年代则任期更短。意大利也是如此,从1980年至1996年,16年先后更换总理达14位,有的组阁甚至还没有完成就被更换。如果不实行公务员制度,政府工作的日常运行是不可想象的。

各国的公务员制度对公务员有一套严格而系统的管理办法,使公务员队伍能够保持长期稳定。实行选举制的西方国家,业务类公务员不与政务类的官员共进退,个人无过失可以在政府机关长期任职,政府机构能够保持正常运行,不会因为选举和政府组成人员更换而影响国家政治和社会秩序,不会影响国家政局稳定和政权稳定。西方国家选举中谁当选不当选,反映的是国家中不同利益集团的执政更迭,但国家和政府的运行制度是保持相对稳定的。公务员制度不仅有利于行政机关工作的正常运行,而且能始终保持国家政策的连续贯彻执行,国家行政机关工作运行不会因政务类人员的变更而发生变化。

2. 有利于防止和避免政府的吏治腐败

西方国家公务员制度是克服封建恩赐制和政党分肥制弊端而产生和发展起来的。18世纪至19世纪上半叶,西方新的国家政权建立初期,官员制度存在着许多问题,官场上的封建人身依附、权钱交易、买官卖官、凭关系用人等现象普遍存在。为了克服封建恩赐和政党分肥的弊端,英国首先创立公务员制度,对文官实行常任制,使事务官员依附于国家,而不依附于一党一派或某个人,公务员的责任是捍卫正义,捍卫国家利益,为国民服务。公务员能否在政府长期任职取决于是否履行其职责和遵守政务纪律,而不取决于人际关系和党派关系,特别是对常任文官录用实行公开考试,择优录用,有效地控制了买官卖官的权钱交易。从英国创立公务员制度近170年来,公务员制度已经成为世界大多数国家和地区政府普遍采用的人事管理制度,在有效防止和避免吏治腐败方面发挥了重要作用。

3. 有利于促进社会公平和政府机关选用优秀人才

坚持社会公平、公正和正义是人们普遍接受的合法政府的象征,其中政府选用人才和使用人才的原则与方法,是公民判断政府是否公平、公正和正义的一个重要参考标志。实行公务员制度,坚持公开招考录用公务员,为社会符合条件的所有人员进入公务员队伍、参加国家行政管理提供平等机会,体现了政府公平。同时也开阔了政府人才录用视野,有利于吸收优秀人才进入公务员队伍。如美国每年参加考试人员多达170多万,资格考试通过率可能达到60%，但录用率却很低。因为竞争一个岗位要推荐7个具有资格的候选人，这不仅确保了录用公务员的素质，而且能有效防止不公正的人才录用。如此大范围的考试和选拔人才，既体现了社会公平，又能从更广泛范围吸引优秀人才进入政府部门工作，保证了政府公务员的整体素质不断提高。

4. 有利于政府提高行政管理水平和工作效率

提高政府行政管理水平和工作效率，是社会经济发展对政府工作提出的客观要求，而政府行政管理水平和工作效率能否提高，公务员就是其中最重要的影响因素。公务员制度通过科学规范管理公务员队伍，以考试录用吸收优秀人才把好公务员入口关，以较高的政治荣誉和物质待遇激励公务员献身公务，以经常性的知识和技术培训不断提高公务员水平，以严格的纪律约束和惩处措施防止公务员损害公共利益和政府形象，以严谨的工作制度和秩序保证公务员工作的运行畅通。公务员制度的这些作用，为政府不断提高行政管理水平和工作效率提供了人才保障。

5. 有利于政府为社会提供规范性的公共服务

西方国家公务员制度对公务员接受公民监督、为公民服务，都要向社会公众公开，公务员如果不能按规范要求服务社会公众，轻则受罚，重则可能丢职。从这个意义理解公务员制度，实际上也是公民在承认公务员地位和作用的同时监督公务员行为的制度。在西方，国家政府纳税人意识很强，公民是纳税人，公务员是纳税人供养的，公务员为纳税人服务是理所当然的，纳税人对公务员的服务要求也很高、很具体。公务员制度对公务员为社会提供公共服务起到了规范性的作用。

四、西方国家公务员制度的特点

现代公务员制度从产生至今已有100多年的历史。由于西方国家公务员制度的产生有其相似的经济、政治、文化背景，并且各国相互吸收和效仿，因此，各国公务员制度尽管有许多细微差别，但都具有以下共同特点，体现了现代西方宪政的理念和行政管理的法治要求。

（一）秉持政治中立

西方国家既要坚持政党轮流执政，又要避免政党分赃的腐败现象，因而特别强调业务类公务员得保持政治中立：必须忠于政府，不得带有党派倾向和其他政治倾向，不得参与党派活动，同时其管理也不受政党干预。英国在公务员的内部纪律中规定，公务员“不得参加政党和担任政党机构的官员，或为政党从事政治活动”，“不得发表政治言论，表明自己的政治观点，不得发表批评政府的政策和措施的意见”等。美国在1883年施行的公务员制度法（亦称《彭德尔顿法》）中规定，“公务员在政治上必须采取中立态度，禁止参加竞选等政治活动，禁止进行金钱授受”，“公务员须忠实于政府，对现行政体和政治组织，不得产生怀疑”。日本国家公务员法规定，“公务员不得为政党和政治目的谋求接受捐款及其他利益，或者不得以任何方式参与这些行为”，“公务员不得作政党或政治团体的负责人、政治顾问或有同等作用的成员”。

（二）实行分类管理

西方国家公务员制度普遍实行“两官分途”，“两官”即将公务员分为政务类公务员和事务类公务员，或称政务官和事务官。政务类公务员由选举或政府任命产生，他们都是由执政党直接或间接推选出来的，代表执政党领导或参与政府的工作，对选民和执政党负责。他们实行严格的任期制，与政党共进退。执政党下台，他们即退出政府官员队伍。因此，他们一般不以官员为终身职业。政务类公务员不适用于公务员法。事务类公务员则通过竞争性考试进入公务员队伍，实行职务常任，非法定事由不被解职，他们对行政首长负责，实行“政治中立”，不与政党共进退，一般以担任公务员为终身职业。对他们按照公务员法进行管理。政务类公务员和事务类公务员在产生方式、任用条件、职责范围和管理办法等方面属于两种不同的类型，互相之间不能交替任职，因之，称为“两官分途”。这样一种制度安排，是与西方国家的政治体制和政党制度相适应的，既适应了多党竞争轮流执政的需要，又保证了国家和社会事务管理的连续性和稳定性。

分类管理是公务员制度中的一种科学的管理方法，也是实行公务员制度的国家共同遵循的基本原则。从各国公务员制度的分类情况看，主要有两种类型：一是因事而分的职位分类，分类的主要依据是职位的工作性质、责任轻重、难易程度和所需的资格条件。二是因人而分的品位分类，即主要依据公务员的个人条件如学历、资历、能力等进行的分类。职位分类和品位分类各有优缺点。从目前各国情况来看，实际上每个国家的公务员都不完全是纯粹地按照职位或品位进行分类的，而是以其中一种分类制度为主，兼顾另一种分类制度的因素，这是各国公务员分类管理制度发展的共同趋势。

（三）公开、平等、竞争、择优录用

公开、平等、竞争、择优原则源于近代西方国家民主宪政的思想文化基础，也是在公务员制度中落实宪法规定的公民权的基本要求。作为国家人事管理的一项重要制度，公务员制度在各个环节上都体现了该原则。公务员制度只有在公务员的录用、任职、考核、晋升、奖励、惩戒、竞争上岗、辞职辞退等管理环节真正体现出公开、平等、竞争、择优这一基本精神，才能为公民所认同。“平等”主要表现在不能有“与生俱有”的差别歧视，如家庭出身、性别、种族、政治信仰等，但对一定职位所需的技能、资历、学识等资格条件，得普遍作出一定的要求，从而保证平等与竞争的有机结合。美国1979年施行的公务员制度改革法规定，“保证人人机会均等，经过公开的竞争性考试，只根据能力、知识、技能来决定录用和提升”。日本国家公务员法规定，“一切官职都对考试成绩优秀者敞开大门”，“国民不分民族、信仰、性别、社会身份、家庭出身、政治见解和政治所属关系，在本法面前一律平等”。

(四)实行功绩制

西方国家的公务员制度关于公务员任用的原则为功绩制原则。功绩制强调的是实实在在的工作成绩,而不是年资高低、亲疏关系、党派关系等其他因素。它要求必须按照公开考试的成绩录用公务员,它以公务员工作实绩作为考核、评价公务员的主要依据。公务员的晋升要根据其工作实绩择优晋升,把公务员的工作实绩与其职务升降、工资待遇、奖惩联系起来。功绩制体现了"任人唯能"和"奖优罚劣"的思想,实现了担任政府职位"机会均等"的原则。有利于最大限度地调动公务员的积极性。因此各国都把它作为一种常用的激励手段。应该说,注重功绩是公平竞争的一种延伸。德国公务员资历条例规定,"公务员的录用、任用、授职、提职、晋升,只能依据公务员的资格、胜任工作的能力和工作成绩来决定","工作成绩就是按照工作要求对公务员的劳动成果所做的评定"。美国公务员制度改革法规定,"工作成绩良好者继续任职,工作成绩不好者必须改进,工作达不到标准者予以解职"。日本国家公务员法规定,"公务员的任用,依照本法和人事院规则的规定,根据考试成绩、工作成绩或者其他能力的考核结果进行","政府机关首长必须对所属公务员的工作进行定期评定,并根据评定结果采取适当措施"。功绩制能够激励公务员努力工作,提高工作效率,同时强化竞争机制,促使公务员不断争先创优。

(五)保障公务员权益

西方国家公务员制度都很重视保障公务员的合法权益。公务员除享有一般公民的权利以外,还享有保障公务员身份的特殊权利,主要包括就职平等权、合理报酬权、职业培训权、带薪休假权、辞职权、申诉权等。为保障公务员的合法权利,各国一般都在公务员制度的有关规定中对公务员的权利和义务进行明确规定,并设立专门的机构受理侵犯公务员权利的事宜,如英国设有"功绩制保护委员会",日本设有"公平审查委员会",法国设有"对等委员会"等。此外,许多西方国家还建立了公务员工会,充当公务员的利益代言人,就公务员的权益问题与政府谈判,如美国的联邦公务员就有三家工会组织。西方国家通过这种权利保障制度,有效地防止了行政长官滥用职权处分公务员的行为,维护了公务员的合法权益。

五、西方国家公务员制度的局限性①

虽然西方国家的公务员制度在西方国家的公共管理和政府自身管理方面发挥了积极作用,但是也存在着一些局限性,主要表现在:

(1)尽管西方国家在公开考试和择优录用公务员时规定对报考者要机会均等,报考者不因民族、种族、性别、家庭出身、政治见解或倾向等而受到歧视,但实际上并非完全如

① 本部分内容参考了唐晓、王为、王春英的《当代西方政治制度导论》的相关内容。

此。如20世纪90年代初，妇女在美国、加拿大、澳大利亚、英国四国高级公务员中的比例分别只有10.1%、16.1%、12.9%、8.6%。少数民族受到歧视的现象也不同程度地存在。在英国，工人阶级中被录取的公务员比例很低，高级公务员大多是来自牛津和剑桥的高才生。法国公务员（尤其是高级公务员）代表着一个封闭的、受过特殊教育或有着良好社会关系的精英集团，他们能够轻易地从一个管理部门转到另一个部门，不论是公共领域还是私人领域。20世纪90年代中期之前，法国3位总统中的2位，8位总理中的6位以及半数以上的内阁成员都是顶级学府——国家行政学院的毕业生。

（2）虽然西方各国建立了比较完善的考核制度，但在实际执行过程中，由于考核标准尺度的客观性仍然缺乏科学的数量与质量依据，迄今尚难完全避免受到考核官员主观臆断的影响。如美国各级政府虽然执行相同的考核制度，但效果却因单位和主管人员的不同而有所差异，政府行政的绩效性由此受到影响。在英国，过分强调公务员的综合能力而使公务员科技知识和实际管理技能缺乏，在某种程度上影响了政府行政的效率。此外，一些国家高级公务员由于长期任职，且具有丰富的专业知识和工作经验，工作态度日趋保守且自以为是。他们认为自己作为职业常任文官，比那些来去匆匆、作为政治"候鸟"的部长们更专业、更精通业务，到头来是他们将不得不打扫"候鸟"官员因政策失误而留下的政治"垃圾"，因此工作作风过分小心谨慎和墨守成规，对政治任命官员（行政决策者）的改革政策反应迟钝或消极对待，也在某种程度上妨碍了政府行政效率的提高。

（3）尽管西方各国要求公务员政治中立、超脱于党派政治，但实际上要做到完全不受政治影响、严守政治中立是不可能的。随着现代西方国家政治行政权力的扩大，公务员（特别是高级公务员）具有长期积累的经验和知识，掌握大量档案资料、情报和数据，又有可供支配的人力资源，在政府决策中的作用日趋增大。另外，现代社会日益增加的复杂性使立法机关和行政机关对公务员专业知识的依赖越来越严重，政治任命官员常常依赖于职业公务员所提供的信息和建议，实际上成了职业公务员的追随者。在英国，由于部长缺少重要的个人幕僚，他不得不严重依赖常务次官为其提供政策建议并管理本部，这种依赖性为公务员通过常务次官对政策产生重要影响提供了机会。在法国，绝大部分内阁成员曾经是高级公务员。政府官僚与政治行政官员已更加彼此啮合：政治已变得更加官僚化，官僚已变得更加政治化。

（4）虽然西方各国通过制定一系列法规、条例和道德条文，明文规定公务员不准索贿、收礼，不准以权谋私、经商、兼任有酬的其他公职，实行财产申报制度以防止公务员贪污腐化，并对违法者绳之以法。但事实证明，这些有关廉政建设的法规和规定并不能完全防止和根治腐败。一些国家政府官员受贿、索贿、贪污、盗用或侵吞国家资产、不正当兼职以谋取私利、非法获取政治资金等种种腐败现象时有发生。按照美国学者的话说，"绝大多数国家都存在腐败现象，只是程度或轻或重"①。不断健全和完善公务员廉政制

① 迈克尔·罗斯金等：《政治科学》，林震等译，华夏出版社，2001，第334页。

度建设,仍然是西方各国需要进一步努力解决的问题。

(5)终身雇佣制在带来公务员队伍稳定性和行政管理连续性的同时也带来某些弊端。例如,职位和工资永久性符合连续性的要求,但并不符合时代对政府必须具备灵活性和效率性的新要求。长期而固定的工作导致年轻人在进入政府部门后所需要做的就是等资历达到一定年限后晋升。传统的功绩制无法将平庸和优秀的人才区分开来,导致相当部分有能力的人更愿意去私营企业而不愿参加公务员考试。并且政府的外部环境已不像过去那样一成不变,在现代变幻莫测的环境中,终身雇佣的公务员所带来的非灵活性和惰性使得政府常常不能有效适应外部变化,官僚体制逐步失去其原有功效,各国政府的工作效率和灵活性也受到削弱。

六、当代西方国家公务员制度的改革

(一)打破公务员职业的永久性和稳定性传统

西方国家传统的公共人事基础是官僚制,公务员的职业终身制度即建立在这一组织范式和运作机制的基础上。职务常任制在保持政府政策稳定性方面具有积极作用,但同时也使具有丰富专业知识和工作经验的公务员的工作态度日趋保守且自以为是,工作作风过分小心谨慎和墨守成规,对政治任命官员的改革政策反应迟钝或消极对待,在某种程度上妨碍了政府行政效率的提高。因此,公共选择理论和新公共管理理论强调这种职业永久性和稳定性已经造成政府组织的功能失调并带来许多社会和经济问题。有鉴于此,西方国家公务员制度的改革之一即通过公共服务中的可选择替代性组织形式或机制,降低政府的作用,减少政府雇员的数量以适应公共服务的新方式。其主要途径是将原来由政府机构直接提供公共服务的方式,转变为通过其他组织形式和机制提供。对现有的公共雇员,增加雇佣关系的灵活性,如:公共部门使用临时性、兼职或季节性的雇员;通过雇佣契约使用不受传统公务员制度保护的外雇人员,以签约方式受聘、从事顾问性工作;等等。对于公务员来说,今后面临的是政府机关多样化的雇佣模式,这样将有越来越多的终身职位被取消。

(二)实行兼容并蓄的公务员分类制度和工资制度改革

目前西方国家公务员分类主要分为职位分类和品位分类两种。职位分类首创于美国,是一种以美国为代表、许多发达国家普遍采用、适应现代经济社会发展需要而产生的科学人事管理方式和人事分类制度,其最大特点是"因事设人",强调的是公务员的职权和责任,而非担任该职位的公务员本人。美国的职位分类以精密细致而著称,并被认为是一种实行功绩制的方法和人事现代化的标志。20 世纪 80 年代以来,美国经过多次改革,重视简化分类制度和注重"人"的积极作用,但费时、耗资、繁复等问题始终没有得到很好的解决,特别是这种静态的分类模式,常常难以适应经常变动的职位结构。近年来,职位分类中出现了一些新的发展趋势，不少国家更加重视“人对职位的影响”，实行“级随人走”，此外，职位分类的体系结构也趋于简化。英国是最早实行公务员品位分类的国家，强调通才的使用。近年来随着公务员职能范围的扩大和专业化程度的提高，英国不得不对传统品位分类制度做较大改进，在传统品位分类的基础上，吸收了美国职位分类的精髓，建立起品位分类与职位分类相结合的分类制度，表现出向专业化分工和职业分类方向发展的趋势。从总的趋势看，出现了不同公务员制度与模式相互融合、辩证互补的趋势，主要体现在职位分类制度与品位分类制度交叉、优势互补，通才模式与专才模式取长补短等方面。

在改革分类制度的同时，西方国家也对公务员的工资制度进行改革。传统的工资制度，是指根据人的能力、学历、资历以及工作绩效的考核结果来决定公务员的报酬。随着职位分类制度的变革，公务员的岗位将趋向于灵活性。传统的工资制度将调整为适应新变化的“功绩工资制”和“功绩奖励制”，即将公务员工作绩效和工资待遇结合，对中、下级公务员实行功绩工资，按照其工作绩效来决定其工资水平，打破过去那种公务员按照服务年限平均地、自动地增加工资的制度；同时，对高级公务员实行功绩奖励制，以鼓励公务员提高工作效率和质量，吸引并留住优秀人才，带动整个公务员队伍素质的提高。20 世纪 80 年代以来，英国政府在公共产品服务的所有领域，如国民教育、健康服务和公务员系统等领域，推行新的管理方式。这种方式起始于撒切尔政府和梅杰政府，与公民宪章相连，后来又得到了工党政府的热烈追捧。这种管理方式的特点包括强调低级和高级公务员工资的等级性和差异性，对人事管理和文牍主义采取积极主动的管理方式，强调目标设置和质量保障。

（三）简化法规和制度规定，增强公务员管理的灵活性

随着社会的不断发展，法律和制度规定也在不断增加，作为官僚体制的一部分，公务员制度本身具有内在的僵化性。这首先表现在比较严格的规章制度和工作程序上，它们常常使公务员循规蹈矩和墨守成规。在一些领域，过于复杂的法律和制度规定由于制约了公务员勇于探索和创新的精神，不能为变化的环境提供合适而有效的公共服务，反而成了影响这些领域发展的阻碍因素。在美国，长期支配人事部门的一个基本管理思想是，应该通过种种条文规定，使所有的公务员都采取同一种行为方式。但事实并非如此。美国政府因此大幅度革除陋习，减少对公务员过分的规则约束。同时，分权给下级行政组织和部门主管人员，让其有聘雇人员、核定薪资的权力。这些改革打破了美国公务员制度法规严密、整齐划一的传统格局，取消了过程取向的控制机制，相信并依靠公务员的责任心和能力来从事新的创造性工作，提高工作效率。同时也改变了照章办事的传统，去除繁文缛节，清除政府管理实质以外的其他附着物，让政府最大限度地释放潜在能量和创造力，以新的创造性工作实现社会的整体利益。

在旧的管理体制下，由于烦琐制度的束缚，一线的管理人员很难在人事管理上有所

作为。改革后的公务员管理制度使政府部门可以自主设计符合本部门实际的公务员管理制度，采用更多的高效低耗的人事管理办法；同时，将人事部门的一些传统职能，通过市场机制由企业承担；人事管理机构及其职能实行合并，将原先分别由几个机构各自承担的人事管理职能合并到一个机构；提高人事管理的自动化和计算机的运用程度。

(四)从封闭走向开放的人力资源管理模式

受传统人事行政思想的影响，西方国家的公务员制度通过对人的一定程度的控制，达到官僚体制的正常运转。因此，公务员的进入、使用、退出这三个机制始终贯穿着一个理念，即将公务员视为一部机器中的零部件，管理的使命即是让这些“零件”循规蹈矩地按照设定的程序运转。但开放式人力资源管理的观点则将人看作组织中的一种资源，一种保持长久竞争优势和不断发展的资源，它不仅具有组织要求的不同特征，同时又具有自主创造性。鉴于此，西方国家公务员制度改革摒弃了封闭式公务员管理的旧模式，强调在对政府雇员提供必要培训的同时，要广泛录用最优秀的人才到政府部门工作，从而提高政府的行政效率和整个公务员队伍的素质。这首先要求对公务员的选拔由封闭走向开放，限制或放弃公务员的终身制。不少发达国家中国家公职部门临时性岗位的增加快于固定岗位的增长，实行聘任制已成为世界公务员制度改革的趋势。有些国家高级公务员职位向本国私营企业家和教育学术界专家开放，例如英国从政府官僚体制外录用具有广泛经验和专业技术的高级公务员，如经济学家、律师、会计等。截至 2007 年，每 5 个高级公务员中就有约 1 人具有这种背景身份。

(五)引入市场机制，实行某些政府部门民营化管理

英国对政府部门进行市场化实验，推行市场化管理机制和私人财政方案。从 1992 年开始，英国政府鼓励公务员部门在履行某些辅助性功能方面向私人企业看齐，将卫生保洁、打字等工作分离出去。市场实验就是让政府各个部门看本部门内部有没有可以雇用外部合同工而非部门内部雇员做的工作，这样既经济又实惠。市场化则是将自由市场机制引入政府部门工作中，鼓励各部门之间展开竞争以节约成本。其中将企业引入政府部门管理的一种方法就是实行私人财政方案，利用私人资本开发建筑工程项目。在引入市场竞争机制的同时，为了使政府提供更好的公共服务，提高公共服务的质量和扩大公民对服务的选择，西方国家的政府还提出“消费者主权”“顾客至上”的原则，要求公务员在提供服务时更加投入，比以往付出更多。他们认为，把公民变为消费者，以市场代替政府，可以更适当、更有效地实现公共利益的最大化。从 1992 年开始，英国梅杰政府提出了“公民宪章”的观念。该宪章就是对公民在公共产品服务领域有哪些权利进行阐述，其基本目标是改进公共产品服务质量，使公共产品提供者对“公民”“顾客”“消费者”更加负责。在公民宪章下，有许多小宪章，覆盖公共产品使用者的所有领域，包括就业、享受国民医疗健康服务的病人、铁路乘客、纳税人、学生家长、大学生等。尽管当初受人嘲笑，

但它使国家公共产品服务领域发生了变化。它带来了目标、运行数据、标准和更加以消费者为导向的方法。这也意味着公务员现在与公民有直接的关联,而不是通过部长中介与公民发生关系。1998 年布莱尔政府将其改名为"服务第一",强调新宪章不应该由公共产品提供者单方面决定,而应该与公众协商,旧宪章中的模糊条款应该被有关公共产品使用者所期待的结果的明晰信息所取代,还应包括表明公共服务质量的重要指标。有学者认为,这种方式与总经理方案类似,也有改变公务员与部长之间关系的趋势,将把公务员置于更加直接的财政监督之下。

第二节　英国的文官制度

英国的文官是指中央政府行政部门中除去"政治人员"(政务官)以外的所有工作人员。文官不包括由选举产生或政治任命产生的议员、首相、大臣、国务大臣、政务次官、政治秘书和专门委员等政务官,也不包括法官和军人,还不包括政府企事业单位的工作人员和地方当局工作人员。可见,与大多数推行文官制度的国家相比,英国文官在政府工作人员中所占的比例很小,其适用范围也很狭窄。

一、英国文官制度的形成过程

英国文官制度的形成经历了三个阶段:

(一)准备阶段

19 世纪中叶,英国已完成了工业革命。但是,自"光荣革命"后,受封建官僚制影响而形成的"恩赐官僚制"和"政党分肥制",仍然在整个官场大行其道。封建色彩浓厚的官吏制度,加上两党轮流执政,致使政府行政人员大规模换班,新上台的执政党把官职作为"战利品"合法地、公开地分赃,甚至买卖官职。一些趋炎附势、才能平庸的官僚,常常通过金钱与血缘编织的关系网,垄断权力,造成政府腐败、行政效率低下。显然,这样的官僚制度与经济发展不相适应,违背了文艺复兴后所追求的自由、民主、平等的精神,与建立代议制政府的基本原则相违背。因此,变革官吏制度成了经济与社会发展的紧迫要求。从 19 世纪初到 30 年代,为避免新旧内阁更替时所引起的政局动荡,把优秀的人才引进到政府部门,英国几个主要的部相继设立常务次官。职业文官的出现,为文官制度的形成奠定了基础。从此,政府官员分为政务官和业务官。于是,适应"最高限度的行政效率,最低限度开支的功利原则"的文官制度在英国应运而生。

(二)正式确立阶段

英国文官制度的正式确立是从改革东印度公司职员任用制度开始的。1853 年英国议会组织委员会专门调查东印度公司的职员任用制度。该委员会起草了《关于建立英国常任文官制度的报告》,该报告批评了当时官吏制度中的弊病,比较系统地提出了建立文官制度的建议。1855 年 5 月,枢密院发布第一个关于改革官吏制度的命令,决定成立三人文官委员会,负责文官考选事宜。1870 年又发布第二个命令,确立公开竞争的考试录用制度。从此,文官制度正式确立。

(三)改革和完善阶段

随着经济的进一步发展和行政管理技术的日新月异,政府工作也日益科学化、专门化。英国政府再次面临文官制度的改革。1968 年专门委员会的报告(《富尔顿报告》)提出了改革文官制度的具体内容:①成立以首相直接领导的文官部,大幅度地调整人事行政机关的组织和职权,打破等级森严的层级制;②调整考试录用的原则和方法,由以口试为主代替以笔试为主,内容带有综合考查的性质,扩大录用范围;③重视专家和科技人员的作用,增加技术官僚在文官中的比重,加强文官的培训。

在这一期间的 1859 年和 1931 年,英国曾经两次对文官进行界定,但都没能准确地概括文官的内涵。1977 年,英国内阁应下议院的要求,重新对文官的外延与内涵作了界定,指出文官是指那些在中央政府各部门任职的文职人员,他们不与内阁共进退,一般需经公开竞争考试,择优录用,一经录取,如无过失即可长期任职,又称"常任文官",也称"事务官"。文官最显著的特征是代表国家处理国事,凡在法律上无国家工作人员身份的便不是文官。政治人员、司法人员和部队、王室及其公务人员,凡服务条件有别于文官的,均不在此列。政务官、议员、法官、军警、公营企事业单位的文职人员和地方自治人员,不属于文官。文官仅指内政和外交部门的工作人员。

二、英国文官制度的特点

(一)贵族化色彩浓厚

英国是君主立宪制国家,封建时代的贵族身份等级制度在国家文官制度中仍有遗迹。比如,英国将除政务官以外的普通行政人员实行品位分类,划分出四个等级,即行政级、执行级、文书级、助理文书级。这四个等级的职务、地位均有严格的规定,出身与考选的要求亦不相同,次一等级的人员很难晋升到高一等级中去。在这样的制度下,报考不同等级文官的人受到严格的教育资格及年龄限制,如行政级人员的应考资格必须为大学毕业,年龄须在 24 岁以下。未受过良好的正规学校教育,即使有真才实学亦不能报考。实际上往往只有上流社会出身的人才具备报考高级文官的资格。另外,男女文官的待遇亦不平等。凡此种种,均表明英国政府机关中弥漫着贵族化的身份和地位的观念。高级文官往往来自名门望族,他们享有较高的声誉、地位和待遇,明显表现出等级特权的痕迹。

(二)没有正式的文官法

这是与其“不成文法”的法律文化联系在一起的。它决定了英国文官制度的法律基础是历届内阁以枢密院令形式发布的决定、命令及惯例。这使英国行政及其价值缺乏宪政(无成文宪法)和司法(无行政总法)及高度发达的行政法体制保护。

(三)重视通才

英国选拔、任用文官,特别是高级文官,十分重视通才,提倡非专家化。文官考试制度以通才为标准,考试科目注重一般教育程度及一般知识,故录取者多为牛津、剑桥等综合性大学的优秀毕业生。这种通才结构,使专才者在文官队伍中地位低下,导致专业人才不愿意置身文官队伍,反过来,专业人才的缺乏又增加了政府决策时对外部组织的依赖,特别是对自由职业者(如医生、工程师、教师、律师)等的依赖,导致这些外部组织对政府决策有很大的影响,进而形成政治上的压力集团。1968 年的行政改革后,这一局面虽有所改观,但无法从根本上改变传统。考试录用制度注重一般教育程度及学识,而不重视特殊的或专门的技术经验和能力。受传统的观念影响,他们认为,高级文官应该具备高度的文化素质和广博的知识,仅有狭窄的专门知识是不行的。牛津、剑桥以及其他一些综合性大学素以培养通才著称,其毕业生在高级文官中占有相当大的比重。

(四)人事制度采用分权制

长期以来英国形成了分权管理的人事管理体制。在人事任免方面,英国长期以来实行地方自治,地方官吏多由当地绅士义务兼任,不由中央政府直接任免。在人事法规方面,英国依从普通法系,以不成文惯例法为主体,以各种单项法规为依托,中央与地方的人事制度不完全相同,各地方政府也不尽一致,各具特色。这种独特而又半自治性的地方行政格局使得中央行政对地方的渗透能力相对软弱。中央政府的地域行政总体上较弱小,有些领域甚至是空白,如内政部没有供其使用的警察。

三、英国文官制度的主要内容

(一)分类制度

英国的人事分类属于品位分类,所谓品位分类是指以人的职务高低、资历深浅和获得报酬的多少为标准进行分类的制度。它着眼于人,尤其是着眼于人的官阶,它代表等级、地位和资历等。英国的品位分类模式考虑的是文官的外在三大要素:学历(文官的受教育程度)、资历(文官的经验)、职位(文官的任职)。

1920 年,英国全国惠特利委员会第一次进行了文职人员的分类定位,当时的文官级别有四等:行政级、执行级、文书级与助理文书级。1931 年增加了两个级别:科学官员与科学助理。1945 年,全国文官重新统一计划分为两大类:一类是一般行政人员,包括行政、执行、文书、助理文书四种级别的文官;另一类是专业技术人员。

通过1968年的改革,英国文官结构被简化为职类、职组与职等三个层次。全国文官以职务性质为依据,统一分成10个部类19个职组,每个职组则依所需工作成果、工作的重要程度、承担的工作责任及相应的资格条件分为若干等。10个部类依次是:综合类、科学类、法律类、研究类、警察类、训练类、秘书类、专业技术类、社会安全类、资料处理类。以综合类为例,它包括行政、经济学家、情报官员、统计官员职组。综合部类中最重要的职组是行政职组,一般行政人员即属于行政职组,它主要由以前的行政、执行、文书、助理文书合并而成。原来这四个等级互相封闭,等级森严,且中、低级文官无法晋升到行政级职位。统一为一个职组后,打破了原来的封闭,使之成为连续的等级结构,这使工作人员只要升到本职等的最高薪俸级时,即可晋升到较高一职等或职位。结果使一些有才干的执行级文官有望升迁到行政级系列,这就在一定程度上调动了下层文官的积极性。

英国1968年改革对文官类别的等级重新划分实际上是对职位分类长处的吸收,它在一定程度上体现了职位分类的原则,即按工作的不同性质、难易程度、责任轻重进行分类,并据此因事设职,简化职级,从而有利于打破文官队伍内部严格的等级限制,削弱了过分强调学历、资格等"品位分类"的消极影响。

(二)录用制度

英国从1918年开始,全面执行公开考试制度,所有新录用的人员,不论职位高低,必须经过一定的考试程序。从那以后直至今天,基本上没有大的变化。

英国文官录用考试有四种类型:公开竞争性考试,凡符合条件的人员均可报考;有限竞争考试,只适用于部内人员职务晋升,限部内某类或某级人员参加;鉴定考试,主要是对应试人员的体格、性格进行鉴定考查,并进行合格考试;特种考试,是对一些已获得专业学历或专业资格的人员进行的任用考试。

考试的资格要求因不同级别而异。1968年改革以前的情况是:行政级,法定报考年龄22~24岁,大学毕业程度;执行级,报考年龄18~20岁,中等学校毕业程度;事务级,报考年龄16~18岁,初级中等学校毕业程度;勤杂人员级,报考年龄一般在20岁以下,须为各种职业学校的毕业生。1968年改革后,根据新的行政人员等级,一般也是根据其所受教育的程度,在公开竞争考试的基础上(不同等级有不同的考试要求),按择优录用原则进行。

为了在社会上搜罗那些有真才实学但却超过报考年龄的人加入常任文官队伍,从1968年改革以后,英国政府一再放宽应考者的年龄限制,从最初只收应届毕业生,放宽到24岁,再到28~30岁者也可以有选择地接受。对应考者学历也不像过去那么死板,只要合格,即使没有上过正规大学的亦可录用。

英国文官考试分为三个步骤,即:统测,应考者从政治、经济、社会、文化为主的若干考题中选其一当作论文选题;专业考核,应考者根据自己的专业,选择2~3个题目作答;

口试答辩,在书面考试的基础上进行。英国文官录用的考查考核项目比较多、范围比较广。考查项目包括检查个人记录,进行智力测验、直觉测验、个别测验,实际练习,互评和面试。每项考查、考核都有比较具体的内容和目的,如进行智力测验,需要测试应试人精神器官的效率,思维能力和知识的广博程度等;又如应试人员互评,目的在于通过互评考查应试者对他人的客观认识能力。

英国文官录用程序比较严格,在进行笔试和面试以及各种考查以后,考选委员会还要进行终选面试,最后评定分数,并分为 7 个等级,即杰出、平均以上、可以接受、接近失败、未达接受水平、远未达接受水平和不予考虑。只有在可以接受及以上的三个等级,才可能被录用。

(三)考绩与晋升制度

英国文官的考核分为两种。一种是日常的考勤考绩。按照规定,英国文官每周工作时间是 5 天共 41. 25 小时、低级文官超过 42 小时的,可以领取额外工资。各单位都有签到簿或公钟,文官上班、离岗和休息时间都有具体的管理规定。在政府各机构,每名工作人员每天的工作情况都有记载。考勤不仅与晋升相联系,而且是工资支付的重要依据,无论职务高低,1 年中凡病假超过 6 个月的,则扣除半年工资,4 年内若有 12 个月的病假,则停发工资。另一种是年终的综合考绩。综合考绩内容共有 10 项,即工作知识、工作态度、人格情况、判断能力、创造能力、监督能力、责任心、可靠性、适应性、个人道德。每项考核内容分为 5 个等级,最后进行综合考评。考绩分为 5 个等次,即:特别优异为 A 等;良好为 B 等;满意为 C 等;尚可为 D 等;不良为 E 等。由考绩委员会组织考评,由部长审定,考核结果不公布,成绩不良者则由机关通知本人。英国文官的考核结果与晋级、晋职挂钩,以 80 分或 70 分为晋级标准。

英国文官制度建立之初,文官晋升主要凭资历。1968 年改革后,采用了重表现、看才能的"功绩制",并建立了所谓的"公开结构"。这样,在一定程度上打破了过于依赖上级主观判断的壁垒,从而有助于发挥个人的首创精神。晋升的原则一般要根据现职年资和服务成绩等而定。对主管以上的高级文官比较注意功绩,对于低级文官比较注重年资。但是,各部也未尽相同。一般情况是任职四至六年提升一级,升迁由各部临时组成的升迁委员会负责,其成员要根据晋升职位的不同而有所差异。目前在英国晋升最快的是行政学员出身的文官,他们晋升到文官的顶峰如果顺利只需要十六年时间。如果不是文官学院毕业的行政学员晋升速度就要慢得多了。1968 年英国文官制度的改革虽然使"论功行赏"的原则在文官晋升问题上得到了进一步贯彻,但是等级森严的传统做法仍然占主导地位。

(四)培训制度

英国文官培训有很长的历史,1968 年改革后,英国开始对文官进行大规模的培训,主要方式有集中在文官学院培训、部门培训和利用外单位培训等三种形式。

英国文官培训分为三类:①职前培训,职前培训包括对新进入政府机构工作1年以上的文官进行培训、对调任工作岗位的文官进行新职位工作的培训、对具有学历的文官进行将要从事的专业性工作培训。②在职培训,主要是深造性培训,以提高文官的理论水平和组织管理能力。③后备培训,主要是为培养高级文官而进行的综合素质培训,对一些有发展前途、综合素质高、能力强的文官进行后备培训,为进入高级文官队伍进行素质准备。英国非常重视在岗培训,要求成年文官利用业余时间学习,鼓励资深文官利用业余时间申请专题研究,并给予财政资助;允许文官报考各种学位;对年龄在30~40岁的文官,有针对性地安排短期培训。

英国文官培训分三个层次:①行政实习员培训,是将新进入文官队伍的文官,在其工作实习1~2年后,安排到文官学院进行两期约20周的文官相关知识培训,如政策、经济、法律、行政、统计、财务、人事管理等;②高等执行文官培训,是对已经晋升为高等级的执行文官进行较高层次的知识培训;③最高级文官培训,主要是对副司一级的高级文官进行培训,开设研究生班课程,对有的文官则是为其晋升正司长进行知识培训。

(五)工资、福利制度

英国文官的工资待遇比较优厚,一般文官的薪金略高于企业职工的工资,其工资制度主要强调四项原则:第一,比较平衡原则。是指政府文官的工资要同文官系统以外的职员工资有一个公正的比例,同其他行业或私营企业职工的工资保持大体平衡或略高。英国政府认为,这是保持文官队伍稳定的必要条件之一。第二,适应物价原则。就是文官的工资必须随着物价上涨而相应提高,以保证文官的实际收入不因物价上涨而下降。第三,同工同酬原则。主要是指妇女同男子在公职岗位上做相同的工作,必须给予相同的报酬,不得歧视妇女。第四,定期提薪原则。各级文官每年都按照工资等级表逐级提薪。

在英国,对高级文官实行年薪工资制度,对低级文官实行周薪工资制度。英国文官实行每周五天的工作制,每周的标准办公时间是41~42小时,如工作需要加班,则领取相当于平时工资一倍半的加班费。

英国实行多种福利保障制度,文官可以享受各种津贴,如地区生活津贴、职务技能津贴,各类津贴要占文官工资收入的25%。文官可以享受各种休假福利,如病假、事假、年休假、产假等,各种假在规定的范围内都不影响工资待遇,如文官病休假在6个月内有全额工资,超过6个月,只有半额工资,但个人另外可以享受国家保险救济金,国家规定二者加在一起不能超过在职时的全额工资。文官可以享受各种社会保障和保险,如养老、失业、医疗、生育、伤残和丧葬等社会保障和保险。文官即使没有参加社会保险,若生活没有来源,单身人员每周可以领取一定数额的补充救济金。

(六)纪律与奖惩制度

英国文官必须遵守《荣誉法典》的规定。凡是文官,必须忠于国家。无论何时,只要国家需要,即应为国家效劳。政府要求文官忠实可靠,像司法官员那样,给人以公正不阿的印象,以免使政府威信受到损失。保密是英国文官的法定义务。凡利用职权泄露国家机密者,根据《国家机密法》应予严惩。这项规定不仅适用于文官任职期间,也适用于文官职务终止之后。英国政府还规定文官一律不准经商,不准从事与本部门业务有关的任何营利事业。在文官纪律中,英国特别强调文官不准参加政治活动,不准发表批评政策与措施的意见,任何时候都必须对政治问题保持缄默。

公职人员违反纪律,犯有过失,部门首长可以给予警告处分,也可以呈报上级给予停职或撤职处分。英国文官法规定,文官出现以下行为将要受到惩处,即不合格、不诚实、不请假而缺勤、不服从命令、破产、赌博、泄露情报、重大失误、违反纪律等。英国文官惩处的种类有:警告、申诫、停止或延期晋升、停职、免职等。文官被逮捕或遇有民事案件,则应予停职。英国公职人员纪律处分权属于国王,但由大臣负责行使,各部大臣可以单独或者集中给予警告等处分,也可以呈报上级给予停职或撤职处分。但根据"公正原则"的要求,任何长官在对公职人员行使撤职处分时,必须做到下列两点:①应将处分的理由和事实用书面形式告知被处分者。②公职人员有权向有关部门提出申诉。在复审时,被处分者可以请友人、律师、工会代表等为自己辩护。如果事实证明处分不当,处分者将要受到相应的处分。

英国实行的是年度考核奖励的方法,根据年度考核结果实施奖励。对文官的奖励设立有荣誉奖、物质奖和晋升奖。

(七)退休制度

英国是最早建立文官退休制度的国家之一。英国现行的退休法,是在 1965 年颁布的退休法基础上,经过 1972 年、1978 年和 1992 年不断修改和完善而形成的。

英国文官退休年龄各部不尽一致。工作年限满 10 年,年满 60 岁应退休,经过大臣批准的可超过 60 岁退休,但不得超过 65 岁;年满 50 岁的也可自愿退休,年满或未满 50 岁者因工作能力不适应可被命令退休,满 60 岁时才能领取文官退休金。为鼓励文官和企业之间的人才交流,英国规定文官在达到退休年龄 60 岁以前离职到私营企业的,其退休资格可保留,到满 60 岁时,领取相应工作年限的退休金。

关于退休金。①工龄满 5 年的公职人员,可以领取退休年金。其数额为本人最后 3 年工作期间最高年薪的 1/80 再乘以工龄。②工龄满 10 年或超过 10 年的公职人员,退休后可领取的退休金不少于本人工资的 1/6,工龄满 40 年的,不少于本人工资的 2/3。退休者也可以领取一笔一次性的退休补贴。补贴的数额是退休金的 3 倍。同在职公务人员一样,退休年金的数额也随物价上涨指数进行相应调整。③由于健康情况不佳而退休的情况:服务不满10年、因为身体原因不能胜任职务者,按其服务年数发给退休金,每服务一年发给相当于一个月工资的退职金。④由于机关撤销或精简机构而离职者,酌情发给退职金。其数额一般不得超过因身体情况而退休的退休金。⑤亡故公职人员,工作5年以上死亡或不满5年因公亡故者,发给一次性抚恤金。⑥女公职人员,工作6年以上因结婚、料理家务和生孩子而退职,发给退职金。其数额为工作一年发给一个月工资,累计增加,但是不能超过12个月薪金的总和。英国文官年老退休后允许到社会企业与事业单位任职。

第三节　美国的公务员制度

美国的公务员分为政治任命官员和职业公务员两大类。因此,美国的公务员可分为广义与狭义两种。广义的公务员指的是与军人相区别的所有政府雇员,包括总统、州长、市长等民选人员,部长、副部长、助理部长、独立机构的长官等政治任命官员和行政部门的其他所有文职人员;立法部门的参议员和众议员、司法部门的人员和法官以及国会雇用的人员不属于公务员。狭义的公务员,是指经选举和政治任命产生的高级官员以外的政府部门的文职人员,即职业公务员。职业公务员属于业务类的公务员,担任政府日常业务工作,其身份受公务员法规保护,无重大过失可常任。美国的职业公务员范围较英国公务员的范围广泛,涵盖了公共事业单位、国有企业单位的管理人员。

一、美国公务员制度的发展过程

(一)美国公务员制度的形成

美国在建国后50年左右的时间里,历任总统用人均以党籍及私人关系为标准。1829年以后,杰克逊总统倡导“官职轮换说”,认为做官应属于选举的胜利者,这就是所谓分赃制度。1866年以后,分赃制度弊端明显暴露出来,任人唯亲、浪费公款、政党互相倾轧、明争暗斗,以致造成政治的不安。于是人们呼吁进行吏治革新,主张考试用人,限制长官的任免权,限制争逐官爵,并于1867年,由国会推定代表,组织联合委员会,考察吏治,研究改进措施,同时通过官吏任期法。1871年,又通过授权法案,授权总统颁布法令,规定公务员被任用时的年龄、身体、知识、能力、品德等必要条件,格兰特总统委派人筹划考试制度的推行。1872年大选时,各党都倡导“功绩制”,反对“分赃制”。在这个时期,政府的职位仍可公开买卖,人们为了获取工作就必须花钱财找门路,在这种情形之下,自然是吏治腐败、行政效率低下。目睹这种情形,民众要求改革人事制度的呼声日渐高涨。1881年9月加菲尔德总统被一名求职不成者暗杀之后,民众对文官制度改革的要求日益迫切，主张立即实施“功绩制”，消灭“分赃制”。亚瑟总统就任以后，终于在1883年通过了文官法即《彭德尔顿法》。该法确立了功绩制的基本原则，强调公开竞争考试、择优录用，规定公务员必须保持政治中立，实行公务员的职业保障，以及禁止利用官职作为竞选的许诺等。《彭德尔顿法》是美国公务员制度的基本法，它的出台标志着美国公务员制度的形成。

《彭德尔顿法》付诸实施的第一个行动就是组成文官委员会。按《彭德尔顿法》的规定，文官委员会的三名成员中不得有两名以上来自同一党派，其工作要独立于行政部门与国会的影响之外，尽量实现非政治化。

《彭德尔顿法》的通过只是美国现代文官制度形成的开端。联邦文官系统的完善经历了相当长的时间。在该法颁布后的一段时期内，考绩制与分赃制并存。法案生效后的20余年后，美国的现代文官制度方才完全确立。

（二）美国公务员制度的改革与完善

《彭德尔顿法》的最大成果就是打破了政党分肥的格局，确立了体现平等原则的考试录用文官的制度。但是《彭德尔顿法》本身也有局限性，随着时间的推移和政府机构人员的增加，美国文官制度的诸多弊端日益显露出来，概括起来主要有：

第一，保护性条款成了僵化的保护伞。1883年《彭德尔顿法》规定了一系列保护性条款，如怎样才能使政府工作人员免遭辞退等。但实践表明，保护雇员条款的多少同行政效率往往成反比，当时的美国文官制度就是偏向于保护而忽视了效率。上级如果想提升一个人，往往要八九个月时间才能办完手续，而且因为对文官有许多保护性措施，人员调动不灵，奖惩赏罚不明，往往造成许多纠纷，效率低下，并导致文官不思上进。

第二，行政负责人同人事管理人员互相扯皮。政府行政部门的负责人要求下属工作人员有高效率，而从事人事管理的文官事务委员会却把保证人事规章制度的实施作为自己的主要任务。这就使行政管理人员同人事管理人员之间形成了对立情绪，常导致相关人员工作无所适从，或有理由保持低效率。

第三，工资体制上存在着严重的论资排辈现象。美国当时的工资体制属于保护性的，在工资、定级、晋升等问题上行政单位无权控制，因而文官一旦确定了级别，凭年资熬年头就可以自动增加工资，这使得工资待遇与劳动成果脱了钩。这暗示着文官只要四平八稳混日子就行。

对此，美国早就有提出改革的建议，但总的来说，直到20世纪70年代这种呼声才日渐高涨，改革的目标和要求也明确起来。

吉米·卡特总统顺应民心和时代的需要，于1978年3月12日向国会提出改革文官制度的计划，他试图通过改革，使政府在推进功绩制、调动文职人员的工作积极性和解雇文职人员等方面能有较大的灵活性。1978年10月国会通过了《文官制度改革法》。

1. 改革的原则

《文官制度改革法》(以下简称《改革法》),对联邦的人事制度进行了重大改革。其核心是推进按工作表现付酬的功绩制,以提高政府工作的质量和效率。它第一次确定了联邦政府人事制度应遵循的九条功绩制原则。这九条原则与以往的法律大致相同,但是也提出了两点新的内容:一是强调利用报酬来鼓励政府雇员工作的积极性;二是保护揭发政府工作缺点和弊病的人。这反映了历史的进步并体现了"保护少数"的原则。

2. 改革的主要举措

(1)设立高级行政文官职位。美国文职人员的工资级别过去一向是随职务而定的,文官本人没有级别,他做什么工作就领该工作所属的等级的工资。因此,美国文官的等级具有职位属性,而没有人身属性。工资随职务而定,有按劳付酬的好处,能避免苦乐不均;而弊病是造成人员流动性差,因为调动工作工资也可能变动,这容易形成"能上不能下,能进不能出"的局面,导致文官尤其是高级文官调动较难。

1978 年《改革法》最主要的一项内容是把大约 8000 名司局长以上的常任文官单独组成高级文官班子。他们的工资从整个文官职务工资体制中分离出来,变成工资随人而定,从而打破了过去由于工资随职务而定所造成的人员位置僵化、调动困难的局面。这样做有三大好处:一是在使用人员方面可以有更大的灵活性;二是明确这些官员是同政治任命人员有区别的,有助于提高他们的积极性,保持常任高级文官队伍的稳定,因为政治任命人员的工资也不是随人的;三是可以使那些有行政管理才干和经验的职业文官被吸收到高级行政文官队伍中来,发挥他们的长处。

设立高级行政文官的真实目的显然是给予政府首脑和各部部长以用人的机动权,使文官队伍的上层分子在一定范围内受到执政党和政务官的控制。

(2)修改处分程序。处分是实行人事管理的必要手段之一。在改革之前,由于美国法律规定的程序十分繁杂,要对工作人员进行处分是极难做到的。这是美国文官制度传统保护原则僵化的反映。1978 年的人事制度改革对这种规定作了修正,使处分成功的可能性相应增大。

(3)推行绩效工资制。以往,大多数文官增加工资都是靠熬年头,而不是靠工作实绩。这种情况严重地压抑了政府雇员的工作积极性,降低了行政效率。《改革法》规定,对部分中上级官员实行绩效工资制,即实行按工作表现付酬,以鼓励和酬劳优异的工作表现。这些人包括高级行政官职位者以及从 GS 13 至 GS 15 等的文官,新的功绩工资从 1981 年开始正式实行。

(4)改革考核内容。过去传统的考核办法,要求主管人员考核其部属的主动性、成熟度、判断力、忠诚度及其他与工作要求不一定直接相关的品性,这方面的评语难免武断和主观,人事决定很少同考核相联系。《改革法》则规定,联邦机构各单位的主管人员必须在 1981 年 10 月 1 日前书面提出每项职务的关键内容以及工作表现的客观标准。今后将以雇员工作的关键内容而不是按照笼统的考核表格评价他们的工作。在考核的基础上,各单位作出培训、奖励、提升、降级、留用、重新委派工作、开除等人事决定。但要免职或降级,需要首先给予雇员合理的时间和机会改进其工作表现方可实施。

(5)改组人事管理机构。1978 年改革之前,直属总统的独立机构文官事务委员会总揽对文官的管理和受理文官申诉两方面的事务。这种管理体制职能不清,也是造成行政效率低下的重要原因之一。1978 年改革中,该机构被撤销,其职能分别由新设立的几个机构行使。

二、美国公务员制度的特点

美国公务员制度的建立虽然晚于英国,但其建制更为科学,更为完善。主要表现如下:

(一)强调职位分类

美国打破了英国品位分类的等级观念,实行职位分类,强调责任与职位的统一。这是美国公务员制度最鲜明的特色。职位分类标准客观,管理科学,便于因事择人、量才适用。职位分类适应了行政工作专业化的趋势,有利于提高行政效率。它是公务员制度的一个重大发展,被称为"全部人事制度的基础和起点",并为许多国家所采用。

(二)公务员法规严密规范

美国公务员的管理严格地运转在法制的轨道上。公务员的各项管理工作有法可依,有章可循,保持了公务员队伍的良好素质和相对稳定。成功、有效的法律,应该既具有科学性又符合实际需要,经得起理论的论证和实践的检验。因此,美国每一项事关公务员的立法,都要经过严格论证和反复试验,有的甚至历经数年。这种严谨的立法精神,使得美国公务员制度的法律与法规相当严密,且颇有实效。

(三)比较重视专才

虽然美国公务员的职前培训中也有通才教育,但是在考选公务员时,选择的标准是注重专门的知识与职务所需的特殊技术,重视专业技能在职务中的实际应用,重用专才型的人员。在就职后的在职培训中,也偏重于与所任职务相关的知识和技能的培养。这一点与英国的重视通才教育正好相反。

(四)具有政治化倾向

美国由于受"政党分肥制"的影响,在公务员的任用方面,至今仍具较浓厚的政治化倾向。除了选任的政府官员外,其他具有秘密性、专门性、技术性或临时性的官员,均不由考试任命,不受有关考试制度的法规限制。此类人员在公务员人数中所占比例较大,约有 15%,其任免进退主要为政治势力所左右,受政党政治的支配。

(五)录用比较公平

美国除了选任的官吏及秘密或技术性的职位外,绝大多数职位都向社会开放,通过考试公开选拔;而且,对于应考资格、年龄等均限制不严,颇富弹性,崇尚权利平等,体现了人人平等精神,这点是绝大多数国家做不到的。

三、美国公务员制度的主要内容

(一)分类制度

美国在分类上实行的是职位分类制度。职位分类就是按职位的性质把各种职位分成若干类,在类之下再按职位的责任大小、工作繁简、所需的教育程度、技术精粗划分若干等级。职位分类方案是制定工资方案和实施同工同酬、进行公务员考试、实施考核的基础。

职位分类的过程是:首先厘清所有公务员的职务责任是什么,然后再依据职务的性质和责任的轻重分别确定为若干门类和等级,给予一定的职称和级别。

美国公务员的职位划分为两大类。第一类为一般类,简称为 GS,包括专门、科学、书记、行政、财务类;第二类为技艺保管类,简称为 CPC,包括手艺保管、灯塔储藏类职位。前者分为十八等,后者分为十等。至于邮务、外交、教育、警察、消防、医务人员的分级与待遇均另行规定。

美国实施职位分类的目的是要实现“适才适所”和“同工同酬”。但是,人们对它的批评也颇多,认为它过于繁杂、僵化,阻碍了人力资本的自由流动,从而达不到最佳配置人才资源的效果。美国也一直在寻找完善职位分类的办法,1978 年增设的高级公务员系列就是其中的重要举措,合并、简化和淡化职位分类标准也渐成趋势。

(二)录用制度

1883 年,美国开始实行公开考试录用公务员。通过竞争性考试录用的公务员占 85%,有 15% 的政务官员、民选官员、专家、技术人员、16 ~ 18 级的高级行政官员、具有博士学位的人员和首长亲自委任的“例外人员”(包括机密、勤杂、临时人员)等公务员则不需参加竞争性考试。一般而言,美国公务员的考试与任用要经过招考、考试、推荐和选用、试用四个程序。

1. 招考

招考是用人单位把招收人员的职务、资格和考试日期等事项向公众公布,公开征求报考者参加选拔考试的用人方法。它面向全社会,凡合乎条件的人都可以报考。

2. 考试

公务员录用考试是功绩制的一个基本内容,体现着公平、公开原则。美国公务员的考试历来注重实际,考试内容也与职务密切联系。考试有两种形式:①集合考试,是考核一个人是否具备相应职位所要求的能力,包括笔试、口试和操作考试(如不搞操作考试,笔试成绩占70%,口试成绩占30%);②非集合考试,是针对已经取得国家颁发的专业资格证的专业类和管理类人员,如录用相同专业类的公务员时,则只进行全面考察和评价,对专业不再进行重新考试。在美国,公务员考试合格,只说明取得了可以被录用的资格。

3. 推荐和选用

长期以来,美国考试合格者进入备用名单的人数要比实际录用人数多两倍,以便择优选录。用人机构先要求公务员委员会推荐考试合格者的名单,经过调查和约见候选人后,从三人中选用一人,其余二人仍退回公务员委员会。如果认为推荐的三人都不满意,可以全部退回,请求另行推荐。

4. 试用

美国政府考试录用的有关法规规定,候选者一经录用,就要经过一段试用期。试用期有两种:从职业雇员中录用的人,试用期为一年;从有条件的职业雇员中录用的人,试用期为三年。用人单位要对试用人员进行定期考核,考核成绩不好的,或主动辞职或被免职,但免职须依一定程序办理。试用人员或正式雇员不得因行使宪法赋予公民的权利而被开除,也不得因受歧视而被开除。

(三)考绩与晋升制度

美国是最早实行公务员功绩考核制的国家之一。目前,美国实行的是工作考绩制度。工作考绩法的主要特点为:①考核内容即工作数量、工作质量和工作适应能力三个方面。主要有审阅工作完成情况的总结报告、鉴定潜在能力、描述具体工作职责、对完成的工作结果进行评价,对工作内容和工作效率进行数量和质量分析,其中数量分析内容有工作时间多少、任务多少、错误多少等,质量分析内容有工作精度如何、质量好坏、协调能力和思考能力如何等。②采取综合考核方法,主要有公务员个人进行工作小结,公务员互相考评,局外专家或团体考评,低级别公务员对监督人员的考评结果进行鉴定。实行周年考绩法,每年进行一次,以3月31日为截止日期。③考核结果分等,一般分为优等、满意和不满意。考核结果与晋级和任用相联系,考核结果为“优等”者,提薪一级;为“不满意”者酌情给予减薪、降级或免职处分。

美国考绩制还实行一种提前警告的办法,即对工作成绩不佳的人,各单位主管必须提前在正式考绩前3个月向他提出警告,为其提供改进机会,并告之如不改进,考绩时将被评为“不满意”。美国公务员考绩结果满意者占98%,“不满意”者极少。美国公务员考核对激励工作虽有明显效果,但同样存在缺乏客观标准的问题,主管官员、监督官员和考核人员的主观性和随机性对公务员考核结果有较大影响,人事管理署对此仍然感到是一个难题。但公务员感到考核结果不公正时,可以向考绩委员会或复审委员会提出申诉。

美国比较重视对公务员平时的工作考核。根据《工作考绩法》规定，公务员日常考勤被纳入公务员考绩范围，公务员在8小时的工作时间内（上、下午分别休息15分钟除外）不准看报纸、谈天、会客、吸烟、写私人信件等。检查人将随时检查工作人员是否有违规行为。公务员每天要对自己所做工作的内容和数量进行详细记录，记录将被当作周年考绩的依据。

根据美国《文官法》细则规定，公务员晋升一般需要经过考试，但实际上政府各部门公务员晋升存在多种情况：①委任晋升，由行政长官通过委任的办法提升公务员的职务或职位；②工资级别晋升，按公务员工作年限确定，满一定年限，只要没有过失，就能够自然晋升；③考试晋升，分为部内考试晋升和部外考试晋升，部内晋升的范围是在一个机关内部的人员参加晋升竞争，部外晋升则允许有其他部门的人员参加晋升考试，成绩为优者即可晋升；④混合方法晋升，一般综合考虑工龄、工作成绩或考试考核情况。政府各部门举行晋升考试时，上级人事管理机构均派人监督。上级人事部门管理机构也可以单独组织晋升考试。根据公开、公平、公正原则，当公务员个人感到晋升职务不公时，可以进行申诉。

（四）培训制度

美国政府一直都很重视公务员的培训，专门就公务员的培训颁布了培训法，使公务员培训制度化、法律化。美国公务员培训目的明确，培训内容与公务员工作或事业有关，通过培训挖掘公务员潜在能力，既有利于提高工作效率，又有利于公务员个人发展。

美国公务员培训由人事管理总署统一管理，具体采取的是统一和分散相结合的方式。高级文官在联邦高级管理培训中心进行，时间一般为四周，住宿培训；中级文官在中级管理培训机构培训，每次培训时间为两周；特殊培训和专业培训，由各业务部门提出计划，同人事管理总署协商，获批后将有专门经费，具体由各部门或单位组织实施。

美国培训的组织形式多种多样：①部内培训。即由各机关组织的培训，联邦政府有70%的培训都是由各机关组织的。②部际培训。即由文官委员会组织的培训，以培训公共课为主。③大学进修。即由文官委员会或各部与各大学合作，选送或选派在职公务员离岗或在岗用业余时间到大学参加学习或培训。④各种协会组织培训。美国有许多官方机构组织的协会和机构，如美国城市财政官员协会、国际人事管理协会等，这些机构组织多种形式的培训。⑤交流培训。在政府部门之间、联邦与州之间、政府与私营部门之间进行交流，以扩大公务员的知识面。

美国公务员培训主要有：①职前培训。职前培训与大学正规教育有密切关系，即由各大学负责培训政府机关未来的行政人才。各大学的课程中，均设有专门为行政机关培训行政管理人员的课程，而各种基金会也给予财力的支援，赞助这种培训的费用。②见习培训。见习培训亦称“实习培训”，培训的目的是使一位新获任命的行政人员在从事工作之前了解其工作的性质、范围及与其他行政人员之间的关系。美国政府一般行政机关都有一项规定,任何行政人员离职都须提前三个月通知机关主管或人事单位主管。在这三个月,机关可以从容地招聘新的接替人员,同时亦可要求即将离职人员陪同新进人员从事一段实习培训。③委托培训。即委托大学等机构施以短期的技术培训或选修几门指定的课程。委托培训的费用完全由行政机关负担,包括接受培训人员的薪水、膳宿、旅费、学费等。

(五)工资、福利制度

美国公务员实行的是分类工资制,确定工资的基本原则与英国大体相同。美国宪法规定,公务员工资由国会决定,总统每年要向国会就公务员工资问题进行报告。报告附有私人企业工资比较和公务员工会对工资的意见。只有经过国会批准,报告才能生效。

联邦文职人员基本上实行多等级的职务工资制。文职人员的工资主要有以下几个类别:①一般行政人员工资。按1949年职位分类法制定的适用于"白领"雇员的工资方案确定。②"蓝领"工资。按雇员工作所在地流行的工资率予以确定。③邮政工资。适用以上三类工资的雇员,占联邦文职人员总数的98%以上。④人数不多的其他人员的工资。如国务院驻外人员、情报机构人员、退伍军人局的医务人员等,另有其工资方案。此外还有行政长官工资方案。以上各类别的工资方案,除"蓝领"工人的工资外,都是由法律规定的。

按照职位分类,各类雇员工资都有各自的工资等级表,每一类别的工资又分为若干等,每一等又分为若干级。但亦有不再分级者,如行政长官的工资方案。因此,美国公务员的工资都是与职位分类相联系的。

一般行政工资方案(GS)适用于一半以上的联邦文职人员,共18等。美国公务员的工资体制有这样几个特点:第一,每等之间有固定的增长率或绝对增加额;第二,每级中最高等的工资比最低等高出30%;第三,每级中各等之间都有不同比例的差别;第四,等级间是交叉的,每级中的第4到第7等的工资大约相当于上级的第1等的工资。

按规定,适用一般行政工资方案的雇员升一级需要工作至少一年,而且工作要得到"满意"的评语。然而,多少年来,这一规定也是流于形式,实际上许多机构的人员都是按年自动升级。为了改变这种状况、鼓励雇员更好地工作,1978年《公务员制度改革法》规定,实行功绩工资制和改革考核办法。

美国公务员有多种形式的福利保障。这种福利保障一方面体现在小额优惠上,另一方面体现在退休保障上。社会保险津贴和医疗保险分别由个人和单位各交工资的1%和1.45%。公务员在受雇以后6—12月开始,就有资格参加储蓄,储蓄最高可占工资的10%,政府也按公务员个人存款额配额存入,到退休时属于公务员个人所有。

(六)纪律与奖惩制度

美国公务员制度的纪律规定,主要包括:①政治纪律。公务员不得参加政治竞选活动,不得担任政党的候选人,不得与劳动工人联合组织团体或采取共同的集体行动,不得为政治目的而进行金钱或有价值物质的授受等。②工作纪律。公务员必须遵守服务规程,服从长官命令和指挥,不得虚报成绩,不得弄虚作假欺骗上级等。③廉政纪律。《美国行政部门工作人员的道德行为准则》(以下简称《准则》)规定,政府工作人员不得持有与执行公务相冲突的经济利益;不得利用不公开的政府信息来进行金融交易以谋取私利;不得因职务关系而收受礼物;不得假公济私;不得从事任何与政府公务职责有冲突的兼职或活动;等等。其中对礼物还有专门的解释和定义,包括馈赠、照顾、折扣、娱乐、接待、贷款、延缓清偿债务或其他有金钱价值的表示,对公务员利用职务机会发表演讲、著书等获取的职务外收入,《准则》也有具体规定。

美国公务员惩处的主要做法:①把对公务员的惩处分为司法惩处和行政惩处:司法惩处由司法机关进行审判,根据审判结果行政机关再作惩处决定;行政惩处由各行政机关负责执行。②设立不同的处罚种类,主要有申斥、警告、调换工作、记过、扣薪、停止晋升、停薪、降级、免职等9种。③有明确的程序规定,根据美国文官细则,对于参加禁止性政治活动的文官惩戒有"调查、通信调查、起诉、申诉、定案、处罚和重新处理"等程序。对于犯有其他过失而应撤职、停职与降级的惩处程序为:给当事人发指控通知(通知内容有具体规定)—由当事人答复或申诉并宣誓—复议—做定案决定。同时规定,在通知期间内,雇员一般应保持现职地位。④对惩戒权限有约束,主要受平等原则约束,即惩处不得因宗教见解或教派、婚姻状况、种族、政治见解或党派而加以歧视,除非法律另有规定;受公正原则约束,即惩处必须是同样过失受同样惩处,不得因同样过失而受不同惩处或有的被惩处而有的不被惩处;因法律规定不得被撤职、停职或降职的雇员,一般不能给予相应惩处。⑤对试用期、考察期和暂任雇员,程序比较简单,单位对其工作不满可以随时通知其离职或辞退。

在美国,公务员通过提建议或者具有突出的工作表现,对政府工作具有重大贡献的,将给予精神的或物质的奖励。美国公务员的奖励:①设立有不同的奖励种类,主要有特殊成绩奖、质量优秀奖、节约奖、建议奖。美国每年有5%的公务员获总统授予的"优秀行政官员奖",1%的公务员获总统授予的"卓越行政官员奖"。②各部门设立工作奖励委员会,具体组成人员由政府各部门领导人指定,该组织负责选拔和提出成绩优秀人员人选,各部部长审批后进行奖励。③由联邦预算局控制规划,因为涉及政府奖励支出,联邦预算局每年向国会报告奖励实施结果,以及奖励工作建议。④规定政府各部门对每项工作必须进行经常性检查和评估,并且与公务员发挥的作用评价结合起来,使公务员奖励有比较扎实的成绩基础。美国公务员奖励,对激发公务员的工作积极性和创造性发挥了较好的作用。

(七)退休制度

美国公务员的退休制度是由1920年国会通过的公务员退休法和年金法开始的,这两个法律经过多次修改，扩大了适用范围，公务员的退休待遇也逐步提高。

美国公务员退休制度主要规定较烦琐，我们仅摘其要点而述之：

（1）美国联邦行政、立法、司法三个部门的任命和选举的官员、雇员，除由法律和条例排除在外的人，都参加公务员退休系统。

（2）除少数几种官员外，法律没有为联邦雇员规定强制退休的年龄，凡符合以下三种年龄和工龄者可以自愿退休：①年满62岁、已服务5年；②年满60岁、已服务20年；③年满55岁、已服务30年。

（3）退休基金由在职雇员（包括官员，下同）和政府共同提供。雇员交纳其基本工资的7%，从工资中扣除。政府交纳的金额同雇员交纳的金额相等。

（4）雇员服务公务员职务必须满5年，退休后才有资格领取退休年金。

（5）退休年金的多寡，取决于雇员的服务年限和基本工资。基本工资是指退休以前工资最高的三年的平均年基本工资。年金最高不超过这三年平均基本工资的80%，最少不得低于社会保险的最小基本保险额。

（6）年金按消费者物价指数在每年3月1日、9月1日各调整一次。

第四节　法国的公务员制度

在法国，凡机关工作人员皆称为"公务员"。公务员分为两大类：一类是不适用公务员法的公务员，主要指议会工作人员、司法部门的法官、军事人员，以及工商业领域的国家管理、公用事业和公立公益机构的人员；另一类是适用公务员法的公务员，指在中央政府及其所属的驻外机构或在公立公益机构的各级部门中担任专职的人员，如中央各机关从事国家管理的常任官员，其范围基本上同英国的"常任公务员"相同，也被称为国家公务员。法国政府1984年1月11日颁布的国家公务员地位法规定，国家公务员是指"被任命以全部时间在国家中央行政机关，所属派驻机构或国家公共机构的某一个等级中担任某个常设性职务，并正式任职者"。在法国，公务员的范围比英国、美国都大。

一、法国公务员制度的形成过程

法国公务员制度的建立经历了长期、曲折、复杂的发展过程。法国由于长期保留了封建官僚制度，采用现代公务员制度的时间较晚。1789年，大革命胜利后，法国官吏制度发生了根本性的变化，显出现代公务员制度的雏形。在拿破仑执政时期，公务员制度的一些主要轮廓已被勾画出来，并带有鲜明的军事色彩，其主要特点是：①建立等级制度。1809年依据公务员进入行政部门任职时间长短、在行政部门中的地位和过去在行政部门以外的工作经历划分等级，并在等级同薪金之间建立联系。②实行严格的纪律。如要求下级绝对服从上级等,违犯者要受到制裁。③建立一些单项管理规章制度。主要有确立统一培训原则、统一行政部门工作方法,建立行政法院,创办培训官员的专门学校等。在此期间,法国政府官员的素质有了明显提高,这主要得益于拿破仑注重对官员的纪律约束和专业技术训练。

19 世纪至 20 世纪前半期,法国政局一直动荡不安,封建君主制的复辟和资产阶级反复辟的斗争激烈尖锐,公务员制度的建立受到严重影响,导致政府在官员任用上交替使用"恩赐官职制"和"政党分肥制",造成官场营私舞弊、行贿受贿等现象层出不穷,政府部门工作效率低下,国家机器运转不灵,危及法国资产阶级的根本利益和统治地位,因而法国一些议员提出了有关公务员的法律草案,要求对公务员加强管理。在此期间制定了许多单项法规,例如 1923 年的内政部公务员法、1924 年的退休法等。

法国的现代公务员制度是在二战后改造旧的公务员制度的基础上建立起来的。1946 年 10 月,法国颁布了统一的公务员法。1959 年 2 月,新的公务员法颁布,标志着现代意义上的法国公务员制度正式建立。

二、法国公务员制度的特点

(一)"官僚制"色彩较浓

法国公务员在任职期间受国家保护,官职等级按年晋升,职务可以调任,官职分立,同类同职级人员可在不同地区、不同机关间调任,从而形成终身雇用的封闭官僚系统。

在法国,公务员受到国家的严格控制,其所作所为直接向上级负责,缺乏积极进取精神,办事注重形式,程序复杂,各种文书法规、档案资料汗牛充栋。

(二)高级公务员专家化

法国公务员制度的最大特点是高级公务员大都是"技术专家"和"行政专家"。所以,在公务员队伍中专家和专业人才的比例较高。这与法国的传统和现行的公务员培训制度是密不可分的。早在 1945 年开始重建公务员制度时,法国就着手对录用和培训制度进行了改革。以前,考试后不经培训即可直接录用;改革后,考试合格者还须经过培训、考查才加以正式录用。高级公务员一般都得经过 2 ~ 3 年的培训后才可以任用。

(三)公务员的民主权利较为广泛

法国近代以来崇尚自由、民主与平等,公务员的民主权利也较其他国家更为广泛。比如,公务员享有信仰自由,有参加政党组织和政治活动的权利,有组织和参加工会的权利,等等。

(四)赡徇化的默许规则

赡徇化的默许规则即机关行政首长可直接以红包形式奖励下属,此类"红包"系非法定给予,故以个别、秘密方式交付,双方秘而不宣,但预算上承认该项开支。

(五)具有民主参与机制

公务员可通过人事管理协议会直接参与人事行政,并以此调节行政机关与公务员的双方利益。

三、法国公务员制度的主要内容

(一)分类制度

法国公务员系统属于品位分类模式,但又与英国的品位分类有所不同。首先,法国分类系统在类别上虽也有等级划分,但等级之间相对开放,不像英国那么闭锁。其次,法国的分类系统更多引入了职位分类的因素,从这个角度而言,它应被视为品位分类与职位分类的混合型。

按法律规定,法国公务员分为 ABCD 四大类。A 类:高级公务员集团,承担拟定政策、起草法规、组织管理等工作,A 类公务员必须具有正式的高等教育毕业文凭。B 类:中级公务员,承担执行性质的工作,具体在 A 类公务员领导下工作,进入 B 类的公务员必须持有初级高等教育(相当于我国的大专)或高中教育文凭。C 类:初级公务员,承担具体工作,在 AB 类公务员领导下负责执行法规、具体方案的实施,C 类公务员至少要持有初中毕业文凭并经过特定的职业教育。D 类:低级公务员,承担非专业性的最简单性质的工作(如勤杂事务),D 类公务员具有初中或小学毕业文凭即可。法国政府还实行改革,通过教育和培训逐步将 D 类公务员并入 C 类。

除了上述四大类外,法国还设有特别职类(A),此职类约有 500 个职位,由担任高级行政职务的公务员组成,如中央各部的司局长、中央行政机关的负责人、大区长、省长、大使、行政监察部长官以及大学校长等。

(二)录用制度

法国公务员采取考试录用制。这种制度强调两个基本原则:一是平等原则。即对报考者一视同仁,不论性别、家庭出身、政治面貌和倾向,也不论其信仰和哲学观点,主要以品行和文化作为衡量标准。年龄一般限制在 25 ~ 35 岁。但平等原则在执行过程中受到很大的限制。例如,虽然规定对不同政治倾向和信仰的报考者一视同仁,但是,如果报考者不接受“保留义务”(即不能公开发表与政府不同的政见),则被视为拒绝参加投考。二是考试择优录取原则。考试公开进行。考前,由有关部门发布招收简章,规定招收名额和条件、报名手续、考试日期和考试科目。报考者按要求呈递大学、中学或小学毕业证书。报名截止后,由有关部门进行严格审查,如考生没有法国国籍、不享有公民权、患有肺病、癣症、精神疾病等重病或没有按法律规定服兵役等,则将被取消报考资格。经审查合格后编出考生名单。再由有关部门成立的考试委员会按考试大纲出题,制订考试规则。

考试分两轮进行,第一轮是笔试,选中的对象称可接受候选人,然后进行第二轮多科目的口试。考试期间,考试委员会全体委员要出席监考,并成立主考小组负责评分(由考试委员会的一些委员组成),考试委员会要对所评的考生各科分数进行审议,在取得一致的意见后,确定录取名单。司法机关监督招收、考试和录取的全部过程,并受理出现的舞弊问题。法国公务员的考试竞争相当激烈。报考者与录取者的比例,A 类高级文官是 3:1,B 类公务员是 4:1 ~ 10:1,C 类和 D 类公务员是 10:1。

被录取人员还要进行一段时间的见习或业务训练,方能被正式录用。

(三)考绩与晋升制度

法国公务员考绩的形式是年终鉴定。法国政府每年给每个公务员进行总评定,写出鉴定,以表明他的业务才能。鉴定由行政长官亲自主持。鉴定分两个步骤进行。首先进行分项评分,即把专门知识、身体状况、值班守时、整洁状况、合作精神、工作能力、工作效率、工作方法、工作积极性、服务精神、思维能力、组织能力、监督能力、考察能力等专业项目,逐项打分。对不同类别的公务员考核项数不同,A 类考核项目较多,但不是全部项目,D 类较少,最低不少于 6 项。最低为 0 分,最优为 20 分。评价取分一般以 15 分向上打分或向下打分,总分标准分为 100,优异为 126 ~ 140 分,优良为 86 ~ 125 分,劣等为 61 ~ 85分,低劣为 60 分以下。为了避免各部门评分的差别,由对等行政委员会做综合平衡,报上级批准通过。评分应告知本人和对等行政委员会。行政长官根据各项分数,对公务员一年的工作做出总的评语。总评只通知对等行政委员会,不告知本人。如果某个公务员认为有知道的必要,可以通过对等委员会,要求本单位行政长官把总评告诉本人,如果某个公务员认为总评不公,可以通过对等委员会,要求本单位行政长官修改总评。公务员的鉴定好坏直接关系到公务员的晋升,特别是选拔晋升。

在法国,公务员晋升包括晋职和晋级,晋职是指职务或职务类别的提升,晋级是指工资的提升。按照法国公务员总法规定,两种晋升都采取阶梯式逐级提升。法国公务员晋升有三条重要原则:①公开。对公务员晋升的职位、时间、条件、方式、程序等,各部门都要向公务员公开,具备基本条件的都可能有提升机会。②公平。统一考试考核标准,最后依据考试成绩或考核结果而晋升。③逐级。即不准越级晋升职务。

法国公务员晋升有三种主要方式:①考试晋升。这种考试是内部的竞争性考试,适用于公务员类别等级晋升,各地区和各部门每年都要组织一次考试,由考官团主持考试,最后根据考试成绩,由部长决定职务任用。②考核晋升。它适用于公务员职务晋升和类别晋升,主要由各部部长或部长授权的司长根据公务员近 3 年考核结果决定,晋升时要考虑资历、学历和资望等因素。其操作程序是由行政部门负责人决定提职的名额,并根据公务员近 3 年的鉴定,从中挑选出比提职名额多一倍的公务员名单。然后由对等行政委员会按名单逐个审议,根据公务员的鉴定,参考其业务水平和资历提出意见。行政部门负责人在征得对等行政委员会同意后,正式确定提职名单,并在当年 12 月 15 日以前公布。③年功晋升。主要适用于级别工资升级,年度考核符合标准的,都可以晋升一级工资。

法国公务员晋升有四个主要程序:①作晋升计划。提出晋升职位和名额,晋升事先要作充分准备。②确定晋升名单。进行评议和分析,行政对等委员会进行复审,也有权修改。③公布晋升结果。④晋升诉讼。对不公正的晋升,公务员有权向法院提出诉讼,法院有最后裁定权。

(四)培训制度

法国公务员培训有非常健全的法规和制度,国家从法律、机构、投资、设施和措施等方面为公务员培训提供配套性保障,而且根据经济和社会发展以及知识迅速扩展的要求,经常调整和加强公务员培训。

1971 年法国国民议会通过了继续教育法案,1985 年法国政府在法律上进一步规定:各行政机关可以要求公务员进行继续培训;公务员有权利要求进行继续培训;公务员每 3 年至少要接受一次培训。为鼓励公务员参加培训,还规定公务员为参加晋升考试,每年可享受 8 天考试假;在公务员职业生涯中,每个人还可以申请 1 ~ 3 年脱产培训,培训期间不影响职务晋升,第二年和第三年则停发工资和奖金。

法国公务员培训管理由公职部负责,具体由各部门制定培训计划。一般每年有 55% 的人接受继续培训,时间长短不一,平均每人每次有 6 天,当培训与工作发生矛盾时,一般服从工作,但第三次安排不能参加的,则要在档案中注明。

法国公务员培训有 3 所国家院校、5 所地方行政学院、70 所专门技术院校、28 个培训中心,这些机构基本能满足公务员培训计划要求。法国国立行政学院[①]是法国最有名的高级公务员培训基地,全法处长以上文官有 80% 毕业于该院。该院考试特别严格,最后要公布分数,排列名次,政府文官若有缺位,则严格按名次递补,使培训与晋升紧密挂钩。这是法国公务员培训最有特色之处。

法国公务员培训有三种主要方式:①职业学校培训。根据公务员工作需要,有的安排到行政学院培训,有的安排到工程技术学校培训。②岗位培训与进修。主要在部门办的培训中心进行培训。③在私人企业进行培训。法国政府认为,最先进的技术和经验往往首先在私营企业产生,因此每年都要选定一些中高级人员到私营企业进修。

组织培训评估,是法国公务员培训的又一特点。为了提高培训水平,法国政府很重视培训效果评估。有的要当即评估,当一个培训班结束时,由学员填表发表意见;有的通

① 2021 年 4 月 9 日,法国总统马克龙宣布关闭学校。按照法国官方披露的改革计划,取代法国国家行政学院的教育机构将是公共服务学院,校址仍位于斯特拉斯堡,继续以培养高级行政管理人才为目标,但新设立的学院将在招生对象、课程设置以及工作分配等多方面做出调整。

过测试进行评估,要求参加培训人员根据培训学习到的新知识进行应用,如进行方案设计;有的要做长远评估,一般公务员在回岗位工作 6 个月后进行评估。

(五)工资、福利制度

法国公务员的报酬主要由基本工资、住房津贴、家庭津贴以及其他法律和法规文件规定的补助、津贴组成。法国政府在规定公务员工资时,兼顾国家的支付能力,同时参考私人企业职工的工资水平,以保证公务员的实际收入。

公务员的工资分为普通工资(即全部 B、C、D 类公务员和大部分 A 类高级官员的工资)和特级工资(即总统、政府成员、部长会议任命的高级文武官员和司、局长以上的 A 类高级官员的工资,人数约 2.9 万人)两种。

法国公务员实行指数工资制。公务员的工资水平和工资晋升,表现为工资指数的变动,工资指数的单位值(即每个指数点)则根据当年物价水平确定,公务员工资增长幅度一般高于或等于物价幅度。普通工资等级指数表的最低等级指数是 225,最高指数是 1015,特级工资指数表的最低指数是 1075,最高指数是 1920。

公务员工资实行补贴工资与基本工资同比的制度。法国公务员补贴工资是公务员收入的重要部分,一般要占本人基本工资的 10%~30%。其补贴工资,同公务员基本工资同比增加,即工资高的公务员补贴工资也高。其中:住房补贴,根据地区不同,分别占公务员总工资的 5%~8%;安家补贴,主要是对才参加工作的公务员,给予安家补贴;家庭补贴,根据孩子数进行补贴,孩子多补贴多;出差补贴,国内国外出差都实行经费包干,多不退少不再补;加班补贴,以小时计,也有的实行按次计。同时,各部还有部内奖金,根据各部委经济状况,由各部委给公务员发一些奖金,公务员退休后即取消。

法国除给予公务员补贴性收入外,还通过设立托儿所、办机关食堂、提供社会和医疗保险等为公务员提供福利。其中休假是最主要的福利制度,带薪假有午休假、工伤假、一般病假、产假、哺育假、受教育假,即每个公务员有 1 个月年休假;病假 6 个月内工资照发,超过 6 个月的,按 50% 领取工资;妇女产假有 16 周,产前 6 周,产后 10 周;公务员每年参加内部考试,有 8 天考试假;公务员因抚养不满 16 岁的孩子或有因伤病需要照顾的家庭成员的,均可申请半日工作,但工资只领 50%,工龄只记一半。

除上述福利外,法国公务员还享有其他社会救济和实物福利。例如,由国家对公务员的社会保险进行补贴,补贴数额占公务员工资的 10%。一些公务员还可以分配到住宅、制服、交通工具等。

(六)退休制度

法国在 20 世纪初,就已经建立了退休制度。第五共和国成立后,法国政府公布新的法律,对退休制度做了新的规定。这个规定适用于除法国政府成员和由政府任命的高级官员以外的所有公务员。法国政府规定"常驻职位"(即以办公室工作为主的职位)者退休年龄为60岁,"流动职位"(需经常外出服务的职位)者退休年龄为55岁。实际上,法国40%的公务员是经常外出人员,所以约有一半公务员在60岁前就退休了。公务员平均退休年龄是58~59岁。公务员还可以申请提前退休,提前退休的最低工作年限要求为15年,工龄上限为37.5年。

公务员退休后可以领取一定数量的退休金,领取退休金的基本条件是:工作不少于15年(丧失工作能力除外),至少交纳了15年的6%工资的退休储金。领取退休金的最低数额为基本工资的30%(工作年限为15年),最高限额为基本工资的80%(工作年限为40年)。

思考题

1. 简述西方国家公务员制度的政治地位。
2. 简述西方国家公务员制度的功能。
3. 西方国家公务员制度具有哪些特点?
4. 英国文官制度具有哪些特点?
5. 美国公务员制度具有哪些特点?
6. 法国公务员制度具有哪些特点?

参考文献

[1]王美文. 中西公务员制度比较[M]. 北京:中国社会科学出版社,2021.
[2]姜海如. 中外公务员制度比较[M]. 北京:商务印书馆,2013.
[3]谭功荣. 公务员制度比较研究[M]. 重庆:重庆出版社,2007.
[4]周敏凯. 比较公务员制度[M]. 上海:复旦大学出版社,2006.
[5]杨庆东,等. 中西方公务员制度比较研究[M]. 昆明:云南大学出版社,2003.
[6]黄卫平,谭功荣. 公务员制度比较[M]. 北京:中央编译出版社,2002.

第七章

西方国家政府经济职能

政府经济职能属于国家作用的范畴,在国家行政制度中有着重要的地位。市场经济发展的进程证明,现实经济生活中存在着“市场失灵”,要求政府对经济运行进行适当的干预和调节,这就是政府经济职能的主要内容。

第一节 政府经济职能概述

在市场经济条件下,市场仿佛是一只“看不见的手”,神奇地引导和调节着经济活动,在资源配置中发挥着决定性的作用。但单靠市场难以完全实现资源的最佳配置,存在市场失灵,有必要发挥政府经济职能,弥补市场失灵。尽管政府经济职能本身并不能保证充分弥补市场机制的不足,也许还会存在着政府失灵,但政府在市场经济中仍然具有不可或缺和不可替代的重要作用。政府的经济职能是一个历史的范畴,从西方主要发达市场经济国家经济发展的过程来看,总的来说,政府经济职能的范围不断扩大,作用也在不断增强。

一、政府经济职能的含义

现代意义上的政府经济职能的概念是与市场经济的形成联系在一起的。政府经济职能作为政府职能的一个重要部分,指的是政府在社会经济事务管理中依法所应履行的职责及所应起到的作用。政府经济职能解决的是在经济事务管理方面政府管什么、管多少、管到什么程度、以什么方式管等一系列问题。当代世界各国对政府职能首要关心的就是其经济职能。政府经济职能的选择是否得当,政府和市场的职能配置和关系模式设计是否合理,直接关系到这个国家资源配置是否具有效率。对于一个国家来说,这显然是关系到发展还是衰退、繁荣还是贫穷、兴旺发达还是落后挨打的大问题。政府经济职能包括下面几层含义:

(1)管理主体是中央政府及各级地方政府,而不是任何其他经济组织、单位和个人。有所区别的是:有些国家是中央政府发挥作用大一些、多一些,例如法国等;有些国家是中央政府及各级地方政府各自发挥自己的作用,例如美国等。

(2)管理对象是整个国民经济,是着眼于总体性的宏观管理,不同于部门经济管理和企业经济管理。

(3)管理目的,既有政治性意义即维护和实现统治者的利益,也有公共性意义,即通过一系列管理活动,以较少的代价去获得较大的经济效果,促进经济发展、国家发展。

(4)管理方法、方式和手段带有综合性。政府一般通过法律、财政政策、货币政策、指导性计划 、提供信息服务等综合手段来履行经济职能,管理经济。

一个国家的政府经济职能决定于一定的经济体制,是特定时期内经济环境的产物,最佳地适应这种环境是政府经济职能选择和经济体制择优的最高目标。由于各国处于不同的经济发展阶段，其政府经济职能有相当大的差异，政府经济职能也不会有一个统一的模式。

二、政府经济职能的特性

1. 政府经济职能具有内生性

政府职能的内生性主要表现在：①政府经济职能是经济运行本身所内生的要求。无论在何种社会形态、在经济发展的何种阶段、在何种经济体制下，政府经济职能的产生均是经济体系本身缺乏解决自身问题的能力的结果，政府经济职能都是经济运行本身所产生的要求。需说明的一点是，并不是政府的任何干预活动都是经济运行所产生的要求，政府的干预完全可能是政府或者政府官员以政府名义进行超范围的干预，因此，不能混淆经济运行本身所内生出的政府经济职能与政府实际发挥的作用，政府实际发挥的作用既可能没能满足经济运行本身所内生的干预要求，也可能远远超过经济运行本身所内生的干预要求。经济运行本身所内生的具体的干预要求在人类社会发展的低级阶段和高级阶段是存在很大的差异的。②政府经济职能是政府实现其政治职能和社会职能的要求。经济活动是人类社会最重要的活动，是人类各种社会活动的基础，经济不能顺利运行，政府要实现其政治职能和社会职能是非常困难的。因此，政府要履行这些职能，就必须承担经济职能。

2. 政府经济职能具有非营利性

政府承担经济职能，不在于直接为政府谋取利润或者经济利益，而是为经济顺利运行创造条件，为实现政府的政治职能和社会职能服务。

3. 政府经济职能具有多方位性

经济体系需要政府解决的问题不是单一的。政府除了要保护财产权，还要提供纯公共物品，解决信息不对称问题，救济面临生存危机的人，而且随着经济发展，政府的经济职能还要不断地扩展。

4. 政府经济职能具有层次性

在政府的经济职能体系中，政府应该履行的经济职能的优先顺序和重要性是有差别的，是分层次的，其中包括核心层次和核心层次之外的其他层次。政府经济职能的演变过程也显示了政府经济职能的层次性，历史上政府最先承担的经济职能是提供最重要的公共物品和保护财产权，然后才在此基础上逐步扩展。

5. 政府经济职能具有从属性

从属性指的是在阶级社会中，政府的经济职能从属于政府的政治职能。其表现就是，一旦政治职能目标与经济职能目标相冲突，政府会确保政治职能的实现，而牺牲经济职能目标。政府经济职能对政府政治职能的从属性决定了政府的政策并不一定有利于经济的发展,反而可能阻碍经济发展。

6. 政府经济职能具有公共性

政府经济职能产生于社会的需要,它也就不可能只服务于某个人或某个经济单位,而是服务于公共利益。当然在不同的社会发展阶段,这种公共利益的性质和享受公共利益的人存在差别。因此,政府经济职能具有公共性。

7. 政府经济职能具有权威性

政府经济职能体现的是政府的意志,是集体意志,政府为实现其经济职能所制定、实施的各项制度和采取的措施具有普遍的约束力。对任何经济单位而言,政府都是超乎其上的力量,政府所制定、实施的规章和采取的措施都是一种外部的不受自己意志支配的约束力量。任何经济单位的行为都要受政府的约束,即使政府的意志与经济单位自己的意志相悖,经济单位也得服从政府的,从而使得政府经济职能具有了权威性的特点。

8. 政府经济职能具有成长性

政府经济职能是一个具有开放性的职能体系,随着社会形态的改变、经济发展阶段的演进、经济体制的变化,政府经济职能包括的范围也会不断扩展。人类历史上,政府经济职能伴随着政府的出现而产生后,就呈现出持续扩展的趋势。

9. 政府经济职能具有相对稳定性

政府经济职能的稳定性主要表现为:①政府的经济职能与政府相伴而生,始终是政府职能的有机组成部分;②政府经济职能的基本内容具有相对的稳定性,有其“内核”;③一般来说,在短期内政府经济职能的范围、实现方式等不会发生大的变化,只会有局部性的微小的变化。不过政府经济职能的稳定是相对的,并非一成不变,从长期来看,政府的经济职能是会发生变化的。变化主要反映在:政府经济职能的范围和实现方式会随着社会形态的变化、政治制度的变化、经济体制的变化、生产社会化程度的变化而发生相应的变化。

10. 政府经济职能责任的单一性和实施主体的明确性

政府经济职能的责任主体当然是政府,因此政府应该依照法律或者规章履行其经济职能。既然政府是政府经济职能的责任主体,那么政府就要通过制定、执行法律或者政策使该种职能得到实现。政府制定、执行法律或者政策,必须建立相应的互有分工的职能部门体系,依靠各级职能部门来履行经济职能。需要说明的是,这里所说的政府经济职能实施主体的明确性并不排斥这样的现象,即其他经济主体的行为实际上是在代政府履行经济职能,但是从性质上来看,无论在何种条件下,只要已经纳入政府承担的经济职能的范围,政府就应该切实履行其承担的经济职能,否则就是政府的失职。

三、政府经济职能的作用

市场机制是最具效率和活力的经济运行机制和资源配置手段，其优势在于借助价格机制的作用，把经济人的理性利己行为转变为利他行为，并自动实施供求调节，实现经济运行的瓦尔拉斯均衡和资源配置的帕累托最优。但是市场机制也不是万能的，即使是在发达的市场经济条件下，市场机制也存在着自身无法克服的缺陷，市场机制固有的内在缺陷具有普遍性和必然性，由此而造成的市场失灵为政府干预提供了基本依据，要求政府必须在以下几方面发挥其经济职能。

1. 保持经济的综合平衡和稳定协调的发展

市场调节实现的经济均衡是一种事后调节并通过分散决策而完成的均衡，它往往具有相当程度的自发性和盲目性，由此产生周期性的经济波动和经济总量的失衡。例如在粮食生产、牲畜养殖等生产周期较长的产业部门更容易发生典型的“蛛网波动”。再者，市场主体在激烈的竞争中，为了谋求最大的利润，往往把资金投向周期短、收效快、风险小的产业，导致产业结构不合理。这就需要政府运用计划，利用财政、货币、信贷、汇率、优惠、制裁等政策措施、经济杠杆和法律手段，特别是采取“相机抉择”的宏观调节政策，适时改变市场运行的变量和参数，以减少经济波动的幅度和频率，同时通过制定发展战略和产业政策，或对若干重要领域进行投资来引导生产力的合理布局，优化产业结构，保持宏观经济稳定与经济总量平衡。

2. 遏制垄断产生

在市场竞争较为深入的阶段，自由竞争往往会走向自己的反面——产生垄断，而垄断又会极大地限制竞争，从而导致对市场竞争机制的扭曲，使其不能发挥自发而有效的调控功能，这就需要政府充当公益人，对市场主体的竞争予以适当的引导、限制，如制定反托拉斯法、价格管制、控制垄断程度等。

3. 纠正外部效应

外部效应是指单个的生产决策或消费决策直接地影响了他人的生产或消费，其过程不是通过市场。也就是说，外部效应不能通过市场机制自动减弱或消除，这意味着有些市场主体可以无偿地取得外部经济性，而有些当事人蒙受外部不经济性造成的损失却得不到补偿。前者常见于经济生活中的“搭便车”现象，后者如工厂排放污染物会对附近居民或其他企业造成损失，对自然资源的掠夺性开采和对生态环境的严重破坏等。这类外部效应难以通过市场价格表现出来，当然也就无法通过市场交换的途径加以纠正。通过意识形态和道德教育固然能够使之弱化，但作用毕竟有限。只有通过国家税收或补贴政策或行政管制，才能使外部效应内在化，最大限度地减轻经济发展和市场化过程的外部效应，保护自然资源和生态环境、实现可持续发展。

4. 提供公共产品

公共产品是指那些能够同时供众人共享的产品和劳务,并且供给它的成本与享用它的效果并不随享用它的人数规模的变化而变化,如公共设施、环境保护、文化科学教育、国防等。正是公共产品具有消费的非排他性和非对抗性特征,一个人对公共产品的消费不会导致别人对该产品消费的减少,于是只要有公共产品存在,大家都可以消费。这样,一方面公共产品供给所需成本,理应由受益者分摊;另一方面,即公共产品的供给一经形成,就无法排斥不为其付费的消费者,于是不可避免地会产生外部经济性以及由此而出现的“搭便车者”。更严重的是,既然如此,人人都希望别人来提供公共产品,而自己坐享其成,其结果便很可能是大家都不提供公共产品。而缺乏必要的公共产品,便会大大降低资源配置的效率。这就需要政府以社会管理者的身份组织和实现公共产品的供给,并对其使用进行监管。

5. 调节收入和财富分配

一般说来,市场能促进经济效率的提高和生产力的发展,但不能自动带来社会分配结构的均衡和公正。奉行等价交换、公平竞争原则的市场分配机制却由于各地区、部门(行业)、单位发展的不平衡以及各人的自然禀赋、教养素质及其所处社会条件的不同,造成收入水平的差别,产生事实上的不平等,而竞争规律往往具有强者愈强弱者愈弱,财富越来越集中的“马太效应”,导致收入在贫富者之间、发达与落后地区之间的差距越来越悬殊,构成对经济持续增长和社会协调发展的极大威胁。这就需要政府通过制定社会保障政策等措施,调节收入分配,防止贫富分化。

6. 划定市场主体的产权边界和利益分界,维护经济秩序

在市场经济活动中,个人、企业等市场主体的各种经济行为及其目的的实现固然受到市场各种变量的支配,并且这些变量以其特有的规律调整着他们的行为,自发地实现着某种程度的经济秩序;然而作为经济人以谋求自我利益最大化为目标的市场主体又总是在密切、广泛、复杂、细致的经济联系中进行竞争,产生利益矛盾和冲突是不可避免的,而当事人自己以及市场本身并不具备划分市场主体产权边界和利益界限的机制,更不具备化解冲突的能力。这就需要以社会公共权力为后盾的政府充当仲裁人,设定体现和保障市场原则的“游戏规则”,即以政策或法律的形式明确界定和保护产权关系的不同利益主体的权利,保证市场交易的效率和公正性,确保市场机制运行的基本秩序及市场主体的合法权益不受侵犯。

四、影响政府经济职能设置的主要因素

一个国家如何设置合理的政府经济职能,如何平衡政府经济职能与市场、社会功能之间的“度”的问题,主要受意识形态因素、生产力发展水平、市场发育程度、所处的特定历史时期、政治状况、经济理论等诸多因素的制约。

1. 意识形态因素

意识形态因素在决定一国政府的经济职能力度结构时具有十分重要的作用。一个国家,是实行以生产资料私有制为主的资本主义国家还是实行以生产资料公有制为主的社会主义国家,这对决定该国政府干预经济的方式至关重要。一般说来,以生产资料私有制为主的国家,由于私人对自己的生产资料拥有第一位的决策权,故而政府干预市场通常以通过市场变量进行间接调节为主;而以生产资料公有制为主的国家,国有经济的比重较大,公有制的产权较多,故此国家干预市场经济时直接经营及政府管制等直接干预手段便使用得相对较多。

2. 生产力发展水平

此处的生产力发展水平既包括绝对水平,也包括相对水平。通常,生产力水平较低时,经济的专门化与复杂化程度便低,集中直接控制经济的难度便小;而且生产力水平低时,经济信息的交流相对缓慢,传导范围相对狭小,对决策技术的要求也相对较低,而且决策失误的损失亦不如在高生产力水平时大。比如,泰国等东南亚国家由于政府决策失误而导致的东南亚金融危机不但对其本国经济而且对世界经济产生巨大危害,而这一现象在几十年前发生的可能性及危害恐怕会小得多。

3. 市场发育程度

市场发育程度高的国家,各种要素市场健全,各种市场信号灵敏准确,故通过对市场参数的调节便可以有效地驱使市场主体做出反应。而市场发育程度低的国家,各种市场发育不成熟,价格等市场信号经常处于扭曲或不灵敏状态,且人们的市场意识差,此时,直接对市场主体进行行政性限制往往比通过市场参数对其进行间接调节更容易且有效。

4. 所处的特定历史时期

比如是战争时期还是和平时期,是经济稳定发展时期还是剧烈波动时期。一般说来,战争时期与经济发展剧烈变动时期,政府采用直接、集权等力度更深层次的职能比起和平及经济稳定发展时期要多得多。正如美国经济学家斯蒂格利茨指出的那样,民主制度以及多头制的组织是可以正常运作的,但是一旦事物的变化非常快,如处于战争时期,或者在一个处于高速发展的国家中,人们就需要一种较为集权化的控制方式。而在战争时期,大多数国家都采用更为集权化的控制方式。这方面的例子在世界经济发展史中不胜枚举。

5. 政治状况

政府经济职能的实施是一种政府行为,而政府行为不可避免地要受一国的政治状况所制约。一国的政治统治形式采取的是分权制还是集权制、政治生活实行的是民主制还是独裁制,其政府经济职能力度结构的配置差别很大。一般说来,集权、独裁的国家倾向于使用力度层次较深的政府经济职能形式;而分权、民主的国家对于力度层次较浅的政府经济职能形式更为偏爱。而且,纵使在同一类型的国家之中,国内各利益集团的权力分布与结构对于一国政府经济职能力度结构的具体配置也具有十分重要的影响。在西方,有关经济政策的决策并非由经济学家和技术专家作出,利益集团常常过多地对政策的制定施加影响,使得政策实施的结果与原来的意图大相径庭。利益集团间的利益斗争状况亦是影响一国政府经济职能力度结构具体配置的一个不容忽视的重要因素。

6. 经济理论

一国政府经济职能力度结构的具体配置取决于该国政府所制定的经济政策,而一国的经济政策往往又是在某一经济理论的指导下制定的。关于经济理论对于经济政策的影响意义,英国著名经济学家凯恩斯早在20世纪30年代就曾一语破的。他说,经济学家以及政治哲学家的思想,其力量之大,往往出乎常人意料。事实上统治世界者,就只是这些思想而已。许多实行家自以为不受任何学理的影响,却往往当了某个已故经济学家之奴隶。狂人执政,自以为得天启示,实则其狂想之来,乃得自若干年以前的某个学人。虽然凯恩斯此语有些夸张,但经济理论对于经济政策的指导意义却是我们无法否认的。

五、西方国家政府的经济职能与机构设置

(一)政府的经济决策职能与决策机构

经济决策是政府制定各种政策的主要内容之一,各国经济的发展,是与政府经济政策的导向作用分不开的。政府通过具体的决策行为,对经济运行中的经济现象做出反应,或予以调整和纠正。因此,各国政府在长期制定经济政策和经济管理实践中,逐步形成特色鲜明的决策机构。有些国家是由与经济事务有重大关系的政府部门来履行经济决策职能。如德国的财政部、经济及科技部、劳动和社会事务部、经济合作和发展部等在经济决策过程中都不同程度地起着作用。日本的主要决策机构设置与德国相似。尽管日本存在自民党、政府和企业界与财界“三位一体”的经济决策体制,但仍由经济产业省、财务省、经济企划厅等政府经济部门来承担制定日本经济领域中相当一部分的政策。有些国家则在政府内阁中设置处理经济问题的专门委员会。如英国就有在首相直接领导下的经济与产业战略内阁委员会,该机构在宏观经济决策中起实质性作用,并监督国内外经济事务中有关计划的执行情况。还有些国家则在议会或国会中建立研究具体经济问题的委员会,它们提出的研究结果或建议措施同样对经济政策产生重要影响。由它们提交的有关经济法案,一旦经议会讨论批准,就成为具有法律效力的经济政策。如主要由经济委员组成的美国国会中的联合经济委员会。

(二)政府的综合管理和协调职能与经济主管部门

为了保证各种经济政策合理、协调地运行,将各种条件有机地耦合起来并发挥其作用,政府应当具有综合与调整的能力。同时随着经济行政需求量的增加和经济管理对象

的不断丰富，要求管理机构自身具有整合性和适度的弹性。为了适应经济管理职能的这些特性，要求由总揽全局的综合调整机关来执行。在许多国家，经济主管部门一般都在政府宏观控制系统中居重要地位。日本经济产业省(改革前为通产省)，被称为产业界的“领航机构”，是全面综合性的经济管理机构。它不仅握有多方面的行政权，如国内外贸易政策决定权、振兴中小企业指导权及能源资源的开发权等，而且对国民经济中的不同领域具有很大的影响力，其管辖范围涉及工农业、商业、交通运输、建筑业、金融业及工业技术等。它的管理行为几乎牵动着整个经济系统的运作。在英国，财政部由于拥有管理全国财政、协调经济政策的职能，是国家管理经济工作的核心机构，其地位也高于其他各部。

(三)政府的经济计划职能与计划机构

社会生产力的不断发展，生产社会化程度的提高，客观上要求社会生产的各个部门、环节、要素之间在保持一定比例的基础上协调发展。由于单凭市场机制本身无法实现这一比例关系，因此，需要运用计划手段进行干预。20 世纪 50 年代以来，许多西方发达国家先后走上了经济计划化的道路，并相应地建立了一批计划工作机构及组织机构。日本的经济企划厅是较典型的全国性研究和编制经济计划的机关。法国的计划总署是承担有关经济计划研究和制订工作的全国性机构，主要职责是：分析社会经济形势，研究计划方针；组织和推动计划的编制工作，起草计划文件；监督计划的实施。有些国家尽管没有全国统一的计划机构，但仍然存在许多综合性和专门性的计划机构。

(四)政府的经济咨询职能与咨询机构

为确保政府对经济活动进行有效的间接控制，使政府的宏观经济政策和经济目标具有较大的协调性，保证政府决策获得公正的结果，政府要向生产部门的代表和有关专家学者就国内外经济问题提出咨询。于是，各国政府设置了服务于政府宏观经济控制系统的咨询机构。有代表性的是日本的审议会，现设置在内阁府的审议会有 29 个，设置在厚生劳动省、经济产业省等的审议会多达 107 个。这些审议会通常包括学术界、企业界、财界的代表，负责就重大经济问题和经济关系多视角地进行调查研究，向政府部门提供研究方案。日本政府依靠审议会制定的经济发展计划绝大多数都取得了显著效果。

(五)政府的经济监督职能与监督机构

在现代西方市场经济国家中，为了保障经济政策的贯彻和实施，防止具体经济部门或单位在经济管理中的偏差和失误导致的政策变异，促进经济部门的高速运转，政府建立和完善了监督体系，这些监督机构帮助政府有效地管理经济。独立的监督机构在美国最为发达，号称“第四政府部门”。其中美国国会的会计总署就是财政监督机构，它对其他政府主管部门保持一定的独立地位，监督有关财政法律、法规的执行情况，审查及公布国家财政状况。除美国之外，日本、德国、法国、英国等都设置了职能相似的财政监督机构。此外,还有一些其他类型的经济监督机构,如美国的联邦储备系统(美联储)、英国的垄断和兼并委员会、法国和意大利的股票交易活动委员会,这些独立的监督机构对本系统的经济事务有监督和调节的权力。

第二节 西方政府经济职能及理论演变

马克思主义认为,世上万事万物都处于永不停息的发展变化之中,政府经济职能及其理论的转变亦是如此。政府经济职能理论来源于政府管理实践,又推动政府管理实践发展。19 世纪中期,英国古典经济学家约翰·穆勒在其《政治经济学原理及其在社会哲学上的若干应用》一书中写道:“在我们这个时代,无论是在政治科学中还是在实际政治中,争论最多的一个问题都是,政府的职能和作用的适当界限在哪里。”①纵观西方市场经济发展史,政府从“守夜人”的角色到“调控员”的角色,从传统的自由放任型市场经济到当今混合型市场经济,政府经济职能的选择与定位不存在一种固定不变的模式,而是随着市场经济的发展、国内国际政治经济环境、基本国情的变化而处于适应性的动态发展之中。

关于政府经济职能理论的讨论、争论也一直存在,各种思想、理论观点层出不穷。由于思想家所处的时代不同、所处的国家相异,他们所得出的结论当然也大相径庭。不同的历史时期,政府经济职能的限度(政府经济权力涉及的范围)与深度(政府经济权力实施的力度)在实践的发展、理论的更迭中不断深化,起伏变迁,体现在以下四个阶段。

一、重商主义:政府干预局限于流通领域

重商主义亦称“工商业本位”,是代表资本原始积累时期商业资本利益和要求的经济学说和政策体系,是资产阶级对资本主义生产方式的最初的理论考察。它大约兴起于 15 世纪初,伴随着欧洲文艺复兴、宗教改革,形成了近代欧洲最早的主权国家,西方国家市场经济已初具雏形。这些国家的君主们纷纷探寻富国强兵之道,对内扫清封建割据,对外积极拓展贸易殖民。到了 15 世纪末,地理大发现最终将世界最后一块净土——美洲,纳入世界体系当中,世界市场开始生成。西欧各主权国家,纷纷动用国家的政治军事力量,发展本国经济。重商主义正是在此背景之下应运而生。

重商主义主要内容是“重商”与“国家干预”,发展目标是“国家富强”。重商主义强调国家的作用,提出政府要积极干预经济,把中央集权国家干预经济看作国家致富的主

① 约翰·穆勒:《政治经济学原理及其在社会哲学上的若干应用》(下卷),胡企林、朱泱译,商务印书馆,1991,第 366—367 页。

要保证。其主要观点是:①货币被认为是衡量一个国家实力的标志。这一观点混同了货币和财富,认为只有金银才是唯一的真实财富,一切经济活动的目的就是获取金银,除了开采金银矿藏之外,只有对外贸易是货币财富的真正源泉。②大力发展对外贸易。只有尽可能地保持贸易顺差,削减贸易逆差,才能够使得货币源源不断流入本国,从而增强国家实力。③主张政府积极干预经济生活,通过制定适合本国贸易的政策,比如实施财政补贴、征收保护性关税等,保持本国贸易顺差持续。

重商主义反映了新兴崛起的资产阶级积累资本的愿望,在历史上起到过积极的作用。欧洲近代主权国家由是得以建立和巩固,这在一定意义上又为国内市场的扩大起到了助推作用。但是,重商主义的政策结论仅在某些情况下站得住脚,并非在一般意义上能站得住脚。重商主义把国际贸易看作一种零和游戏的观点显然是错误的;重商主义未能认识到财富真正的源泉,把货币与真实财富等同起来也是错误的。正是基于这样一个错误的认识,重商主义才轻率地把高水平的货币积累与供给等同于经济繁荣,并把贸易顺差与金银等贵金属的流入作为其唯一的政策目标。

这一时期,政府经济职能主要在流通领域,且干预较深。政府干预主要集中在三个方面:①维护社会秩序,用资产阶级专政的力量打破封建势力对国内市场形成的阻挠,并为资本的原始积累创造稳定的社会环境;②维护国内市场不受外部势力的冲击,保护本国商业利益,积极推行"贸易出超"政策,增加金银的输入和国内资本供给;③建立公共工程,为市场运行创造条件。

二、自由市场经济阶段:政府充当"守夜人"角色

18 世纪中叶,资本主义走出了原始积累阶段,资本短缺现象基本消除;私有产权制度确立并受到法律保护;市场竞争规则健全;市场机制的自我调节力量基本形成,价格机制和竞争机制发挥着重要的作用,英、美等主要资本主义国家相继进入自由竞争时期。随着市场经济日渐成熟,重商主义政策不再符合经济发展的需要,政府的干预不仅不利于市场经济的进一步发展,而且日益成为当时经济发展的体制障碍,政府经济职能的变迁已在所难免。以亚当·斯密为代表的一代经济学家竭力主张"自由放任"的经济政策,要求政府为了商业和贸易的自由而尽可能缩小经济权限,让市场机制中这只"看不见的手"自由调节经济运行。

1776 年,亚当·斯密出版了著名的《国民财富的性质和原因的研究》(简称《国富论》)。《国富论》一书的核心是经济自由主义。斯密认为,政治经济学的目标是"富国裕民",即给人民提供充足的收入、给国家或社会带来丰富的财富。而要"富国裕民",必须具备"国民财富"。也就是说,提供一国国民每年消费的一切生活必需品和便利品。为了创造国民财富,就需要遵循"自然状态"下的"自然价格"(包括商品交换和劳动力供给等)。在这样一种状态下,"每个人改善自身境况的一致的、经常的、不断的努力是社会财富以及私人财富所赖以产生的重大因素"。相反,垄断和限制会妨碍国民财富的积累。

要维系“自然状态”下的“自然价格”,需要两个制度基础:一是财产私有,二是完全自由竞争。斯密认为,每个人的行为都受他的自身利益的支配,每个人都按照利己心去追求利益,人与人之间就会因此形成一种共同的利益。每个人对自己利益的追求,客观上就会增进整个社会的利益、推动社会的进步,最后达到整个社会财富的增加。

斯密认为,要实现国民经济尽可能高速而均衡的增长,就要取消政府的各项干预措施,实行自由放任主义,建立自由企业,在国内实行自由经营和自由竞争,在国际实行自由贸易。妨碍经济的自由发展可能助长国家独断妄为的行为,国家干预经济或直接控制经济活动,势必抑制经济活力,这一行为将直接危害国民经济的发展。斯密是古典经济自由主义学说的奠基者,他的经济自由主义学说,反映了力图摆脱原始国家干预主义的约束,以及大力发展生产力从而最大限度满足获取剩余价值的新兴资产阶级利益的要求。

在斯密的思想中,“自由放任”是实现私人利益乃至增进社会利益的最好途径和不可或缺的条件。因此,他主张政府只能充当“守夜人”的角色,同时对政府职能作了限定:第一,保护社会,使其不受其他独立社会的侵犯。第二,尽可能保护社会上各个人,使其不受社会上任何其他人的侵害或压迫,这就是说,要设立严正的司法机关。第三,建设并维持某些公共事业及某些公共设施,公共事业和公共设施,诸如道路、桥梁、渠道、港口及教育等是私人企业办不到的,应该由政府负责。前两大职能属于政治职能,即对外维护国家安全和对内确保社会安定,第三大职能属于政府的经济职能,它明确界定了政府干预经济的有限范围和活动领域。可见,斯密并非完全否定政府对经济的作用。从他提出的政府三项职能可以看出,政府具有为经济运转提供环境保护的作用。他反对的是政府深入经济生活内部的直接干预。上述观点归纳起来,构成一幅“看不见的手”支配的社会经济景象,而政府则成了一个“守夜人”。

具体而言,斯密也给出了政府经济职能和权力运用的范围:

首先,政府要保证契约的强制履行。斯密认为,与契约的自由签订不同,契约的履行不能是自由的,而必须由国家的强制力来加以保证。他认为,“法律如果不能强制人们履行契约,那就使一切借款人所处的地位,和法制修明国家中破产者或信用不好者的地位相差不远。出借人收回借款的不确定性,就使他索取破产者在借款时通常需要出的那么高的利息”。

其次,要设立对政府的监督检查机构。斯密坚决反对政府滥用行政职权,他质问:“卑污而不适当的人物,为什么常常被任作管理者,对于他们的行为,对于他们滥征通行税,为什么没有设立监督机构,加以检查和制止?”由此可以看出斯密对政府失职的指责。

再次,政府要严格管理纸币。斯密认为,政府必须把纸币流通置于自己的严密监控之下,他指出,“和足踏金银铺成的实地相比,这样由纸币的飞翼飘然吊在半空,是危险得多的。……因此,一国君主,不仅要防止那种能使发行纸币银行破产的纸币发行过剩现象,还要设法使银行所发纸币不在国内流通界占较大的部分”。

最后，政府开支最小化。因为政府的费用是非生产性支出，过多的开支是一种浪费。他提出，最好的政府，就是最廉价的政府。斯密所规定的政府经济职能，就是保证有一个发展生产、积累财富的和平环境，政府只要像一个“守夜人”那样防止外来的暴行和侵略，并维持公共治安就可以了，不要干预经济的发展。

斯密之后，在政府经济职能问题上主张自由放任观点的还有19世纪英国的经济学家西尼耳和穆勒。西尼耳说：“政府的唯一合理基础，统治权力和相应的服从义务的唯一基础是与人方便——社会的一般利益。政府的义务就是竭尽所能增进被统治者的福利。对此义务的唯一限制是他的权力。”穆勒在论述政府经济职能时也遵守自由放任一般原则。他认为，每个成年人的生活都有个性，它应当不受其他个人或公共集体的统治。如果政府职能增加，就意味着权力的增加，其间接影响力也增加；政府职能的增加，不仅增加了团体的负担，而且事情交由政府去干，结果还不如有利害关系的私人去干。有些人没有为集体利益而自发行动的习惯，而是惯于听从、依赖政府，要政府为他们包办好一切。基于上述理由，穆勒主张限制政府的职能，促进个性自由发展。他认为政府的职能是：①保护不能照顾自身利益的儿童和他人；②当个人对他遥远未来的利益作出不可挽回的决定时，例如签订永久性契约时，政府应当干预；③只能由代表来执行的事情，如联合股份公司或股份有限公司等，国家通常比个人干得好；④对个人判断有必要实施法律干涉的一些事情，如减少工厂劳动时间等，政府应当干预。显然，穆勒扩大了政府的经济职能，为政府活动开辟了广泛的园地。

在自由竞争时期，斯密学说受到了西方各国政府的追捧和吸纳，资本主义经济得到了较为充分的发展。正如萨缪尔森指出的，亚当·斯密的最伟大贡献在于，他在经济学的社会中抓住了牛顿在天空的物质世界中所观察到的东西，即自然调节的自然秩序。在此思想的主导下，这一时期政府干预的深度明显下降。但他没有认识到，人的本性在本质上是由他所处的社会关系的性质决定的；没有认识到市场存在自发性、盲目性、滞后性，市场调节也会带来宏观经济波动、分配不公等问题。

当然，在自由竞争时期，政府对经济的干预依然存在于局部范围内，如19世纪末20世纪初，为了在激烈的国际竞争中取得优势，资本主义国家推行了一系列促进经济发展的内外政策，以保护或推动本国的工业化。

在自由竞争时期，政府的经济职能大体可归结为以下几个方面：①对启动工业化所必需的基础设施特别是交通运输业给予支持和帮助；②直接投资扶植一些主导工业部门；③维护本国工业发展的市场秩序；④实行保护主义的对外贸易政策，鼓励本国工业品出口；⑤大力发展科技教育事业；⑥积极引进外国资本、发明专利和智力；⑦推动农业开发，为工业发展提供坚实的基础。

三、全面干预经济阶段:政府充当"干预者"角色

人类进入20世纪以后,伴随着自由放任市场经济的迅速发展,自由竞争的资本主义过渡到垄断资本主义。由于垄断打破了原来自由竞争的局面,原来维持市场均衡的价格规律、供求规律、竞争规律不能充分发挥作用,社会经济生活中的不协调性日益突出,以致经常爆发经济危机。1929—1933年资本主义世界爆发严重的经济危机,生产缩减和失业加剧达到前所未有程度,自由市场经济体制的内在矛盾和缺陷日益暴露。这次危机使自由放任的市场经济遭到了毁灭性的打击。资本主义世界发生的大萧条打破了市场万能的"斯密神话",人们认识到市场经济不是万能的,市场也会失灵,完全放任市场经济的自由发展是行不通的。在这种经济环境和背景下,资产阶级经济学家关于政府经济职能的学说发生了重大转变。占统治地位100多年的以亚当·斯密自由市场论为中心的经济自由学说让位于以凯恩斯为代表的经济干预主义,这一时期的大多数经济学家都主张政府对经济的积极干预。

英国著名经济学家凯恩斯在1936年发表了《就业、利息和货币通论》,对传统经济理论和政策主张进行了全面批判,建立了一个以国家干预为中心、实施充分就业均衡为目标的理论体系。但这又与重商主义时期的管制经济有着极大不同,并不是一次简单的复古潮流。凯恩斯认为,古典自由主义经济理论假设一种理性化的情况,即市场同时符合下列条件:完全对称的信息,充分竞争的市场,规模报酬递减,无外部效应,无交易成本,个人完全理性。完全的市场机制是"看不见的手"充分发挥作用的基础。而这种理想化的市场模式,并不存在于现实生活。市场机制本身存在缺陷,由于心理消费倾向、心理灵活偏好、心理上资产收益预期的存在,有效需求不足成为经常性现象,矛盾积累到一定程度就会导致经济萧条,失业人员增加,形成严重的经济危机。所以政府必须对经济运行加以干预,从而将资本主义经济纳入政府"看得见的手"的全面干预的轨道。凯恩斯的国家干预的思想体系从宏观经济分析的角度证明了市场缺陷的存在,构成了西方正统经济学的理论核心。

凯恩斯关于政府经济职能的主张主要体现在:①对经济运行进行国家干预和调节是政府经济职能的基点。凯恩斯认为,在资本主义社会里,危机和失业是由于有效需求不足,有效需求不足又是由消费不足和投资需求不足造成的。按照凯恩斯的分析,市场并不具有自动调节消费不足和投资不足的能力,而必须由政府来加以控制或者管理。②财政政策是政府的最重要手段。在政府调节和干预经济的手段上,尽管凯恩斯肯定扩张性的货币政策解决失业和经济衰退的作用,但是他更强调财政政策的调节作用。他认为,对经济萧条和失业问题需要采用扩张性的财政政策。国家财政政策应着力于从三个方面进行:一是国家必须通过税收体制来改善国民收入的再分配,以缩小收入不均的幅度,从而刺激消费的扩大;二是国家必须利用财政支出来建设非生产部门,既可以补偿私人投资的不足也可以补偿私人消费的不足,既可以刺激私人投资的扩大也可以刺激私人消费

的扩大，从而消除失业；三是国家必须利用财政支出从事扩军备战，认为军火生产和军事动员能够解决危机和失业。③赤字财政和通货膨胀是财政政策实施的主要手段。凯恩斯极力主张用政府举债的方式投资事业和弥补其他预算项目的赤字，可以在公开市场上向公众出售政府债券，也可以由中央银行承购财政部发行的政府债券。在他看来，举债支出虽然很浪费，但结果却可增加总就业量，提高有效需求，使社会致富。赤字财政和通货膨胀是相伴而行的，为了弥补赤字，政府必然会采取增加货币供应量的办法。凯恩斯认为，通货膨胀只有在实现了充分就业、生产不再增长、物价和货币的增加已成比例上升的情况下才会出现。通货膨胀对克服危机、扩大就业起着重要的作用，它既可扩大社会支付能力，压低利率以刺激投资和消费，增加就业和增加利润，又可以提高投资欲望。

急于摆脱经济危机的西方国家接受了凯恩斯的经济理论。1933 年，美国推行“罗斯福新政”，开始了政府全面干预经济活动的新时代，资本主义国家的政府经济职能进入了不断扩张的阶段，其限度通过政府收支而延伸至生产投资的消费领域，干预的深度再次加强，其内容和方式主要包括：①扩大政府投资份额，建立国有企业或国、私共有的混合所有制企业，以及政府对部分产业和私有企业进行保护与扶持；②制定适当经济发展计划，利用财政政策、产业政策调节国民经济增长速度、物价水平和经济结构及企业规模；③制定和实施国内有关促进进出口的贸易政策，同时也实行一些贸易壁垒政策保持国内产业的发展；④制定和实施有关的收入分配政策，建立和完善社会保险和社会福利制度，调节社会矛盾。

凯恩斯主义适应了国家垄断资本主义的需要，在20 世纪30 年代的大危机中，对挽救资本主义制度起过“起死回生”的作用，因此，20 世纪 30—60 年代，凯恩斯主义一直是西方各国政府执行和扩大经济职能的理论依据，这个年代被人们称为“凯恩斯时代”。西方国家的经济运行机制逐步转向了以市场调节为基础或为主要调节机制，国家对经济生活实行干预的轨道，政府由“守夜人”转变为“调节者”。之所以如此，是因为它适应了国家垄断资本主义的形成和发展，适应了国家干预再生产过程一系列措施的要求，适应了垄断资产阶级最大限度攫取利润、维持资本主义经济的稳定和促进其发展的要求。

当然，我们应该看到，政府通过运用政策工具，人为制造出需求，也许在短期之内将有助于实现充分就业，但从长期来看，可能会造成资源错配，不利于市场自动出清，同时还可能大幅度扩大政府权力和规模，为政治寻租制造空间。

四、混合经济阶段：政府发挥双重角色作用

20 世纪 50—60 年代，被称作“资本主义发展的黄金时代”。西方主要资本主义国家都取得了迅速的发展。人们纷纷认为，政府职能的扩张是解决市场失灵的有效办法。然而，好景不长。进入 20 世纪 70 年代，西方各国纷纷陷入经济停滞和通货膨胀并存的“滞胀”泥淖，人们对政府干预调节的功效失去了信心。政府对经济生活的干预和指导，在一定程度和一定时期能够缓和经济生活中的各种矛盾，有助于经济的稳定和协调增长。但

是，政府的经济政策又具有两重性，它本身又成为经济不稳定的根源之一。例如，在经济萧条时期，政府常常实行扩张性的货币政策，增加货币供给量，以刺激私人投资，但往往利息率并不因为货币供给的增多而下降。这样，实行扩大货币供给量的政策不但不能刺激投资，反而使物价进一步上涨。这被西方经济学家们看成是20世纪70年代“滞胀”病产生的一个重要原因。这种现象的出现使得凯恩斯主义反危机的政策与措施发生了动摇，因为凯恩斯主义主张的单一性无法治疗经济滞胀这种综合的病症。这是在当时占据正统经济学说地位的凯恩斯主义无法解释的，从而也动摇了凯恩斯主义雄踞多年的理论宝座。于是，主张修复“看不见的手”、反对政府干预经济的呼声日渐高涨。在这样的背景下，产生于20世纪30年代的新自由主义经济理论开始成为主流的指导理论，而且一度被政府所赞赏并推行。

新自由主义经济学说是相对于古典自由主义经济学说而言的，它有众多流派和分支，诸如供给学派、货币主义学派、新制度主义学派、公共选择理论学派、产权理论学派等，它们针对“政府失灵”，积极提倡自由制度，强调让市场机制重新成为经济运行的基本调节机制，加强市场的作用，大力推行经济自由化政策。正如弗里德曼所指出的，经济滞胀现象的发生，是源于政府对经济的干涉，在此过程当中，还伴随着政府专制权力的扩大，有害于民主制度。再比如公共选择理论，该理论借助理性经济人假设，以一种个人主义的分析方法来分析传统的政治领域。该理论认为，政府机构并不是完美道德的化身，政府本身也会追逐自身利益的最大化。因此，政府并不是解决市场失灵的充要条件。

新自由经济学在一些具体领域和具体问题的论述上不乏真知灼见，所提出的对策比较有针对性，可操作性也较强，但总的来说，其自身在理论上存在着许多不足和漏洞，意识形态的局限经常妨碍他们客观地去分析政府干预的效果，往往片面强调某一因素的重要性而无视经济运行和经济政策的其他方面。所以新自由主义经济学虽然解决了滞胀问题，但并没有克服资本主义周期性的经济浮动，也没有克服市场机制本身所固有的种种缺陷。历史在否定凯恩斯主义过度扩张的干预政策的同时，又证明了凯恩斯怀疑新古典经济学前提的正确性，也证明了国家对宏观经济的干预仍然存在，现代资本主义市场经济事实上成为名副其实的“混合经济”。

20世纪80年代，美国经济学家斯蒂格利茨综合了以往市场失灵与政府失灵理论，指出政府和市场都不是完美无缺的。一方面，政府需要在提供公共产品、解决信息不对称、消除外部效应、实行收入再分配以及调控宏观经济等领域发挥更大的作用；另一方面，在私人微观领域当中，应该注重市场竞争机制的发挥。时至今日，事实上，已经很少有人宣称自己是纯粹的自由主义经济学派或者凯恩斯主义学派，各种观念正在不断借鉴和融合。在这样的时代背景之下，西方发达国家在政府的经济职能上，逐步走向市场与政府的结合，发展出一种新型的混合经济。

混合经济体制下的政府经济职能可以概括为三点：①保护财产权和资源。明确界定财产权是市场经济有效运作的首要前提，而这种职能显然要由政府来完成。现代社会经济关系错综复杂,政府出面界定和维护当事人的利益可以减少交易费用,保护人力资源和自然资源。在劳动力市场中,始终存在各种风险,客观上要求政府为人力资源提供保障。自然资源需要政府立法保护,合理利用自然资源,治理污染,保护生态环境也需要政府出面。②放松对经济的控制和干预,推进经济自由化,强化竞争机制,调整国有经济份额,并将保持下来的国有企业推向市场竞争。③宏观调控职能。现实中的市场经济总是呈现出周期性经济波动,导致宏观经济环境不稳定,需要政府运用"相机抉择"的宏观政策进行调控。在宏观调控目标上,将重点由充分就业转向控制通货膨胀,由经济高增长转为稳定、适度增长;实行紧缩型财政政策和货币政策;放松对收入分配和社会福利的调节。可见,西方发达国家逐步放松了政府对经济的干预力度,政府经济职能的范围有所收缩。然而,由于经济的复杂度及涉及面的加深拓广,在某些方面又依旧自动延展,因此总的看来,政府经济职能的限度依旧呈扩张的趋势。

综上,现代西方经济学的各个学派在关于政府经济职能这一问题上,始终围绕着自由主义和国家干预主义而展开论战。这种论战至今还在继续。从其争论中,我们不难看出两个特点:①自由主义并非反对一切国家干预的政策,并非彻底否定政府具有一定的经济职能;政府干预主义也非完全排斥经济自由而主张干预一切。②国家干预经济的限度主要取决于经济和社会形势发展的需要。一般说来,当资本主义经济比较稳定,经济危机和失业不十分严重的时候,自由主义容易抬头;相反,当经济危机和失业严重的时候,政府干预经济的理论和政策主张往往会获得大量的拥护者,政府必然要加大对经济干预的力度。

第三节　当代西方主要国家的政府经济职能

20 世纪 70 年代后,国家宏观调控与市场调节相结合的混合经济体制逐渐成为世界主流。当代西方主要国家的经济体制,既不是单纯地依靠"看不见的手"调节经济,也不是仅仅依靠"看得见的手"来筹划发展,而是普遍地采取"两只手"并用。由于"两只手"结合方式的不同,形成了不同的市场经济模式,即不同的市场经济与政府经济职能融合的模式。"两只手"的结合方式,或者说政府经济职能与市场机制的关系是区分政府经济职能类型的基本标准。

一、美国:有宏观调节的市场经济

美国非常强调市场在资源配置中的作用,私人所有制经济是国家经济的主体。但美国的市场经济并不是完全自由放任的模式,政府在一定程度上和一定范围内对经济进行调控。市场在美国的混合经济中发挥着基础性作用,政府也在经济中发挥着重要作用。

它们各自的作用是由美国市场经济的基本特征决定的。

（一）美国经济的基本特点

美国经济是以垄断为主的市场经济体系，市场中主要是大公司、大集团控制的垄断企业和各种中小企业，市场运转高效，政府主要通过财政政策和货币政策以及建立健全各种经济法律法规来间接地在一定范围内干预经济的运行。

经济发展和资本扩张需求是垄断产生的重要原因，是在竞争中产生的。竞争的加剧和激烈化也促进了垄断的发展。但是也有除竞争之外的垄断，主要是行政机关运用权力进行管理的行政垄断，与市场中各种力量相互作用形成的市场垄断是两种主要的垄断形式，表现为国家垄断和私人垄断。国家垄断包括对一些关系国计民生的产业和部门进行国有化。私人垄断包括独家垄断和寡头垄断，后者主要表现在必需的消费品领域和高新技术产品领域。

（二）美国政府经济职能的特点

美国作为最发达的资本主义市场经济国家，私人所有制经济是国民经济的主体，微观个体的分散决策是主要决策形式，即个人和企业自主决定生产和消费。同时也存在某些共同决策来决定局部的发展战略和政府的各种总的决策来制定国家的方针政策，它们相互补充相互配合，但政府始终在市场优化资源配置的范畴内进行调控和干预经济活动。除此之外，在美国混合经济中政府履行经济职能的其他特点有：

1. 以间接的方式干预经济活动

大危机以后，随着美国改变了单纯以“看不见的手”调节经济的自由市场经济体制，政府经济职能也由维护和完善市场经济体系转为对宏观经济进行调控。政府干预成为经济发展的调节手段，这并不妨碍市场机制的重要作用：市场经济运行仍是以市场机制调节为主；而政府干预则在市场失灵的领域发挥作用，即用来纠正和弥补市场机制的不足。在美国，政府干预是为有效发挥市场机制的作用并深深根植于市场机制基础之上的，政府干预的根本目的是维护自由竞争的市场经济体制。

在美国，政府对经济的干预主要以间接的方式进行，主要在市场不起作用的领域内调控经济，促进经济的正常运行并兼顾效率和公平，通过建立健全各项相关的经济法律、法规、政策来引导并改变企业和消费者的选择行为。比如通过补充和完善多种反垄断法来抑制大企业大集团寻求自身利益最大化而进行的合谋政策，保障更加公平的竞争环境。市场本身具有收入分配不公平和经济波动的缺陷，需要政府利用财政政策和货币政策来介入，与市场有效配合来兼顾公平分配，使个体的局部利益与全社会的整体利益相协调，促进经济社会的稳定健康发展。

在美国，政府有时也会直接介入市场，此时政府一般都是以与其他经济主体平等的身份，与企业签订合同，采购商品和服务或者进行投资建设。美国没有全国性的、明确统一的经济发展计划,也没有颁布过产业政策。

2. 通过法律法规体系进行调节

在健全和完善宏观调控体系的过程中,必须有完备的经济法制体系作为保障,才能有效监控市场活动,增强宏观调控的能力。美国是一个崇尚法律、喜爱诉讼的国家,是一个典型的通过法律体系来规范市场经济行为、协调各经济主体利益的国家,其种类复杂而又极其严密的法规,为企业的经营和政府经济活动制定了行为规范。在美国,宏观调控不管是采取经济手段还是行政手段,都要通过法律规范来实施,这将政府行政性指导经济的活动限定在法律可以监督的框架下,使调控更科学合理,减少了随意性政策介入的可能。美国的经济法规共分为三种类型:

第一类是用于调整市场结构和促进企业之间公平竞争的法规。美国 1890 年颁布的《谢尔曼法案》、1914 年颁布的《克莱顿法》就是专门的反托拉斯法。1953 年通过了《小企业法》,政府给予小企业大力扶持,以提高小企业素质和增强其竞争力。

第二类是维护消费者权益和保障健康安全方面的政策。消费者权益除在公平竞争法和商标法、合同法等民法中有所体现外,还有单独的立法,如《消费品安全法》,关于保护工人就业、安全及健康的法律《民权法》《就业法》等。

第三类是保护自然环境和资源的公共政策。如美国颁布了《清洁空气修正案》《噪声控制法》《联邦水污染控制法修正案》及环境保护的基本法《国家环境政策法》等,并制定了大量的环境技术标准,从而形成相当完善的环境法体系。

这些法律相互配合,共同协作,发挥系统功能,并使政府、企业及整个社会经济行为有法可依、有章可循。

3. 综合运用财政政策和货币政策共同维护市场

美国市场经济的主体是企业。美国实行的是“自由”的企业制度,每个人可自由地创办和经营企业。企业具有充分经营自主权,可自由地选择生产什么、生产多少、如何生产、如何销售等。尽管美国实行的是自由企业制度,但政府的作用也是不可忽视的。政府在一定程度上始终参与调控全国经济活动。只不过政府一般不直接经营企业,不干涉私人企业的微观经济活动,只实行宏观调控。

美国政府宏观调控的目标主要有:①经济增长。即国民经济保持在相对稳定和适度增长状态,既不应过高以致超过国家经济资源的承受能力和条件,也不可过低以避免社会和经济资源的闲置。它可用两种方式表示,一是国家总产出的增长,二是人均产出量的增长。②物价稳定。指通过控制货币供应量,避免通货膨胀率过高、物价上涨过快而对经济稳定增长带来不良影响,保持较低的通货膨胀率,使社会既能承受又可刺激经济增长。③充分就业。即高就业,指尽可能充分地利用劳动力资源,使全社会的非自愿失业保持在一个社会可以接受的水平上,避免由于失业率过高使劳动力资源不能得到充分利用,从而引起收入分配状况恶化和社会不稳定。④国际收支平衡。即通过商品与资本的输出输入，满足国内经济需求，同时实现国际收支基本平衡。国际收支平衡目标是努力做到国际收支无赤字又无盈余，因为赤字和盈余被认为均不利于国内经济的发展。

宏观调控的手段主要有：财政政策、货币政策、收入政策、对外经济政策等。其中，财政政策和货币政策为调控的两大杠杆。

财政政策就是运用政府税收和政府支出来调节经济。根据财政政策对经济运行的不同影响，可以把财政政策区分为扩张性财政政策和紧缩性财政政策。政府减少支出和增税，属于紧缩性财政政策，政府增加支出和减税，属于扩张性的财政政策。经济萧条时期，美国政府不是通过直接确定投资额来扩大需求，而是除了少数政府投资外，主要依靠减税影响消费进而影响投资，以及增加公共支出和政府购买来促进企业投资，导致总需求上升，从而刺激经济的发展。如20世纪60年代，美国为了实现充分就业和加快经济增长，曾进行了全面减税和增加政府支出。这种大规模扩张性财政政策对经济起到有力的刺激作用，带来了20世纪60年代美国的繁荣。经济膨胀时期，美国政府主要不是靠直接的价格管制，而是通过增加税收来减少居民消费，进而压缩企业投资，或者是通过减少政府支出，压缩消费和投资，导致总需求下降，从而延缓经济的发展，使过于活跃的经济冷却下来。如20世纪90年代，特别是1993年克林顿上台后，为了解决高赤字问题，提出了增加税收和节约支出"双管齐下"的紧缩性财政政策。

货币政策是指中央银行通过增加或减少货币供应量的途径，调节总需求和总供给，以达到刺激经济增长、缓解衰退、抑制通货膨胀和稳定经济的目的。美国中央银行，即美国联邦储备银行，是一个独立的部门，在制定和实施货币政策时具有自主性。政府经常运用松紧搭配的货币政策来干预经济。美国货币政策的主要工具是联邦储备系统的贴现率、银行法定准备金率、公开市场业务、信贷政策等。联邦储备系统降低法定准备金率或在市场上购进政府的债券，或调低贴现率，属于扩张性的货币政策。反之，联邦储备系统提高法定准备金率，或在市场上抛售政府债券，或调高贴现率，收紧信贷条件，则属于紧缩性的货币政策。20世纪60年代，美国政府为了实现他们的"向贫穷开战"和"大社会"计划，加速经济增长，不仅采取了扩张性的财政政策，而且还采取了扩张性的货币政策。到20世纪80年代初，美国政府为了把急剧的通货膨胀降下来，采取的则是紧缩性的货币政策。

4. 运用政府经济行为

美国政府经济行为是美国市场经济运行中的一个重要因素，美国的政府经济行为体现在社会经济运行的各个方面，其主要目的是为企业和整个经济的运行提供基本条件和服务。政府为了培养适应激烈的竞争环境的高等人才，不断加大对教育的投入；为了保持在军事、航天等方面的竞争力，对科技的投入很高；为了稳固农业的基础地位，一直对农业进行补贴并进行集约化生产，通过转基因技术等高科技农业技术促进农产品的出口，推动农业的发展；对低收入人群发放失业补助；一直重视高新技术产业的发展，一方面加大对其投入的比重，另一方面不断推出各种优惠条件吸引各国的高新技术人才。政府充分发挥各方面职能为个人和企业创造有利的经济发展环境，为其提供基本的服务。

美国的国有资产和国有企业在国民经济中的比重很小，但在政府行使经济职能时却起着重要作用，是国家干预经济的有力手段。政府通过对国有资产和国有企业的控制和经营，可以改变资源的配置方式和途径，从而引导整个社会经济活动的水平和方向。

5. 提供公共产品，适当参与市场经营活动

二战后，美国政府行为已不仅仅是为市场运行确立一个制度框架，也不仅仅是起到经济协调的一般作用，而是直接渗透到具体的部门和产业，为社会提供公共产品。

美国政府提供的公共产品主要包括两大部分，即纯公共产品和准公共产品。纯公共产品主要是指国防、外交、法律、法规、中央情报局、国家公墓等。准公共产品主要是指下水道、供水、电力、交通、中小学校与高等教育、卫生保健、住房、文化娱乐设施、基础科学研究等。

美国政府在参与市场经济活动，向社会提供公共产品时主要遵循以下两个原则：一是国家只经营那些不适合由私人经营或私人不想经营的行业；二是当政府的直接经营活动是宏观经济调控的一种必要手段时，政府就应该直接经营。

美国政府参与市场经营活动，提供公共产品的方式主要是采取直接生产和间接生产。直接生产即政府以生产者身份建立企业，对公共产品进行直接生产。它既有联邦政府的直接生产，也有州政府和地方政府的直接生产。如军队装备、造币厂等都是由美国联邦政府直接经营的。联邦政府还直接经营“田纳西河流域管理局”，三名董事会成员皆由总统直接任命，任期 9 年，权力很大，各州不得干涉。除此之外，联邦政府直接经营的公共产品生产领域还有邮政业务、电力、保险业等。州、地方政府直接经营的公共产品领域主要有下水道、住宅、中小学校、医院、图书馆等。间接生产即政府以调节身份提供公共产品，它指的是政府通过预算安排或政策安排等某种适应方式将公共产品委托给私人企业进行间接的生产。美国政府直接生产的公共产品并不很多，而更多的是采取间接生产的方式。政府只是决定需要生产多少某种或某些公共产品就行了，然后通过一定的形式委托给私人公司去生产和营销。政府采取间接生产的方式很多，主要有：政府与私人公司签订合同经营公共产品，政府授权或直接委托一些私人公司去经营公共领域，政府通过财政补贴资助公共领域，政府参股，等等。如美国 20 世纪 60 年代初实施的阿波罗登月计划，就是采取与民间企业签订委托合同的形式来生产。

二、法国：计划指导的市场经济

在西方发达国家中，法国因长期推行国家经济计划而被认为是典型的“混合经济”国家，其经济的快速恢复和发展正是计划与市场有效结合的结果。法国政府经济职能干预经济的最显著特征是通过指导性计划对国民经济进行宏观管理和调节。

(一)法国经济体制的特点

法国经济体制的突出特点是,国家计划纲领在经济发展中有很强的指导作用。从中央与地方的关系看,法国的行政管理权和经济调控权都集中在中央政府。全国的13个大区近百个省和34970个市(镇),均不设专门的行政机构。所谓的地方政府,仅仅负责国土整治、农业开发、市政规划建设以及教育、医疗保健与辖区内部的社会事务管理等。而行政和经济管理权完全掌握在中央政府派驻的专员和下属机构手中,专员直接对中央政府负责。在这种情况下,中央与地方关系的协调主要是通过计划合同来进行的。

法国国家与企业的关系,也充分体现了政府决策的高度集中。对国有企业,其资产绝大部分由经济财政部管理(仅有少部分为银行管理),其经营管理职责由工业部负责。近年来,虽然法国政府采取了一系列"非国有化改造"措施,也给国有企业下放了如产品结构调整等权力,但这种控制并没有发生实质性的改变。私有企业,虽然不受政府决策调控的直接影响,但政府可以通过对给部分私有企业投资、改变决定私有企业发展的外部条件等措施,最终取得控制私有企业的效果。在资源配置方面,虽然市场是配置资源的基本形式,但经济的计划化则成为配置资源的主要方式。法国注意把同市场对立的集中化计划(指导性计划)与市场中的非集中化计划(预测性计划)结合起来,据此来配置资源,并通过政府、企业和社会各方面的协商来保证计划的执行。

(二)法国政府经济职能的特点

战后法国政府为恢复和重振国家经济,逐步建立了一个法国式的以资本主义国有化和计划化为特点的经济体制。它不仅扩大了政府的经济职能,而且形成了具有法国特点的表现形态——计划指导、国有企业管理、财政金融干预和调节。

1. 计划指导

战后,在主要资本主义国家中,法国是首先实行资本主义的计划经济体制的。政府在自由市场的基础上运用计划手段指导经济的发展,扩大了政府以计划指导为主要表现形态的经济职能。这是区别于美国政府经济职能的一个重要的特点。法国的计划指导主要是确定经济发展方向,规定中期目标和年均增长指标,提出重点发展的生产部门或项目,以及规定需要相应发展的设施和必须采取的基本措施。这种以计划指导为表现形态的经济职能,并不是要由政府去统制一切经济活动,调节经济活动的依然是市场法则。计划指导是在市场调节基础上进行的,它不是去取代市场作用,而是试图去弥补市场调节盲目性和自发性的缺陷。因此,政府计划指导的第一个特点是经济计划中没有指令性的指标。私人和国有企业都有生产经营的独立自主权,计划只是在宏观上确定国内生产总值、工业、农业、出口、进口、总消费、总投资的增长率以及某些经济部门或某种产品的指标。这些对企业没有强制性的作用,只是为了指导企业更好地制订自己的生产计划。计划的完成取决于企业自发的和自愿的行动。所以,政府的计划指导实质上是一种对市场调节机制的补充，也就是法国某些经济学家所说的“市场调节器”，或称“调节市场调节的工具”。

计划指导的第二个特点是强调经济预测。这也是“调节市场调节”的基础。预测内容包括：部门预测，即预测某个部门（如农业、工业、交通运输、能源、医疗卫生等）未来的供求趋向；横向预测，如预测生产的增长、都市化动向、消费趋势等；全景预测，如预测国际环境对法国的影响、国家对未来经济变化做出反应的能力、调整经济增长的内容；等等。因此，提高经济预测的精确性和可靠性，是保证计划指导和市场调节互相适应、互相补充的前提。

计划指导的第三个特点是“协调”。这被认为是法国计划调节体制的一大创举。所谓“协调”，就是政府通过协调机构——计划总署下的现代化委员会，同工农商各界的代表共同讨论和协商制订计划，力求把各方面的利益要求以及未来的市场需求在某种程度上反映到计划中来，从而保证计划能顺利地加以贯彻。法国前总理巴尔曾说：“政府愿意保持和加强这种协调的做法，因为这是我国制订计划的基础。”法国有些学者因此把政府的经济计划称作“社会集体合同”。密特朗政府强调计划的“民主化”，实际上是进一步强调了“协调”的重要性。

2. 国有企业管理

如果说法国实行资本主义计划经济体制使计划指导成为政府经济职能的主要表现形态，那么随着国有化运动的推进，国有垄断资本的积聚和扩大则使国有企业的管理日益成为政府经济职能的重要表现形态。

法国在1936—1937年人民阵线政府时期，曾出现过第一次国有化的高潮。当时由于战争形势的需要，政府对铁路实行了国有化，并直接管理一些军事工业部门。战后从1945年到1946年，在戴高乐临时政府时期，又出现了第二次国有化高潮。其内容：一是针对战争期间同德国人勾结的企业主采取惩罚性措施；二是旨在进行经济“结构改革”，这对整个经济发生了重大的影响，如政府接管了主要的煤矿——诺尔省和加来海峡省的煤矿，对四家主要的商业银行实行了国有化，并对工业银行和信用实行总体控制，对电力、煤气、主要的保险公司以及煤炭生产部门也实行了国有化。1981年法国社会党政府上台后，又掀起了第三次国有化运动。这次的规模更大、范围更广，而且国有化对象已从过去的受经济危机打击的部门或私人无力经营的公用事业部门以及基础工业部门转为有竞争力的新兴工业部门和在国民经济中占有战略地位的部门，包括法国的五大工业集团。

由于国有化运动推进的结果，政府管的企业越来越多，因而以国有企业管理为表现形态的政府经济职能空前扩大了。政府的管理主要是通过经济立法、行政法规、人事安排、财政监督和计划指导来实现的。政府通过国有化措施和国有企业管理，能够运用国有垄断资本的力量来影响和调节市场和金融活动，推行政府的社会经济政策和经济结构改革方案。战后法国的历史和现实都充分表明,政府以振兴经济为目标的工业结构改革,以福利、就业为中心的社会改革等一系列社会经济政策的推行,都与政府掌握了一大批国有企业特别是国民经济中的关键性企业分不开。因此可以说,在法国现行的政治和经济体制中,政府以国有企业管理为表现形态的经济职能越来越突出了。

3. 财政金融干预和调节

政府以财政金融干预和调节为表现形态的经济职能主要在以下四方面发挥作用:①政府通过扩大或减少公共开支来刺激或稳定经济发展;②政府通过国家信贷、价格控制、提供补贴和补助金,以及增加或减免税收等办法,对国有企业和私营企业的生产和投资产生间接影响;③政府通过物价与工资控制和社会福利等政策对个人和家庭的收入、消费和储蓄产生广泛的间接影响,从而反过来影响企业的生产和投资;④当经济情况恶化时,法国政府又能采取严格控制货币发行量以及其他各种严厉的管制措施,以扭转不利的经济趋势。显然,如果说政府的计划指导和国有企业管理是产生长期效应的经济职能,那么财政金融干预和调节则是产生短期效应的经济职能。二者的结合不仅表明政府的经济职能空前扩大,而且表明政府行使经济职能的手段更加完善。中长期调节和短期调节相结合,这是法国经济管理体制的一大特色。

三、德国:社会市场经济

德国的经济管理体制被称为"社会市场经济"(也有人称之为"莱茵模式"),是由魏玛时代弗赖堡学派依据新自由主义的理论为基本思想建立起来的,其基本含义是把市场的自由原则同社会均衡原则相结合,即以市场经济为基础,坚持自由竞争原则,同时通过各种经济立法和经济政策等政府干预措施,来防止市场自由竞争可能引起的垄断、贫富分化和经济社会的无政府状态,以便达到经济的持续、均衡发展,实现币值稳定、充分就业和国际收支平衡,保障大众福利。这种模式的重点在于"为了全体国民的富裕,不能让富人变穷,而是让穷人变富"。实行将市场竞争和社会利益均衡相结合,确保市场的自由竞争以及市场的有序发展,协调个人进取心与社会进步,以贯彻国民福利制为基础的市场经济体制。这种模式主要有三点——市场经济、国民福利和宏观调控:市场经济是基础,国民福利是发展的目的,而政府的宏观调控则是确保市场经济活力和国民福利的手段。这种模式实质上是一种以私有制为基础的国家宏观控制的市场经济。

市场经济前面加上"社会"二字,以区别于自由放任的市场经济。社会市场经济理论认为,应由个人和企业根据市场供需情况进行决策,并通过竞争自发协调、平衡生产与消费者的利益,由此来实现经济的发展。因此,市场竞争是经济发展的最强有力的杠杆,而政府的宏观经济调控一直是市场竞争的助动器和基本保障。在"市场"和"社会"二者关系中,前者为主,后者为辅,但二者彼此又相互制约。

德国的社会市场经济模式运营较为成功,有其独特特征,在世界经济发展中显示出很强的生命力。

1. 以私有制为基础

德国社会市场经济模式是以生产资料私有制为基础的，是一种资本主义市场经济。私有制是竞争制度的前提，没有生产资料私有制，就没有竞争。私有制是社会市场经济体制建立的基础和前提，尽管这种体制并不排斥其他所有制的存在，但私有制必须在经济生活中占主体地位。从德国所有制形式来看，除私有制以外，还有国家所有制、合作社所有制、工会所有制等。德国的私有制企业主要集中在竞争性产业部门，大中型私有企业一般采取股份公司的企业组织形式。德国的大部分 GDP 及就业机会都是由私有企业提供的。德国的国家所有制企业主要集中于交通运输、邮电通信、电力及煤气等动力部门、金融部门等领域。20 世纪 80 年代席卷全球的自由化浪潮也曾影响过德国，联邦政府也推行了部分私有化并采取了自由化措施，但与其他欧洲国家相比，这种做法的影响相对有限，没有危及社会市场经济治理的基本思想。虽然社会市场经济的设计者们大都认为社会市场经济是介于资本主义和社会主义之间的第三条道路，但不能理解为社会市场经济是一半社会主义加一半资本主义，应当看到，从社会市场经济的本质来看，它仍然属于资本主义。

2. 坚持自由竞争原则

有效的竞争制度是社会市场经济的基础。维护竞争秩序是社会市场经济的核心，即既要维护正当竞争，又要打击不正当竞争。社会市场经济不仅不排斥竞争，还在很大程度上保护正当竞争。自由竞争制度主要包括三方面的内容：①自由定价。一切商品和劳务的价格都应由当事人自由决定，反对政府计划定价和限价。自由定价包括商品生产者、劳务提供者要价的自由和消费者还价的自由两个方面的内容。②契约自由。没有企业之间、企业与工人之间的契约自由，就不可能有充分的自由竞争。③国际贸易自由。反对限制出口和关税保护政策，主张实行自由贸易政策。

3. 强调社会公平，注重建立相对完善的社会保障制度

就社会市场经济而言，“市场”与“社会”是社会市场经济模式的两大支柱。“市场”指市场经济，“社会”指社会保障。德国经济模式最显著的特征就是“经济效率 + 社会公平”，在经济发展的同时建立完善的社会保障制度。在市场经济中，竞争不可避免，也就必然会引起社会的贫富分化。这种分化一旦达到一定程度，势必导致社会结构失衡，从而造成国民经济秩序的混乱，带来各种社会问题。为此，德国政府在注重经济效率的同时，强调社会公平与集体利益，制定了一整套严格的劳工权利保障制度，通过强制社会缴费的形式来筹集巨额社会福利费用以建立完善的社会福利体系。这一制度体现出了国家与国民的依存关系，树立了国家良好的社会责任意识。

4. 注重促进中小企业发展

德国是世界上最发达的资本主义国家之一，拥有世界领先的加工技术和雄厚的制造

业基础，有众多世界著名企业和品牌产品。但同时德国也是一个以中小企业为支柱的经济强国，政府自 20 世纪 70 年代中期开始倡导和支持中小企业，通过技术创新，将微电子、信息技术等引入中小企业生产，变革传统的生产工艺，从而提升了中小企业的市场竞争力。在德国政府和社会各界高度重视下，通过一系列的法律政策、扶持政策等相关促进措施，国内中小企业快速发展。如今，德国已具备了适应激烈市场竞争的中小企业技术创新体系和运作机制，中小企业已成为国民经济的重要支柱，是劳动就业主要渠道和财政收入主要来源，也是企业技术创新、技术进步的重要生力军。

5. 国家宏观调控较为有力

德国经济体制的核心是以私有制为基础的市场经济，这就必然具有市场经济的基本法则——竞争。与美英的“盎格鲁—撒克逊模式”强调个人主义和自由主义、突出自由竞争、反对国家干涉不同，德国社会市场经济理论认为不能过度放任自由竞争，要实行国家有限干预。要求国家在市场经济中只起“裁判员”的作用，政府的功能和作用主要在于排除对市场的垄断，维护市场的有效竞争；力争保持财政预算平衡，杜绝财政赤字，并以此来防止通货膨胀，实现社会市场经济的稳定。但从德国社会市场经济的实践来看，德国政府实际上并没有坚持年度预算平衡的做法，而是实行相当于“补偿性财政政策”的所谓有效预算的财政政策，即：当国民经济处于繁荣时，实行增税政策，将通过增税取得的额外收入用于抵偿国家债务；当国民经济处于衰退时，实行“赤字拨款”，确保物价水平的稳定。德国政府将稳定物价作为对国民经济调控的首要任务。艾哈德认为，经济繁荣和物价稳定是社会市场经济的两个相辅相成的目标。从物价上涨的原因来看，主要是工资增长过快、生产者特别是垄断集团随意提价、政府实行赤字财政政策等。德国政府为了抑制通货膨胀、保持物价稳定，对囤积、哄抬物价等行为予以打击，控制财政赤字，力争预算平衡。另外，德国政府还特别注重产业结构的调整。为了稳定经济、促进产业结构的转换，从 20 世纪 60 年代开始，德国政府综合运用财政、金融手段对陷于困境的农业部门、煤炭工业等基础部门进行整顿、改组和资助，对计算机、核能等新兴产业予以积极措施鼓励发展。

四、日本：政府导向型市场经济

二战后的日本政府在美国的督导之下使日本的经济从统制模式转变为自由市场经济体制，但是这个转换过程并非一个彻底的自由化过程。当 20 世纪 50 年代这一转换过程结束时，日本所确立成形的经济体制与传统意义上的自由市场经济具有明显的区别，这种区别尤其表现在 20 世纪 50 年代日本经济高速发展之后日本政府的经济职能获得了空前强化，在此阶段，国家在宏观经济上的调控范围不断扩大并且力度也不断加强，从而形成了当前世界发达资本主义国家中独特的政府导向型经济发展模式。

（一）日本政府导向型市场经济的理论基础

从二战结束到20世纪70年代出现世界性的经济"滞胀"为止，凯恩斯主义经济学成为西方国家官方经济学。这一时期的西方宏观经济政策带有浓厚的凯恩斯主义色彩，日本也不例外。在日本受凯恩斯经济学影响最深的是石桥湛山，他把凯恩斯政府干预经济学说引入进来，提出通过积极的财政、货币政策促进生产增长。下村冶也是通过分析凯恩斯的理论，提出了日本经济高速增长理论。凯恩斯的国家干预和调节经济的措施，被日本采纳，并且在吸收其他学派相关观点基础上，结合日本国情，构筑了政府导向型市场经济。

另外，日本的政府导向型市场经济模式也受到了马克思主义经济学的影响。不同于欧美国家，马克思主义经济学在日本一直有较大的影响力。在二战后初期，政府采纳了马克思主义经济学家有泽广已的意见，推行了著名的"倾斜生产方式"，有效地恢复了经济。日本政府导向型模式所强调的重视产业政策、重视经济计划调节作用、独特的劳资关系与企业管理模式等内容都与马克思主义经济学有着密切联系。

（二）日本政府导向型市场经济的主要内容

日本政府导向型市场经济的主要内容如下：

（1）企业与政府形成所谓"官产复合体"和所谓"日本株式会社"的体制，表明日本政府对经济管理和企业经营的深层次介入。

（2）政府对经济实行宏观调控，主要手段是产业政策、经济法规、计划调节、行政指导等。

（3）从政府与市场的关系看，政府干预主要从宏观方面调节经济发展方向与经济结构，市场调节则包括经济的具体运行与微观环节、具体结构。同时，政府通过宏观调控手段既使国内市场有活跃的竞争，又使这种竞争保持有序态势。

（4）从企业与市场的关系看，企业是市场的主体，企业为获取更多的利润，把竞争的侧重点放在最大限度地进行市场开放和扩大市场占有率方面。

（5）从市场自身看，市场具有法制性、规范性，即政府以法律手段规范市场的正常竞争和秩序，使市场机制的作用得到正常发挥。

（6）从企业经营模式看，最大的特色是实行所谓"日本式经营"。这种日本特有的企业经营模式，其本质是"企业就是人"的"人本主义""企业民主"，以及"和为贵"的"协调主义"。"日本式经营"中包括的终身雇佣制、年功序列工资制、企业工会以及群体意识，其本质皆在于此。可以说，日本模式是西方自由市场经济与东方传统文化相结合的产物。

日本"政府导向型"市场经济把经济问题同社会问题联系起来解决，从而可以取得经济社会稳定的效应，这可以说是日本模式的一大特点和优点。

(三)日本政府导向型市场经济的主要特点

1. 计划引导

计划引导是日本宏观经济管理的一个重要手段。建立科学的政府决策是为了顺利实现发展经济的目标并履行合理的经济职能,政府决策的科学性是一个非常重要的条件。正如美国学者克鲁格指出:“政府的行动并非不费成本。任何一项影响资源配置的政策、公共部门从事的任何经济活动以及任何一种对私营经济活动的管理办法都只有在下列条件下才能实行,即在政策内容及其手段清晰的前提下,存在一套论证政策可行性的详细程序与准则。”战后日本政府的经济职能之所以能够顺利履行,就在于建立了政府决策的科学支撑体系。日本的计划大体有三种——中长期计划、年度预测、国土开发及地区开发计划。中长期计划的时间为五年。首先确定经济优先发展的次序,对优先发展的行业予以优惠条件。根据这一计划,日本明确了首先发展轻纺工业,其次发展重化工业,最后发展重工业这一行业发展次序。中长期计划追求的目标是:经济稳定、物价稳定、改善外贸环境、促进经济发展。根据中长期计划,经济企划厅又把这一计划分解为年度计划,年度计划主要阐明本年度的任务及下年度的预期任务,预算编制以政府年度预测为依据。国土开发及地区开发计划的目标是解决经济发展过程中出现的地区差距过大、发展不平衡等问题。

在日本中央政府,设有专门负责制订和实施中长期与年度综合性经济计划的职能机构——经济企划厅。该厅不仅聚集了大批既有深厚的学术功底又深谙宏观经济动向和政府政策意图的“官厅经济学家”和善于部门协调、精于行政事务的经济官僚,还通过经济审议会吸收了大学、研究机构、产业界和消费者等多方面的代表,从而为经济计划编制的科学性、可行性和前瞻性提供了可靠保证。制订的发展计划体现了政界、财界和经济专家的愿望和意见,最后提交内阁经济审议会审议通过。

从总体上看,战后日本政府通过制订和实施经济计划来行使其经济职能,还是比较成功的。尤其是著名的“国民收入倍增计划”,曾为日本经济的长期高速增长和现代化发挥了重要作用。日本政府的经济计划虽为官方计划,但却只具诱导性和指导性而不具有指令性。计划的宗旨是表明经济发展现状,确立经济发展目标,通过制定政策引导企业的投资方向。计划对民间是指导性的,指明方向、构想和展望,虽然没有行政上和法律上的约束力,但由于计划制订时吸收了多方面的意见,表明政府的政策走向和预测的经济指标,所以还是对企业界有较高的参考价值;这些计划诱导是以强有力的行政和经济手段为基础,政府通过行业组织与企业进行交流、协商,为保证计划的实现,还采取必要的奖罚手段,所以,计划的诱导是强有力的,它实际上发挥了有力的宏观指导作用。反过来,这对政府担负的计划任务,则具有约束力。也正是这种特性,才使其既能指明宏观经济运行方向和产业部门间总体结构,从而在一定程度上避免资本主义经济固有的无政府状态,又能充分调动企业和产业界的自主性和积极性,而未将各经济主体强行置于官方计划的框架之中，使其束手束脚，难以进取。因而，日本经济计划被西方国家称为“世界上运用得最巧妙的计划诱导经济”。

2. 产业政策引导

日本政府干预经济的途径很多、涉及面很广。其中，产业政策堪称最有特色、最见成效。运用产业政策指导企业进入产业，是日本处理政府与市场关系的特有方法。产业政策是日本政府在资源配置中发挥主导作用的一个至关重要的杠杆，也是日本式市场经济区别于欧美各国的一个重要方面。从一定程度上讲，没有成功的产业政策就不可能出现日本经济腾飞的“奇迹”。作为政府干预经济、资源合理配置的手段之一，产业政策的制定表现了政府对自由市场经济“过度竞争的恐惧”、对市场机制的经济功能的不信任，也是意在补充市场的缺陷。

产业政策是日本经济政策体系的核心，通常与经济计划结合在一起，提出政府干预和调节经济的目标与任务，并以财政政策、金融政策等与之相配合。产业政策是以产业结构高级化、维护市场竞争为目标的中观政策，主要分为产业结构政策和产业组织政策。产业结构政策是核心，它以各产业间的资源分配为对象，调整产业比例，不断促进产业结构优化和高级化；产业组织政策是以解决产业内部企业之间的相互关系为主要内容的产业政策，以维护竞争、限制垄断为原则。日本先后颁布的维护竞争性市场结构的法律有《禁止私人垄断及确保公平交易法》《中小企业基本法》《不当竞争防止法》《不公正交易法》等。产业政策的实施可将资源转向有发展前途的重要产业，以保证经济的不断增长，使资源流向利润更高的企业中，从而提高日本产品的国际竞争力。

日本的产业政策由通商产业省（现为经济产业省）制定并推行。产业政策以产业结构合理化、提高国际竞争能力、保证产业协调发展为目标。产业政策的核心是产业结构合理化。其具体内容是根据各个时期经济状况来确定产业的优先发展顺序。如在战后初期，提出了以“倾斜生产方式”为主要内容的产业复兴政策，实施了产业重点发展政策，把有限的物资、资金、外汇等优先分配给煤炭、钢铁、电力等基础产业，并成立复兴金融公库，为重点产业提供优惠贷款。实行的结果是极大地促进了基础产业的发展，为经济的全面恢复和发展打下了基础。20 世纪 50 年代前半期，日本政府将产业政策的重点转移到提高劳动生产率、增加出口产品的竞争能力上来，陆续制定了造船、化肥、汽车等多项产业合理化计划。20 世纪 50 年代中期日本政府实行了重点发展重化工业的产业政策，并使其占有较高比重，使产业结构向高层次化、高加工化、高附加值化方向发展，并通过追求规模经济来增强国际竞争能力。20 世纪 70 年代，由于石油危机的冲击以及经济环境的变化，日本政府对高耗能的衰退产业进行调整，将资本密集型的“工业化型结构”转换成知识和技术密集型的“后工业化型结构”，实行了发展知识密集型产业的政策。20 世纪 70 年代后，由于日元升值，日本政府采取结构调整措施，通过“内需扩大主导型”战略，使其产业政策向“国际协调型”和“知识融合化”的方向发展。在日本经济的增长过程中,政府的一系列产业政策在对产业进行扶植、调整或组织方面,确实发挥了不可忽视的作用,因而,制定产业政策成为人们首肯的日本经验之一。

实行产业政策指导,除正确制定产业政策外,还要通过一定的组织形式贯彻实施。日本的"产业结构协会"在实施产业政策方面发挥了有益的作用。"产业结构协会"是日本政府进行宏观经济管理、指导民间经济活动的一种组织形式。它由通产省官员和企业界、金融界的代表人士组成,是政府的意图与民间经济活动结合的桥梁。协会共同商议怎样扶持"朝阳企业"、调整"夕阳企业"、发展中小企业等产业政策。通产省(经济产业省)还经常与民间企业组织各种恳谈会,谈论有关市场需求预测、产业投资顺序、产品零部件标准化、中小企业振兴等问题。通过恳谈,把政府的方针变成民间的活动,使产业政策得以顺利实施。

3. 行政指导

在日本政府行使经济职能方面,行政指导成为采用最为普遍也是行之有效的重要手段,是日本政府行使经济职能的特有手段,它体现着日本政府经济职能的主要特点。所谓行政指导是指行政机关在法律所赋予的权限和所管事务的范围内,为得到行政对象的合作并实现一定的行政目的而进行劝诱或诱导,使其采取或不采取某种行为。它既不是行政命令,也不一定具有法律依据,但民间企业基本上都能服从政府的行政指导。日本政府对企业和产业界的行政指导,主要是通过通产省、大藏省(财务省)、日本银行以及各行业、领域的主管部门如农林水产省、建设省、运输省来实现的,其中最主要的是通产省。而企业和产业界之所以一般愿意接受政府机构的行政指导,除这些政府机构往往更能掌握宏观经济运行和国家宏观调控的总体动向、对其经营具有指导价值外,更重要的还在于经济利益的驱动,即一旦接受行政指导,就能得到来自政府部门的各种资助、补贴和优惠,如贷款资助、财政补贴、减免税优惠等。因此,日本政府的经济职能已经远远超出了在维持市场纪律的范围内所履行的一般经济职能。正如英国查默斯·约翰逊在《通产省与日本的奇迹》一书中所说,行政指导"才是支撑日本这个大'株式会社'的台柱之一"。

当然,过度的行政指导即过多的政府干预会造成所谓"政府失灵",挫伤企业的主动性和责任感,使企业活力丧失或减退,也会使企业发展所必需的外部横向协调被纵向干预所代替,从而导致企业活力的呆滞。

4. 利用财政、金融政策管理经济

货币政策是日本政府干预经济生活的有力手段。货币政策作用的主要杠杆是改变贴现率、改变法定准备率、公开市场业务和窗口指导等。在财政政策方面,政府通过改革开支和投资计划,通过政府贷款、补贴和增减税收等措施,参与私人公司利润的再分配,以保持总供求的平衡。日本的财政政策基本上是抑制性的,但赤字的规模较小。在汇率方面,日本奉行自由浮动的汇率政策,日元和外汇兑换率基本上由市场供求状况决定。但政府往往通过使用外汇储蓄去干预外汇市场,以避免外汇市场的波动对本国经济造成不利影响。

5. 建立必要的制度法规,保证经济的发展

政府的每项政策出台后,都要制定相应的制度法规,使经济活动做到有法可依。日本的经济法包括一般经济法、部门调节法、省厅地位法。其中一般经济法包括预算法、税法、劳动法、土地法、反垄断法、自然保护法以及外汇外贸管理法等,它规定着经济活动的固定法律条件,任何人都必须遵守。部门调节法包括基本法和临时措施法。省厅地位法规定政府各部门经济调节的职能和分工以及跨部门协调机构的职能等。完备的法律体系为政府加强对经济运行全过程的控制提供了颇为有效的手段。

6. 增设政府经济职能机构

战后的日本政府不断增加职能部门。战后初期日本对行政机构作出改革的重点内容包括撤销海军省、陆军省、军需省、大东亚省等军事职能机构,同时开设了劳动省(现厚生劳动省)、运输省、建设省、农业水产省、通商产业省(经济产业省)等经济职能部门,随后又增加了小企业厅、经济企划厅、公正交易委员会等部门,从而使政府的经济职能部门更加完善并在经济发展中逐渐占据主导地位。而非经济职能部门的大量撤销以及经济职能部门的不断增加也可以证明经济职能已经逐渐成为日本政府职能中重要的组成内容甚至是主要的内容。

从当代西方国家政府经济职能的不同表现可以看出,西方各国政府经济职能设置的分歧点并不在于政府该不该干预经济,而是在于如何干预经济。一些国家主张市场作用多一些,另一些国家则倾向于政府作用多一些;一些国家政府的公共部门大一些,另一些国家政府的公共部门小一些;一些国家政府比较强调公共经济目标,另一些国家政府则比较强调国民的社会福利;等等。

比较上述西方国家的政府经济职能,市场经济机制与政府经济职能相结合以促进经济稳定增长,已成为当代世界各国经济生活的重要课题,政府对经济的干预不再是一种局部的、暂时的举措,而成为对社会再生产各个环节的全面干预,成为社会经济生活的内在因素,只是由于不同国家在经济结构、发展水平、历史文化和政策目标上的差异,其各自政府对经济干预的方式和程度不尽相同。

在所有制结构上,国有化是实现政府经济职能的一项重要措施。一些国家政府对一些投资大、收效慢、经济效益低而社会效益显著的公共事业和基础工业实行国有化,但国有化程度不同。美国程度较低,德、日次之,法国较高。合作经济是政府制约私人经济的一种手段,通过合作经济影响私人经济发展已成为国际现象。合作经济在法国发展得比其他国家快,因为法国深远的民间互助传统孕育了合作经济的种子,而长期受到各种社会主义思潮的影响和政府实行的政策措施为合作经济的发展创造了良好的环境。

当代西方各国政府不同经济职能的选择和并存,反映了变动的社会在不断地推动政府调整或重新选择自身的经济职能,而且政府经济职能的调整和选择并不是随意的,它

受到特定社会经济和历史文化条件的深刻影响和制约。在政府经济职能干预经济的决策上，上述国家都以企业和消费者的分散决策为主，以政府决策为辅。为使各种决策主体在目标和利益方面建立合作关系，消费者、企业和政府共同决策的机制有所发展，这体现了政府通过共同决策协调经济运行的思想。然而在政府经济职能干预经济的决策上各国也有所差别。美国和德国政府决策的地位和作用较弱，两国没有指导性计划，政府的经济职能主要起一种监督、服务和补救的作用，共同决策的层次较低、范围较小，美国多见于劳资谈判，德国表现为职工参与企业决策。法、日政府决策的地位和作用相对较强，在美、德政府经济职能的基础上又增加了通过指导性计划诱导经济运行的职能，而法国指导性计划的作用又大大超过日本。法国的"计划合谋"、日本的协作精神，都体现了政府、企业以及各种利益集团之间高层次的协调。总的来看，美、德国家干预较少，经济模式比较"自然"，而法、日国家干预较多，经济模式更多一点"人为"色彩。

思考题

1. 如何理解政府经济职能的含义？
2. 政府经济职能具有哪些特性？
3. 政府经济职能具有哪些作用？
4. 影响政府经济职能设置的主要因素有哪些？
5. 自由竞争时期政府的经济职能有哪些？
6. 美国政府经济职能具有哪些特点？

参考文献

[1]斯密．国富论[M]．郭大力，王亚南，译．北京：商务印书馆，2015.

[2]坦茨．政府与市场：变革中的政府职能[M]．王宇，等译．北京：商务印书馆，2014.

[3]屈新．政府经济职能的转变及其机制创新研究[M]．北京：中国政法大学出版社，2015.

[4]张岩鸿．市场经济条件下政府经济职能规范研究[M]．北京：人民出版社，2004.

[5]谢自强．政府干预理论与政府经济职能[M]．海口：海南大学出版社，2004.

第八章

西方行政制度改革

调整和变革行政制度，适应社会经济发展的需要，是世界各国政府管理的恒新主题。行政制度改革是指为了适应外部环境和内部条件的变化，有意识地对政府职能、结构以及权力关系等进行重塑，以使其更好运转的活动过程。进入20世纪以后，尤其是第二次世界大战以来，西方国家先后进行了多次行政制度改革，其中，20世纪70年代末兴起的新公共管理理论和21世纪初兴起的新公共治理理论影响尤为深远。本章重点分析新公共管理与新公共治理这两个公共行政阶段的实践及理论范式。

第一节　新公共管理运动

20世纪70年代末，西方各国掀起新公共管理（new public management）运动，尽管各国行政制度改革的起因、战略、议程、改革范围和改革力度等不尽相同，但随着全球一体化的推进，各国之间的信息和技术交流日益频繁，面临的共同问题越来越多，各国行政制度改革表现出一些共同的取向及主题，如政府理念企业化、政府职能市场化、公共服务社会化、行政权力分散化等。

一、政府理念企业化

（一）政府理念企业化的内涵

政府理念企业化主要是指将顾客至上、讲效率、重质量和绩效导向等企业家精神广泛运用到政府管理中，重塑政府形象。美国学者戴维·奥斯本和特德·盖布勒的《改革政府：企业家精神如何改革着公共部门》一书，系统地总结了美国各级政府20世纪70年代以来吸收企业家精神改革政府的实践，提出了“政府企业化”这一全新的概念。书中为“企业化政府”提出了10条原则，即：

（1）起催化作用的政府——掌舵而不是划桨；

（2）社区拥有的政府——授权而不是服务；

（3）竞争性政府——把竞争机制注入提供服务中去；

（4）有使命感的政府——改变照章办事的组织；

（5）讲究效果的政府——按效果而不是按投入拨款；

（6）受顾客驱使的政府——满足顾客的需要，而不是官僚政治的需要；

（7）有事业心的政府——有收益而不是浪费；

（8）有预见的政府——预防而不是治疗；

（9）分权的政府——从等级制到参与协作；

（10）以市场为导向的政府——通过市场力量进行变革。

对于这些新见解,美国前总统克林顿给予了高度评价,他指出这些理论"给我们提供了改革政府的蓝图"①。正是在克林顿的推动下,美国掀起了"再造政府运动"。在英国,撒切尔夫人执政后就大胆引进私营部门的管理人员,也曾有计划地安排所有高中级行政官员到私营企业中去工作或学习,借用私营部门的管理哲学、管理方法和技术来改进政府管理,以期望提高行政效率。瑞士的许多州和市政府如瓦莱州、日内瓦州和苏黎世市等同样开始采用企业化的方式来加强公共部门管理。从某种意义上说,政府职能市场化、公共服务社会化以及行政权力分散化改革是在"企业化理念"指引下不断实践并取得成果的。

(二)政府理念企业化的主要形式

西方国家在行政改革中逐渐引入企业管理的理念主要有:绩效理念与"以顾客为中心"理念。

1. 引入绩效理念

在资源有限的情况下,为了实现用相同或更少的资源生产或提供较高质量公共产品与服务的目的,各国政府纷纷将企业绩效管理理念与技术方法应用到政府管理之中,以期通过推行绩效管理及绩效评估,创建高绩效政府。美国国家评估绩效衡量小组曾给"政府绩效管理"下了一个经典的定义:绩效管理是"利用绩效评估得出的信息,帮助确定能被认同的绩效目标,进行资源的优化配置,告知管理者维持或者改变当前的政策或计划,以实现这些目标和报告实现这些目标的成效"的管理过程②。

——英国。1979 年,撒切尔夫人一上台,就任命雷纳爵士担任她的效率顾问,并成立了效率小组,以对政府各部门运作状况作全面、深入的调查。雷纳评审促使政府部门开始关注政府的产出和结果,初步树立起政府绩效和成本意识。

继雷纳评审之后,在 20 世纪 80 年代初"部长管理信息系统"得到广泛推广,该系统充分搜集政府各个部门的绩效目标、绩效指标、绩效实绩的数据,较大程度上学习企业绩效管理的经验和做法,是融合目标管理、绩效评估等现代管理方法和技术而设计的信息收集和处理系统。

1982 年财政部颁布的财务管理新方案(FMI)就明确提出各部门、各层级的负责人要明确自己的目标和测定产出与绩效的标准及方法,评估的内容包括经济、效率、效益三个方面,财务管理新方案是部长管理信息系统的延伸。财务管理新方案使政府部门的负责人能够明确工作目标并掌握衡量绩效的方法,了解自己部门可使用的资源及应该负担的责任等。

1988 年,英国政府又进一步推行了"下一步行动方案",在该方案中提出了设立执行

---

① 戴维·奥斯本、特德·盖布勒:《改革政府:企业家精神如何改革着公共部门》,周敦仁等译,上海译文出版社,1996,第 43 页。

② The Performance Measurement Study Team, USA, "Serving the American Public: Best Practices in Performance Measurement," http://www.orau.gov/pbm/links/npr2.html.

机构,各部大臣通过与这些执行机构签订绩效合同使其对服务结果负责,通过引入绩效预算,使部长和执行机构的责任关系更加明确。该方案促进了组织绩效评估在政府各部门中获得广泛的运用。

1991 年,撒切尔夫人的继任者梅杰发起了一场“公民宪章运动”,提出质量和顾客服务的改革思想,从“效率优位”向“质量优位”转变,绩效管理进入一个新的阶段。

由于绩效评估已融入英国行政改革,成为英国管理主义运动的重要组成部分,虽然领导人发生了更迭,但是绩效评估仍随着英国行政改革的推进、行政改革主题的转换而不断向前发展。

——美国。在美国,大规模的政府绩效评估始于 20 世纪 70 年代初期,1973 年,尼克松政府颁布了“联邦政府生产率测定方案”(the federal government productivity measurement),力图使公共部门绩效评估系统化、规范化和经常化。

1993 年,美国国会通过了《政府绩效与结果法案》,以立法的形式明确了绩效评估的概念与制度。根据这项法律的要求,美国所有的联邦机构部门都要制定一个至少包括未来 5 年工作目标的战略规划,将战略目标分解成年度目标的年度执行计划以及对年度计划执行结果进行评价的年度计划执行情况报告。这三份报告将提交给国会中相应的专门委员会、美国审计总局以及行政管理和预算局。行政管理和预算局则根据各机构的规划制定情况以及工作绩效的评估情况分配财政预算。

1993 年 3 月,克林顿总统宣布成立国家绩效评审委员会(NPR),并任命副总统戈尔主持该委员会的工作,负责统筹联邦政府的再造工作。该国家绩效评审委员会于同年 9 月制定了第一份报告——《从繁文缛节到结果导向:创造一个花钱少、工作好的政府》(*Red Tape to Result: Creating a Government that Works Better and Costs Less*),成为美国推行政府绩效评估措施的纲领性报告,有力地推动了绩效评估在政府管理中的具体运用。

——澳大利亚。20 世纪 70 年代末 80 年代初,澳大利亚政府通过开展以绩效审计、绩效预算和政府绩效测评为主的政府绩效评估,对政府进行了成功的改革。1984 年制定的《财务管理新方案》,其主要内容与美国的《政府绩效与结果法案》类似,成为以后实施政府绩效奖励制度的财政基础。

1994 年修订的《公共服务法》和 1997 年颁布的《审计长法》《财务管理与责任法案》等法律,进一步完善了政府部门绩效的责任管理机制,使以结果为导向的政府部门绩效评估机制进一步规范化和制度化。

1997 年,议会通过的《1997 审计长法案》规定了审计长作为联邦公共部门的外部审计人员,享有对联邦政府部门、事业单位和公司及其下属单位进行绩效审计的权力。

澳大利亚政府的绩效预算管理主要根据产出和成果来配置资源,规定要对财政投入的绩效进行评估,绩效评估的结果对各部与财政部预算谈判中的地位将产生重要的影响,从而有助于降低公共支出,提高政府效率。与此同时,澳大利亚政府还非常注重公众的参与,规定国家的所有公共产品和公共服务,都必须接受社会公众的监督和评价;政府的投入与产出效益必须接受选民的公开评价;公共机构的支出及其绩效必须接受公开监督,将政府的可信度建立在健全而透明的绩效评估基础上。

——日本。20 世纪 90 年代末日本中央政府以“行政评估体系”一词取代“政策评估体系”,并在全国范围内推广,而且将原来的政府内部的行政监察机构改名为行政评估机构,具体负责组织实施行政评估。日本政府绩效评估体系中,主要有两个比较重要的法案:《会计检察院法》和《政府政策评估法》。

政府绩效评估在其他西方国家也得到广泛的应用。“据经济合作与发展组织统计,公共组织绩效评估在丹麦、芬兰、挪威、新西兰、加拿大等国家都得到广泛应用。鉴于各国政府对绩效评估的迷恋,西方学者惊呼‘绩效评估国’正在取代‘行政国家’。”①

2. 引入“以顾客为中心”理念

“顾客至上”“顾客即上帝”是企业和企业家的基本理念,也是企业管理和获取竞争力的基本法则。唯有赢得顾客才能赢得市场,而要赢得市场就必须让顾客从企业提供的产品和服务中获得满意。由于大多数政府公共部门在提供服务时,公众没有选择的余地,使得政府部门缺乏“顾客至上”的观念及起码的质量意识。为了改变这种情形,各国纷纷以“企业家精神”塑造政府,树立“以顾客为中心”的理念,把公众的满意度作为追求目标和评价标准。

——英国。最先在公共服务中引入“以顾客为中心”理念的是英国的梅杰政府。1991 年 7 月,撒切尔首相的继任者梅杰以政府白皮书的形式提出“公民宪章”,目的在于促使政府各行业、各部门提高效率,改进服务,重塑政府在公众中的形象。“公民宪章”运动,为所有公共服务机构和部门制定宪章,改变公共服务中提供者居主导地位的状况,为服务对象提供审视公共服务的机会。“公民宪章”运动主要针对那些具有一定垄断性质的公共部门和公共服务行业:①自然垄断和半垄断性服务行业,如铁路、邮政、水电部门等;②非营利性公共服务行业,如环保、城市交通、公共文化设施等;③管制性服务行业,如户籍管理、公共安全、执照核发等。据 1996 年英国官方报告,英国“公民宪章”运动在提高公共服务质量和公民满意度方面起到了积极的作用。受英国“公民宪章”运动示范效应的影响,世界各国也开始了类似的改革。如法国 1992 年要求公共服务部门颁布“公共服务宪章”。同年,比利时发动了“公共服务宪章”运动。

——美国。1993 年颁布的《政府绩效与结果法案》要求联邦部门普遍实施顾客满意度调查。同年 9 月,克林顿发布了第 12862 号总统令,要求联邦机构设定“顾客服务标准”,公开接受公众监督。“公务官员必须推动一场革命,实现联邦政府做事方式的根本转变。这要求对行政机构的管理和运作实践进行持续性改革,使公共部门的服务赶上或

① 中国行政管理学会联合课题组:《关于政府机关工作效率标准的研究报告》,《中国行政管理》2003 年第 3 期。

超过私营部门的水平。”总统令的主要内容包括服务标准设定、顾客服务状况报告、顾客服务规划三个方面，并对落实的时间做了具体要求。顾客服务标准设定包括以下八方面的具体要求：①明确部门的服务对象或顾客；②通过顾客调查确定公共服务的类型和质量，了解他们对现有服务的满意程度；③设定服务标准和评价服务质量的尺度；④设立顾客服务标杆，比较部门绩效和私营部门的最佳绩效；⑤对第一线雇员进行调查，确认部门绩效差距的原因，探讨赶超私营部门最佳绩效的途径；⑥在服务提供机构和服务提供方式等方面给予顾客充分的选择权；⑦确保顾客在接受服务和信息方面的便利；⑧建立有效手段处理好顾客投诉。

“以顾客为中心”理念的引入，一方面体现了行政主客体关系的重塑，即政府在角色上由“官僚者”转为“服务者”，这是对传统官僚理念的革新；另一方面，也促使政府在管理方式上由统治走向服务，使政府致力于为社会提供有效率、高质量的服务。

二、政府职能市场化

（一）政府职能市场化的内涵

所谓“政府职能市场化”是指政府为促进经济市场化而进行职能调整以及在职能输出过程中引入市场机制的改革。具体来讲，政府职能市场化包括两个层面的含义：一是政府职能定位的市场化，即通过政府职能转变促进经济市场化与自由化；二是政府职能输出的市场化，即通过引入市场机制来提高政府效率。两者存在差异，前者涉及的是政府“做什么”的问题，着重于重新界定政府与市场的功能，其主要表现形式是政府撤资及政府淡出；后者涉及的是政府“如何做”的问题，注重将私人部门的管理手段和市场激励结构引入公共服务之中，追求公共服务提供的有效性。

进入20世纪尤其是20世纪30年代以后，西方政府越来越广泛地干预经济事务，造成政府规模日益扩大，政府财政负担也越来越重。同时，由于“政府失灵”问题的存在，政府的干预往往达不到预想的结果，甚至在同等条件下，政府部门解决问题的办法在效率上往往低于市场的解决办法。在此背景之下，20世纪70年代以来西方国家出现了政府职能市场化的两种趋势：一是各国开始重新认识市场和政府作用，重新审视政府职能定位，主张减少政府干预，提倡市场自发力量和保护私人产权，维护促进经济自由化和市场化。我们把这种改革趋势称为“政府职能定位市场化”，其主要改革措施包括政府放松经济管制和国有企业私有化等。二是在政府的职能输出过程中引入市场竞争机制，将政府的部分工作交由社会或企业组织来完成，以提高公共服务效率和质量。我们把这种改革趋势称为“政府职能输出市场化”，主要通过业务合同外包等措施来实现。具体如图8－1所示。

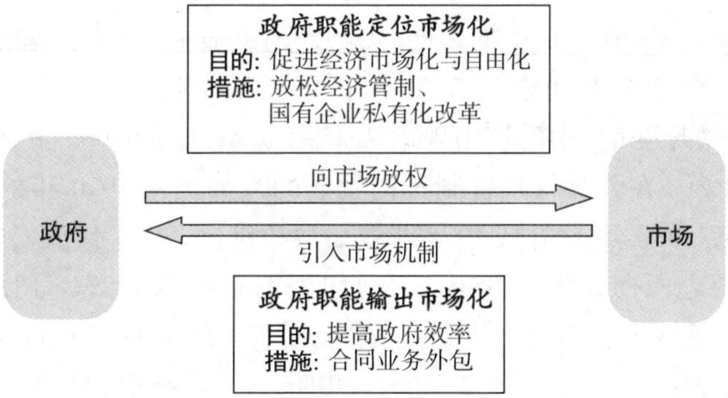

图 8-1　政府职能市场化的两个方面

（二）政府职能定位市场化的实践

1. 放松管制，收缩政府的经济职能

所谓“放松管制”（deregulation）是指西方国家在政府过度管制的情况下，为削减财政赤字、刺激经济发展，解除对企业的一些管制措施，通过一些自由化和市场化的手段，对政府职能进行重新定位，对管制手段进行重新设计的行政改革活动。放松管制改革，实质是减少政府的微观管理与干预职能，使政府职能更多地由微观管理转到宏观管理，让市场更好地发挥作用。

20 世纪 30 年代以来，伴随着凯恩斯主义的盛行，世界各国加大了对经济的干预和管制力度。客观上讲，国家的直接管制措施，对社会经济的稳定和发展起到了积极作用。但随着国际国内形势的变化，特别是经济技术条件的变化和进步，政府管制的负面作用也逐渐显现出来。具体表现在①：

（1）价格管制干预正常的市场调节，导致物价上涨。

（2）市场准入管制削弱市场竞争，妨碍企业在提高效率、降低成本、改善服务和技术创新方面的积极性。

（3）管制使企业负担过重。

（4）管制机构有时被受其管制的企业“俘虏”。一些丑闻表明，管制机构在执法过程中有偏袒企业的行为，成为被管制的自然垄断产业企业的“俘虏”。

（5）管制机构行动迟缓，繁文缛节现象严重。

企业从自身利益出发要求放松管制；政府为削减财政赤字、激发经济活力，有放松管制的动力；技术革新也迫使政府放松管制：各方面的合力共同促成了政府放松管制的改

① Eugene Bardach and Robert A. Kagan, *Going by the Book: The Problems of Regulatory Unreasonableness* (Philadelphia: Temple University Press, 1982), p. 36.

革浪潮。

——美国。20世纪70年代中期以前,美国政府对铁路、卡车运输、航空、公共汽车、广播电视、天然气、整个金融证券市场,甚至干果牛奶都进行了苛刻的管制。从1936年到1977年,美国"联邦登记"中的管制规章从2599页增加到65603页,仅70年代的规章数量就增加了300%。在公共行政管制机构就业的人数也从1970年的28000人增加到1979年的81000人。[①] 美国政府从1975年开始放松管制,80年代放松管制呈加速趋势,90年代放松管制更趋向彻底化。1981年2月里根发布的第12291号行政命令标志着美国联邦政府管制改革的真正启动。里根政府时期,平均每年发布大约4500个规章,信息与管制事务办公室否决的管制规章草案约达46%。[②]《联邦登记》也从1980年的73258页降到1988年的50616页,减少了22642页[③]。布什接任总统后,仍奉行里根的12291号行政命令,撤销了13000多个管制规章,大大减轻了企业的负担[④]。克林顿任总统后,于1993年签发了《12866号行政命令:管制计划与审查》。该命令提出:管制改革应以更集中、更有灵活性、更有力度、更有效率、个人和企业更少负担的市场化管制为目标。该命令统一了联邦管制程序和判断标准,规定联邦管制机构提出规章草案时,应评估规章的成本和收益。乔治·W. 布什上任后,12866号命令继续得以执行。1975年以来特别是80年代后,美国政府先后放松了对航空、铁路、卡车、公共汽车、能源、电信、银行的管制。表8-1反映了美国政府放松经济规制的基本情况。

表8-1 美国政府放松经济规制的基本情况

年份	项目	内容
1975	证券管制法	取消股票委托手续费管制,根据证券交易促进不同行业间的竞争
1976	管制改革法	放松费用管制
1977	联邦最高法院	放松准入管制、费用管制
1978	航空客运业放松管制法	废除准入管制和费用管制,解散民用航空运输委员会,反托拉斯事件由民用航空委员会移交司法部管理
1978	天然气政策法	分阶段取消对天然气井口价格管制
1978	司法部通告	限制美国应用国际航空运输协会的运费协定
1978	公共事业管制政策法	电力托运、相互连接的认可移交联邦能源委员会,修订费用体系
1978	总统声明	要求修订双边航空服务协定

① Barry D. Friedman, *Regulation in the Reagan - Bush Era* (Pittsburgh: University of Pittsburgh Press, 1995), p. 25.

② 席涛:《美国政府管制成本与收益分析的制度演变——从总统行政命令到国会立法》,《中国社会科学院研究生院学报》2003年第1期。

③ 崔卓兰:《行政规章研究》,吉林人民出版社,2002,第349页。

④ 席涛:《美国政府管制成本与收益分析的制度演变——从总统行政命令到国会立法》,《中国社会科学院研究生院学报》2003年第1期。

续表

年份	项目	内容
1979	国际航空运输竞争法	修订以引进竞争为目的的国际航空协定
1984	电缆电信法	实际上完全放松对有线电视的管制
1985	关于银行业州际业务协定的最高法院判决	支持某州银行可以支配在其他州银行拥有的股票的州间协定
1986	《格拉斯·斯蒂格尔法》	为了放松《格拉斯·斯蒂格尔法》所包括的银行业务州际管制，联邦储备委员会及法院制定新的规则，1987 年向议会提出了要求废除该法的《普罗科希梅尔·加恩法案》
1996	电信法案	彻底打破了美国电信分而治之的局面

资料来源：转引自陈振明：《政府再造：西方"新公共管理运动"述评》，中国人民大学出版社，2003，第 86 页。

——英国。英国的放松管制改革是随着国有企业的私有化运动进行的。1979 年开始大规模推行私有化以来，英国许多基础产业，包括电力、电信、航空、钢铁、天然气等部门都进行了私有化改革。比如英国在 20 世纪 80 年代开始放松电信管制，打破英国电信公司（BT）的垄断格局，实行邮政、电信的分营，并对其实行私有化，成立与之竞争的私人控股的通信公司（莫克瑞通信公司），到 90 年代初又完全放开电信市场。鉴于这些基础产业是英国国有经济的主要领域，它们的私有化，本质上是放松了私有资本（包括外国资本）的进入限制。因此，仅此一方面就取消了一大批管制事项。另一方面，国有企业私有化以后，原来在国企有关资金、财务、投资、价格、人事、经营、分配、采购等方面的诸多审批管制也自行取消。少部分未被私有化的国有企业，在人事、财务等方面仍保留部分管制。

——日本。日本属于政府管制较多的国家。20 世纪 70 年代末以前，政府管制的领域涉及方方面面。从 20 世纪 70 年代末开始，日本政府开始了放松管制改革。1977 年的《许可、批准等整顿的合理化建议》中决定对 1240 项审批事项进行改革：或取消，或转移，或简化办事手续等；1988 年 12 月 13 日，日本政府又推出《放宽限制的推进纲要》，再次废除了一大批政府管制事项。从 1977 年到 1994 年，日本政府共进行了大小不等的 13 次放松管制改革。

——新西兰。新西兰原来也是政府管制较多的国家，20 世纪 80 年代中期以前，政府管制手段一直注重下放审批。80 年代中期以后，逐渐在工业许可证、进出口贸易和金融等领域进行了放松管制改革。1984 年 7 月，工党政府解除了所有的利率控制。同年 8 月又取消了信贷指标限制和银行存款资产比率控制，取消了金融市场进入限制。与此同时还完善和加强了政府的公开市场业务，从而减少了金融市场的扭曲，逐步创造出一个全新的金融环境。①

① 赵守日：《美日等国的放松管制运动及其对深圳审批制度改革的启示》，《经济体制改革》1998 年第 5 期。

综观西方国家的放松管制政策，其取得的成效是明显的，包括：

（1）促进了政府职能的调整和转变，使政府职能适应了社会经济的变化和进步。

（2）使企业得以摆脱政府的过度干预，有了新的成长空间，并能针对迅速变化的环境做出灵敏反应。

（3）有助于打破垄断，形成竞争格局，能为消费者提供价廉物美的商品和服务。

（4）政府用于经济性管制的行政开支减少。

但是，事物总是具有两面性，放松管制带来了一些失控现象。“美国学者道格拉斯·史密斯在《电力工程》杂志上撰文指出，美国放松管制的行动，对电力工业产生了一些不良的后果，比如：放松管制后只有为数极少、竞争力极强的电力企业得以生存；电力用户也没能从放松管制中得到益处，未能享受到低价或者价格稳定的电力。在放松银行管制的问题上，放松管制的弊端更加明显：第一，放松管制后的过度金融竞争导致银行经营风险增大；第二，国际金融市场动荡加剧；第三，银行管制有效性丧失；第四，货币政策受到新的冲击与挑战。”①

2. 推行国有企业私有化改革

国有企业私有化，是指把原属于国有的公司或公用事业通过产权转移、拍卖、赠送、发行股票等形式转给私营企业所有或经营。国有企业和公用事业的产权转移或私有化，意味着较少地依赖政府、更多地依靠私营部门的制度安排来满足社会需要。二战以后，国有企业作为国家最直接的调控经济的手段，迅速发展起来，对于经济恢复以及整个经济的稳定与增长都发挥了十分广泛的作用。到了20世纪70年代末80年代初，随着第三次技术革命和经济全球化的推进，国有企业在许多领域的优势地位逐渐丧失。这些国有企业普遍出现了效益低下、冗员过多、资源配置失效的现象，成为经济发展的严重制约。在这种背景下，西方国家开始了国有企业的私有化进程。

——英国。在西方国家中，英国对国有企业的私有化改革起步最早，成效最为突出。英国在撒切尔首相上台后，开始了大刀阔斧的国有企业私有化改革，把曾被认为掌握国民经济命脉的部门如电力、通信、钢铁、煤炭、石油等私有化。在撒切尔执政的1979—1990年，英国政府对46%的国有企业实行了私有化。梅杰执政后，又把私有化的范围扩大到航空、铁路、采矿、电信等领域。“随着股份制私有化改革的推进和深化，英国国有企业在国民经济中所占的比例大幅度下降。国有企业的产值占国民生产总值的比重由1979年的10%下降到目前的不足1%；拥有股份的股民人数也由1979年的300万增加到1000万。近100万原国有企业的职工转为私有企业的职工。”②受英国的影响，西方国家随即掀起了一股声势浩大的私有化改革浪潮。

---

① 邓念国：《从放松管制到重新管制：新公共管理运动中政府微观干预的嬗变》，《社会科学辑刊》2007年第4期。

② 张立荣：《当代西方行政制度改革：取向与启示》，《政治学研究》2001年第10期。

——德国。20 世纪 80 年代，民营化政策的重点是放松监管和实行股权多元化，政府放弃了工业企业、运输企业、建筑企业和银行业的股份，并逐步售出政府在邮政和电信公司所持股份，开放电信和邮政市场，结束了长期垄断的局面。20 世纪 90 年代，德国政府开始着力推进公益事业的外包或民营化，提出凡是民营实体能够承担的公益事业，政府即应当退出经营活动。德国的民营化过程可分为两个阶段：第一阶段民营化的是非战略性行业及竞争性的行业，经过这个阶段，金融业、石油天然气、制造业等行业总体上已经完全放松管制，建立了竞争机制；第二阶段的民营化活动集中于一些受政府监管的国家垄断行业，主要是运输、电信和邮政部门。① 至 1991 年两德统一时，政府已经基本上完成了“从工业撤退”的计划。2000 年 11 月，德国政府甚至将国家印钞公司出售给一个私人投资者。

——日本。日本在 20 世纪 80 年代中期开始了以日本电信公司、日本烟草专卖公司和日本国有铁道公司的“Big three”的私有化进程。从细川内阁到羽田内阁到村山内阁乃至桥本内阁，私有化陆续推行。

——法国。20 世纪 80 年代中期和 90 年代初期，法国出现了两次私有化浪潮，2000 多家国有企业改弦易辙，就业减少 10 万个岗位。至此，法国政府已基本上退出了制造业部门，在银行也只保留了很少的股份。但与德国、英国以及其他北欧国家相比，法国的国有企业依然占据着国家经济的主导地位。②

——北美。由于自由竞争理念的深入人心，北美国家国有企业数量较少，私有化的影响范围也有限。二战以后，美国大量出售在战时建立的军工企业，方式为公私合营；在之前，则更多地体现为放松管制或合同外包。此外，加拿大的私有化范围规模也相对较小，没有对经济产生显著影响。

根据德意志银行的统计，世界范围内的私有化进程自 20 世纪 80 年代开始发展迅速。20 世纪 80 年代初，私有化的规模还不到 10 亿美元，然而，到了 90 年代，私有化金额从 220 亿美元增长至超过 1750 亿美元。在此期间，私有化作为一项经济政策工具被 100 多个国家接受并付诸实践，筹集资金总额超过 10000 亿美元。③ 表 8 - 2 体现了部分发达国家私有化的规模。

表 8 - 2　部分发达国家私有化的规模

国家	私有化时间	私有化规模/亿英镑	占 GDP 百分比/%
奥地利	1978—1990 年	6.0	0.9
加拿大	1984—1990 年	16.0	0.6

① 袁持平、吴肯浩：《德国民营化的经验及其对中国国有企业改革的启示》，《当代世界与社会主义》2004 年第 6 期。

② 查尔斯·皮革特：《私有化浪潮下的法国国企治理》，《社会观察》2004 年第 7 期。

③ 张小聪、张学军：《经济体制改革前沿问题：国际比较与借鉴》，人民出版社，2003，第 303 页。

续表

国家	私有化时间	私有化规模/亿英镑	占 GDP 百分比/%
法国	1983—1991 年	82.4	1.5
联邦德国	1984—1990 年	33.4	0.5
意大利	1983—1991 年	62.5	1.4
日本	1986—1998 年	478.0	3.1
荷兰	1987—1991 年	15.0	1.0
新西兰	1987—1991 年	30.0	14.1
葡萄牙	1989—1991 年	15.0	4.3
西班牙	1986—1990 年	12.0	0.5
瑞典	1987—1990 年	13.0	1.2
土耳其	1988—1991 年	3.0	1.6
英国	1979—1991 年	445.0	11.9

资料来源:OECD,Financial Market Trend No. 72,1992.

从国有企业私有化的实施效果看,私有化是一把双刃剑,有其积极意义,但也带来了一些问题。积极意义在于:

(1)减少了政府的管理职能和责任。政府在经济中的角色从活跃的参与者转变为监管框架的设定者。私有化后,随着企业的产权转移,企业成为自主的市场法人主体,政府不能对企业实施行政性干预,减少了管理职能和责任。

(2)减少了政府雇员人数并缓解了由此产生的管理困难与财政压力。

(3)私有化后企业能够在资本市场上获得资金改善生产条件,改变了过去对政府投资的信赖,企业能真正面向市场,在市场力量和竞争环境中活动。

(4)出售企业增加了政府的财政收入,减少了政府的财政赤字。

(5)有利于促进竞争,提高经济效率。通常在私有化的行业中还伴随着引入竞争,而市场竞争的效果是达到资源的合理配置,有利于效率的提高。

(6)发展全国资本市场。许多股票的私有化方案其目标就在于形成广泛的股份所有权。通过私有化可以促进私营部门的股票发行,从而在整体上刺激资本市场的发展与成长。

同时,国有企业的私有化也带来一些问题,主要体现在以下几个方面:

(1)国有企业私有化后,在利润动机的驱使下,企业往往或多或少地采取了解雇工人、削减服务项目、降低服务质量、提高价格等手段来提高效率。可以这么说,此类企业经营效率的提高在某种程度上是以整个社会经济福利的降低为代价的。

(2)自然垄断行业(如电力、自来水等)私有化之后,某种程度上意味着国家垄断被私人垄断所取代,同样不能达到打破垄断、促进竞争的目的。

(3)在私有化过程中,由于操作过程存在许多灰色地带,大多数国有企业的资产都是以相较于相同技术经济条件下所可能具有的比市场价值更低的价格出售的，从而造成国有资产的流失。

（三）政府职能输出市场化的实践

政府职能输出市场化，即在公共服务供给领域引入市场机制，其实质是整合政府权威制度与市场交换制度的功能优势，形成一种新的供给公共服务的制度安排。① 在西方国家比较普遍的做法是实行“业务合同外包”。

业务合同外包，又称竞争招标制，即政府确定某种公共服务的数量与标准，然后对外向私营企业或第三部门招标承包，中标的承包商与政府主管部门签订合同，提供公共服务。业务合同外包，使得政府在不扩大规模、不增加公共财政支出的情况下，通过投标者的竞争和履约行为，将原先垄断的公共产品的生产权和提供权向私营公司、非营利组织等机构转让，完成公共服务提供的“准市场化”，进而改善公共服务的提供质量，提高行政效率，增强行政能力。

政府用纳税人的钱购买承包商生产的服务，它的责任是确定公共服务的数量和质量的标准，并监督承包合同的执行。在合同订立之前，公共服务的确定是一个政治过程，政治机制起主导作用。合同订立之后，公共服务的生产就进入了经济过程，市场机制在其中起主导作用。承包公共服务生产的组织摆脱了原先行政组织所受的各种规制，在合同许可的范围内自由配置资源。政府对承包商的合同管理代替了原先对行政组织的等级控制；供给公共服务的网络组织代替了原来单一的科层制组织。②

一般而言，合同外包的有效实施需要相关的条件，具体包括：①工作任务能清楚地界定；②存在若干个潜在的竞争者；③政府能够监测承包商的工作绩效；④承包的条件和具体要求在合同文本中有明确规定并能够保证落实。③ “合同外包”以英国的发展最为典型。目前，英国的公共服务行业如环境保护、医疗、救助、精神保健、社会保障等领域被认为是建立在合同外包基础之上的，甚至在监狱管理等国家传统的基本职能领域，合同外包也占有相当的比重。④ 除英国外，合同外包在美国、法国、澳大利亚、瑞典、日本等国的行政制度改革中均占有一定的比重，主要涉及环境保护、公用设施维护、消防和救护服务、选民登记、公共管理人员录用、犯人的监护管理、决策咨询与政策设计、公共项目的论证与规划、政策效力评价、项目影响评价、公共组织绩效评估等领域。美国行政管理和预算办公室统计，1992 年美国政府花费 2100 亿美元购买承包商按合同生产的公共服务，几乎占联邦开支的 1/6。环保署、宇航局几乎所有的工作都由承包商来完成。1993 年能源部正式职工有 2 万人，同时受能源部领导的合同雇员却有 14. 5 万人。1975 年，美国联邦

---

① 张立荣：《政治学研究当代西方行政制度改革：取向与启示》，《政治学研究》2001 年第 10 期。

② 陈振明：《政府再造：西方“新公共管理运动”述评》，中国人民大学出版社，2003，第 88 页。

③ 陈荣富：《公共管理学前沿问题研究》，黑龙江人民出版社，2002，第 87 页。

④ 王维：《合同制——当代西方行政改革实践之一》，《中国行政管理》1997 年第 5 期。

常任公务员工资支出占联邦预算的12.5%,1981年却只占到9.5%。联邦常任公务员工资规模比重的下降,在一定程度上反映出政府合同外包的情况。美国地方政府合同外包的比例更是高于联邦政府。美国政府单位的规模越小,公共服务合同外包的项目越细。

西方各国对于社会公共服务的合同外包,在实施过程中存在诸多不同意见,支持合同外包者和反对合同外包者都提出了许多理由。从美国的实际效果来看,通过业务合同外包,扩大了政府供给公共服务的财源,提升了技术力量,降低了成本,提高了效率。但同时,合同外包也带来了一系列的问题,比如,合同外包中的政府责任缺失问题、私人部门对公民利益的忽略问题、签订合同阶段的政治腐败问题以及合同签订后的政府监督承包商的交易成本问题。"1989年联邦住房和城市发展部出现的权钱交易丑闻使纳税人损失了60亿美元。"①正是合同外包过程中存在的诸多问题,导致又出现公共服务逆向合同承包呈增长态势的现象。"所谓逆向合同承包是指公共服务从现有的合同外包的形式,又转回来重由政府直接提供。调查显示,1992—1997年,大约有11%的公共服务重由政府提供;而1997—2002年,逆向合同承包的数量则上升到18%。"②

三、公共服务社会化

"所有的公共事业都在自然地扩大……一个社会越复杂,就越需要行政部门的服务,也就越应该发展调节的职能……服务性的活动已经超过了控制性的活动。"③随着经济的发展,公共服务和公共产品的范围不断扩展,如果仍由政府来垄断公共产品和公共服务的供给,将企业和民间社会组织排除在外,那么机构庞大、人浮于事、效率低下、财政不堪重负等问题将不可避免。在这种背景下,各国政府纷纷将部分职能转移给社会,进行了公共服务社会化的改革。

(一)公共服务社会化的内涵

公共服务社会化,就是以社会需求为导向,调动社会力量参与提供和改善公共服务,鼓励各种民间组织投资兴办公益事业和提供社会服务,建立以政府为主导、各种社会主体共同参与的公共服务供给格局,实现公共服务供给主体的多元化和供给方式的多样化。私营组织和非营利组织的崛起,为公共服务的社会化提供了良好的载体。这些社会力量的存在使公共服务的提供者多元化变得可能,政府不再是公共服务和公共产品的唯一提供者,非政府组织、非营利组织、社区组织、公民自治组织等第三部门和企业均可以成为公共服务和公共产品的提供主体(见图8-2)。其中,政府在这个多元化体系中扮演组织者和协调者的角色,它引导、培育、监督其他社会组织,并与之合作,共同提供公共产

① 陈振明:《政府再造:西方"新公共管理运动"述评》,中国人民大学出版社,2003,第88—89页。
② 句华:《美国地方政府公共服务合同外包的发展趋势及其启示》,《中国行政管理》2008年第7期。
③ 米歇尔·克罗齐埃:《被封锁的社会》,狄玉明、刘培龙译,商务印书馆,1989,第95—96页。

品和服务。

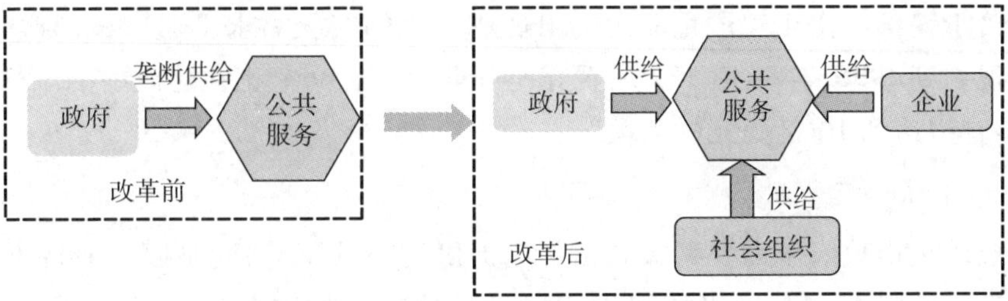

图 8－2　公共服务供给主体的变化

公共服务社会化可从以下四个方面来理解:①公共服务应以社会需求为导向。在传统行政体制中,政府提供什么样的服务,社会就接受什么样的服务。公共服务社会化要求政府重视社会公众的需求以及其差异性,不断促进个性化的政策及服务。②政府不再是公共服务和公共产品的唯一提供者,第三部门和企业均可以成为公共服务和公共产品的提供主体。③政府尽可能调动各种社会力量参与提供和改善公共服务。④重视公民和社会参与的作用。

总的来说,公共服务社会化包含两层含义:

一是指把市场能够做的事情交给市场。通过产权界定和保护,能够解决公共产品提供过程的"搭便车"问题,投资者同样有可能获得预期的收益,这样,企业就有可能愿意提供部分公共服务。其主要形式包括以私补公和公私合作。这层含义基本上与前面第二部分所讲的"政府职能市场化"存在相互重合的地方,但侧重点有所不同。

二是指还权于民,调整政府与社会的关系。把原来由政府包揽的部分社会事务和社会公益事业转移出来,交给第三部门来承担,充实第三部门的社会职能,充分发挥第三部门的社会作用。这层含义即为狭义上的公共服务社会化,主要形式包括与非营利组织合作、公共服务社区化。

(二)公共服务社会化的主要形式

1. 以私补公

"以私补公"即政府通过制定优惠政策,吸引和鼓励私人资本投入政府包揽的社会保险、退休保障、中小学教育、廉价住宅建设、医疗服务等公共事业领域,以弥补政府财力和服务能力的不足。如美国圣保罗市吸引和鼓励私营企业从事原来由政府承担的垃圾收集工作,减轻了政府财政负担。[①] 田纳西州决定建造三所新监狱,一所交给一家私营企业,另外两所由州政府承办,看看谁办得更便宜。大多数人可能都以为警察和监狱是政

① 戴维・奥斯本、特德・盖布勒:《改革政府:企业家精神如何改革着公共部门》,周敦仁等译,上海译文出版社,1996,第 64 页。

府的核心专有职能,然而"事实上,警察机关已在从容不迫地私有化;今天私人安全保卫的数量三倍于警察。由于美国重罪犯的出现所造成的安全需求迅速增长,监禁正作为一种生意出现。到1996年末,有132家看守所开业,另有39家正在建设中。该行业的税收在1997年有望达到10亿美元的大关"。

2. 公私合作

公私合作是指政府不需要购买私营部门提供的公共服务,而是以政府特许等形式吸引中标的私营部门参与基础设施建设或提供某种特定的服务。主要有以下三种形式:①政府利用土地资源作为优惠条件,要求特定的企业在完成自身业务时附带性提供一些公共服务。如要求某个房地产开发商在兴建小区时免费建一个运动场、一所小学等,政府则在土地征用方面给予优惠。②政府利用权力资源作为附加条件,如在核发许可证时要求特定企业提供特定的公共服务等。通过这种伙伴关系,政府与私营企业分担管理的责任和目标,互相交流经验、取长补短,鼓励企业和个人创新,共同维护公共秩序和利益。③以政府特许或其他形式如BOT、BOO、TOT、DOT[①]等吸引中标的私营部门参与基础建设或提供某项公共服务,然后在政府的规制下,私营部门通过面向消费者的价格机制来实现投资回报。这种做法,既借社会资源提高公共服务生产能力,又借价格机制显示真实社会需求,从而实现一箭双雕。[②]

3. 与非营利组织合作

目前各种非营利组织已成为社会管理中相当活跃的角色,它们针对社会问题广泛地开展活动,与政府合作共同解决诸多社会问题。20世纪60年代后,在发达国家,政府部门与非营利组织合作提供公共服务开始成为一种崭新而活跃的途径。随着改革的推进,非营利组织在提供公共服务上逐渐与政府、市场形成鼎足而立的格局,成为支持社会稳定发展、弥补政府和市场失灵领域的重要社会部门。实际上,如在英国,政府与非营利组织的伙伴关系不再局限于布莱尔政府所提倡的"利益相关者社会",而是发展为执行重要社会政策(如都市发展和提高青年就业率)的一项根本工具,以及政府提供公共服务和发展市民社会的一种办法。在欧盟,政府与非营利组织的伙伴关系已成为对抗社会疏离感、增进地方社区福利的整合性机制。

4. 公共服务社区化

社会公众有着丰富的人格和多样化的需求。作为公众,他们消费着私人服务和公共服务,而作为公共利益的共享者,他们也应承担起相应的公共责任,参与公共服务的供给和公共利益的实现过程。通过社区来生产公共服务并通过社区来满足自己需要的公共

---

① BOT(Build - Operate - Transfer,建设—经营—移交);BOO(Build - Own - Operate,建造—拥有—经营);TOT(Transfer - Operate - Transfer,移交—经营—移交);DOT(Develop - Operate - Transfer,发展—经营—移交)。

② 向涛:《公共管理学概论》,中国商业出版社,2001,第429页。

利益的方式被称为“社区供给”。其特点在于,它依据受益者所居住的地域或从事的行业提供公共服务,其成本的补偿完全通过自愿或社区委员会依据民意的方式征收。社区公共服务生产之所以成为大家关注的对象,是因为这种方式大量存在于现实之中,而且这种方式是把公共服务的提供范围缩小到一个以生活或工作为纽带联系的小集团之中,它更容易获得有效率的生产,也更容易将消费者的偏好与生产数量联系起来。

(三)公共服务社会化的意义

公共服务社会化的意义主要包括以下几方面:

(1)有利于政府机构精简。社会化使公共服务更多地依赖政府与社会的互补与合作,从直接提供公共服务转向间接提供管理,提供了一个在维持一定职能和服务水平的前提下实现政府机构和人员精简的有效途径。

(2)有利于减轻政府财政压力,优化财政资源配置。公共服务社会化开发了民间资源,拓宽了资金渠道,改变了过去政府单独承担全部公共服务成本的状况,减轻了政府的财政压力,有助于政府优化配置财政资源。

(3)有利于构建激励与约束机制。社会化打破了政府公共服务机构的垄断性,引入了多元化的竞争者,形成了公共服务供给的竞争和压力机制,促进了政府和公务员管理能力提高。

(4)有利于推进社会民主化进程。公共服务社会化反映公共权力与市场权利的关系,在公共服务领域,政府把部分权力让渡给私人力量,这是社会民主管理的一种形式,有利于推进民主化进程。

总而言之,公共服务社会化意味着政府通过对社会力量的组织、利用和管理,实现公共管理和服务的社会化,以实现在不增加政府规模和开支的情况下,改善公共服务,提高行政效率。可以说,在 20 世纪 70 年代,西方国家掀起的行政制度改革“不只是对公共部门进行改革,它表现为要求公共部门转换机制,并改变其与政府和社会的关系”。[①]

四、行政权力分散化

(一)行政权力分散化的内涵

行政权力分散化是指行政权力下放到地方政府和其他组织的过程,即“向单一中心集中”的逆向化过程。传统的科层结构已难以适应现代信息社会快速、高质、灵活、弹性的管理要求。行政制度改革主张通过权力分散化给予公共管理者以行政自由裁量权来完成其工作。行政权力分散化的行政制度改革旨在通过减少行政系统内部和外部的各种规制的限制,从而达到给行政系统释放活力以有效管理的目的。权力分散化包括授权

① 欧文·E. 休斯:《公共管理导论》,彭和平等译,中国人民大学出版社,2001,第 69 页。

和分权两个方面。授权有三种形式:向组织授权、向个人授权和向社区授权。分权既包括中央与地方政府间的分权,体现为中央政府将若干权力如项目管理权、法规制定权等下放给地方政府,使地方政府较之以前拥有更大的权力;又包括行政组织内部层级之间的分权,主要体现为压平层级,权力向一线下移。由于授权的部分内容我们已经在前面几节有所涉及,此处不再赘述。下面主要从分权的视角来论述20世纪70年代以来行政权力分散化的实践及特点。

(二)行政权力分散化的实践

下面主要从中央与地方之间的分权改革和行政组织内部层级之间的分权改革来论述行政权力分散化的实践。

1. 中央与地方之间的分权改革

随着社会的发展,地方政府在经济发展中的作用已越来越突出,中央政府已经无法包揽所有权力。于是,改革权力过于集中的情况,向地方分权,充分发挥地方政府的积极性,已成为一种必然的要求。从各国的改革实践看,中央政府与地方政府之间的分权主要是削弱中央政府职能或把中央政府的职能转移到地方政府及非营利机构中去,表现为中央政府把若干权力如法规制定权、财权、项目管理权、人事权等下放给地方政府,既给地方政府一定的自主权,又达到中央与地方适度的权力平衡。中央与地方分权制改革在不同的国家有不同的表现形式。在美国是联邦政府通过整笔补助、解除规制、减税以及注重社区自治来实现分权。在英国,自撒切尔执政后,也逐渐开始向地方下放权力,陆续建立了苏格兰议会、威尔士议会和北爱尔兰议会,地方分权改革进展很大。在分权改革方面,法国和日本改革力度较大,这里主要对这两个国家的分权改革加以介绍。

(1)法国分权改革。1982年,面对中央集权的行政体系造成的行政效率低下、文牍主义兴盛、地方积极性低落、财政危机频发等问题,刚刚上台的社会党人提出了分权改革的动议,试图通过分权改革以建立一个对民众更具责任性、回应性的地方政府,以更高的效率和效益提供公共服务。为此,他们极大地改变了地方行政体系的权力格局,重新定义了地方的职责和权限。其主要做法是:

——重新调整地方行政区划分。1982年3月2日颁布的《大区、省及市镇的权力与自由法》,把法国的行政体制由原来的中央—省—市镇三个层次变为中央—大区—省—市镇四个层次,规定三级地方政府产生的议会自行管理,而且三级政府之间没有直接的从属关系。

——改革地方行政权力结构。中央取消了对各级地方政府的监管,中央委派到大区和省的行政官员不再行使地方事务的行政管理权,他们主要负责国家法律和法令的执行,管理与国家利益相关的事宜。而地方民选机构的权力明显增强,省和大区的地方事务管理权由中央委派到大区和省的行政官员手中转到民选的地方官员——省议会主席和大区议会主席手中。

——扩大地方自治权限。1983—1985 年中央政府向地方政府下放了包括各地区的经济发展与计划、城市建设、住房、职业培训、交通运输、社会活动、司法、教育、文化、环境保护和警察等职权，从而使地方政府的管理权限有较明显的扩大。

——改革地方公职制度。地方公务员享有与国家公务员相同的法律地位和基本保障，并允许地方公务员和国家公务员之间的流动。在改革中，法国政府还将人事权向地方政府转移，地方公职人员由地方政府管理。

——扩大地方民主。1992 年颁布的《共和国地方行政指导法》扩大了地方民主，增强了地方当选者的决策权和公民的参与权、发言权和知情权。①

（2）日本地方分权改革。战后日本实行了地方自治制度。日本的都道府县以及府县以下的市町村都分别设有地方自治政府，享有地方自治权，中央政府只给予适当的指导。但在实际的运行过程中，中央政府与地方政府的关系实质上仍然是监督与被监督、指挥与被指挥的关系，因而日本的地方自治体被称为“三分自治”，违背了建立中央与地方政府间对等关系的初衷。战前府县作为中央政府派出机关的制度惯性一直延续到战后，加之中央集权根深蒂固，居民自治意识在二战后 40 年内并未形成以及地方自治改革的不彻底，导致了战后日本仍有把地方政府作为中央政府派出机关处理中央政府部门行政事务的倾向，地方政府不得不忙于处理大量的“机关委任事务”。

日本 20 世纪 90 年代地方分权改革是从 1990 年 10 月设立的第三次临时行政制度改革推进审议会（以下简称“行革审”）的活动开始的。1993 年 6 月 3 日，众议院通过推进地方分权的决议。次日参议院也通过相关决议。10 月 27 日，第三次“行革审”发表最终答询报告，把“规制缓和”与“地方分权”作为重点内容，翌年 12 月 25 日以内阁决议形式公布关于推进地方分权的大纲及方针。1995 年 5 月，地方分权推进法通过，并于 7 月 3 日起施行，同时地方分权委员会成立。1998 年 5 月，日本政府制定了地方分权推进计划，决定实行以下改革措施：

——在明确地方政府不能是中央政府附属机构的前提下，全面废除机关委任事项，重新划分自治事项；

——在总理府设立“国家地方纠纷处理委员会”，公平、独立地审查、处理中央政府和地方政府间出现的矛盾纠纷；

——对中央政府的地方派出机构进行合理化改革，事务量减少的要缩编；

——清理和缩小中央政府对地方的财政补贴，强化地方财政的自立性，废除中央政府限制地方发行公债的许可制度，等等。②

1999 年 7 月，日本国会两院通过并公布了《地方分权法》，并于 2000 年 4 月 1 日开始施行。2000 年 4 月 1 日《地方分权法》正式施行以后，日本中央与地方关系及行政管理方

---

① 丁煌：《法国政府的地方分权改革及其对我国政府管理的启示》，《法国研究》2002 年第 1 期。

② 杜创国：《日本地方自治及其地方分权改革》，《中国行政管理》2007 年第 4 期。

法出现全新的局面。

2. 行政组织内部层级之间的分权改革

科层制组织以严格的等级制度和服从制度保证了行政系统按部就班地运行，然而，这种等级划分、权力集中、控制严密、过于制式的管理模式和组织模式，难以适应现代信息社会快速、高质、灵活、弹性的管理要求，尤其是组织机构设置的复杂性影响了信息沟通的速度和质量，而一些基层组织直接面对服务对象，需要主动、灵活对外界情况做出反应，管理和决策行政事务。因此，中间管理层次已显得多余，而把部分管理权限授权给基层组织和人员却显得必要。就政府行政组织内部层级之间的分权而言，它体现为压平层级，授权一线，以满足政府对效率、民主和责任的需求。美国公共行政学者彼得斯提出的政府未来的治理模式之一的参与模式，在结构问题上最明显的影响在于使公共组织越来越平板化，上层和底层之间的层级越来越少。比如美国的住房和城市发展部将区域办公室这个中间层级取消，使管理层次由 3 个变为 2 个；退伍军人部向区域办公室放权，从而提高了工作效率和服务质量。总的来说，行政组织内部层级之间的分权改革主要体现在以下三个方面：

（1）财政分权。英国的财务管理新方案主张财务分权，即把部属一些执行性的、从事量的处理工作、任务单一、工作程序化但又分散在不同地域的单位建成独立的核算中心（又称“开支中心”或“责任中心”）。这些中心实行经理负责制。其内部组织结构、编制、人员录用条件及程序、工资级别、奖惩方法等，完全由经理根据资源和工作需要决定。主管部门不再直接干涉中心的日常工作，放手让经理管理。

澳大利亚财政管理改革一个突出的变化是权限自上而下地下放到基层操作部门，即权限从联邦政府下放到州政府，从上级公共部门下放到下级公共部门，从管理环节下放到经营环节。其主要内容包括：通过修改和废除大量的财政制度与法规，简化财政管理；按照从紧控制费用支出的方针，编制与实行财力配置 3 年的滚动预算；在 3 年的滚动财政年度之间，管理者在工资和经费的分配及使用上有较大弹性的配置权限，管理者在资金的管理与有效使用上负有全面的责任风险。权限下放和简化财政管理极大地提高了公共部门管理者对有限财力使用的范围、效率和弹性，同时也增大了管理者的权力、责任、风险与义务。

在新西兰，随着财政管理权的下放，许多行政控制被取消了，例如：各部门不再被强制性地要求某些服务（如交通工具、电子计算机）只能向指定的中央垄断性机构购买。各部门的资产负债表与整个政府的资产负债表独立开来，各部门以及主管有了更多的财政管理自由。在人力和资金的投入方面，各部门被赋予了采购和配置的自由。执行主管有权运营本部门的银行账户并管理现金，但无权借债。总之，在法律范围内，如何花费所得的资源主要由各部门来负责。由于拨款数额是根据“产出”来确定的，不良的决策将会导致部门的财政困难，而这又会影响到绩效协议和自主化计划的实现，并最终与主要管理者的切身利益联系在一起，所以，管理权下放的同时，也加强了部门和执行主管的有关责任。

(2)决策与执行分权。决策与执行分权，是指决策职能与执行职能分开，成立半自治的执行机构，由它负责政策执行，以此提高决策和执行的质量。这些执行机构的相对独立性和相互之间的竞争性，使得它们必然拥有比传统公务员制度下更大的人事管理权和财政自主权。这一点以英国最为典型：英国在"下一步计划"的指导下，把整体的部委分为若干执行机构，这些机构在主管部门的政策指导下履行提供公共服务和有效管理的责任。每个执行机构都被赋予了一定的人、财、物自主权，主管部门只监督其工作完成情况，不插手其具体运作。从 1984 年到 1994 年已经成立了 102 个这样的执行机构，工作人员约 35 万，占整个文官总数的 63%，这些机构从事着 2/3 的中央政府工作。[①]

(3)下放人事权力。下放的人事权力包括录用、薪酬、晋升、考核等权力。美国克林顿政府上台后提出政府运行评审计划，其中一项内容就是向基层单位和地方政府放权，改过去的控制命令模式为信任和责任模式，给一线管理者以更大的人事管理的实际权力。在基本原则下，各部门可以自主设计符合部门实际的人事制度。在英国，是通过执行局改革，在公共部门建立以绩效为基础的执行机构，签订合同，并赋予执行机构在人事管理上较大的管理、决策自主权，从而改变了过去公务员工资制度和工资标准由财政部统一制定的做法，将工资决策权逐步下放给政府部门和执行机构。英国还改变了公务员统一考试录用的做法，把考试录用权下放给政府各部门，考试内容、考试方法、录用标准都由各部门依据自身特点确定。在新西兰，部级的主要管理权都转移到司局一级。每个局的执行主管在人事管理领域都享有独立的权威，工资、待遇等都由部门决定。新西兰 1988 年国务院法规定，取消各部副部长的终身雇佣制，实行合同制。各部委的副部长由内阁雇用的国务服务委员长所雇用，与部长之间签订写有任期中重要工作内容的绩效合同，按合同内容对部长负责。副部长根据合同提供服务，并拥有较大的自主权。在提供服务的预算范围内，副部长既是本部委内部职员的雇佣者，对本部委拥有人事管理权，同时还可以拥有从外边购买支援服务、雇用职员或者给职员发放住房补助的权力。

分权化改革缩小了官僚机构的规模和集中化程度，通过较小的灵活的行政单位的建立，权力下放到地方和执行机构，增强了政府机构及其公务员的自主性、能动性和灵活性，大大提高了行政效率。它还增加了公务员接触民众与获取信息的机会，使政府的运作更贴近公众，更富有回应性和针对性。

---

① 段余应：《各国文官制度及行政体制改革新态势》，《中国行政管理》1997 年第 1 期。

第二节　对新公共管理运动的评价

一、新公共管理运动的效果

（一）部分解决了西方国家面临的社会问题，体现了对社会发展的回应

20世纪70年代以来的行政制度改革与西方国家面临的一系列社会问题是分不开的。这一时期的行政体制改革所要解决的就是政府财政危机、管理危机和信任危机。各国的行政制度改革的内容中大都包括了企业化、私有化、社会化与分权化倾向的改革措施。从实际效果来看，这些做法不仅使政府的财政压力大大减轻，而且探索出了一条使社会逐渐摆脱对政府过分依赖的可行之路。同时，这一时期的改革也是社会发展的必然要求，体现了对科技革命、新产业革命以及全球化带来的机遇和挑战的回应。

（二）出现国家与社会、政府与市场关系的新格局

进入20世纪以来，尤其是第二次世界大战以后，西方各国政府普遍采用凯恩斯的主张，对社会生活实行全面干预，政府对社会、市场承担越来越多的管理任务，从而成为"万能政府"。然而在20世纪70年代末以来的西方行政制度改革中，各国开始逐渐显现出对市场和社会的回归，90年代甚至在世界范围内出现了政府权力、职能和责任的全面退却。各国政府都较以往管得更少，并允许市场和社会的边界不断扩展。可以认为，"政府从社会制高点上后撤，是从20世纪走向21世纪公共行政领域中的一个重要现象"。①

（三）政府职能定位发生了根本转变

政府由所有者和经济活动的直接管理人和公共服务的直接提供者向监管人和规则制定人转变。这种转变具体表现为政府公共服务的社会化，即将政府的决策职能和执行职能划分开来，将政府定位于公共政策的制定者和监督执行者，而将部分执行职能转让给社会，由政府外的公共组织来履行。公共服务社会化以社会需求为导向，调动、鼓励各种民间组织参与兴办公益事业和社会服务，根据不同公共服务项目的性质和特点，实现公共服务供给主体的多元化和供给方式的多样化，从而建立起以政府为主导、各种社会主体共同参与的公共服务供给格局。

---

① 黎民:《公共管理学》，高等教育出版社，2003，第52页。

二、新公共管理运动的局限性

（一）“顾客”隐喻可能导致无法全面理解公民的角色，使公民与政府之间的角色错乱

20 世纪 70 年代以来的西方行政制度改革用“消费者”（顾客）的概念取代了“公民”概念，期望通过公共服务中的市场机制来促进“顾客主权”的产生和公共服务水平的提高。然而在许多学者看来，这种不恰当的“顾客”隐喻，把政府服务的对象比作顾客，可能导致无法全面理解公民的角色，使公民与政府之间的关系不健全甚至角色错乱。波利特等人指出：公民是个人在宪法和相关法律框架下拥有的权利和义务的统一体；顾客则是市场情境中个人需求和需求满足的统一体，顾客需求的满足有赖于产品和服务的供求状况及个人的支付能力。公民是社会契约的一部分，顾客是市场契约的一部分。顾客仅仅是公民的一部分，公民位居顾客之上。彼得斯持有相似的看法，认为公民如今只不过是政府服务的消费者，公民相对于国家的个人权利和法律地位无形中被降低了。

（二）公共服务社会化可能导致政府的公共责任范围不恰当地缩小

第一，某些政府在缩减规模时，以“向社会放权”的名义，推却必要的社会责任，缩小了政府的公共责任范围，把本应由政府承担的责任和义务推给社会。而社会组织可能不具备完全解决这些问题的能力，因为某些问题的解决需要具备丰富的技术设备、人才资源、资金保证和信息支持等。通常情况下，社会组织不能同时具备所有条件。这些组织又不可能有如同政府一般的地位，采用政府的途径去获得自己所需的资源来解决问题。还需强调一点，政府职能不仅限于经济方面，它还应该承担起整个社会发展进步的责任。经济学家弗里德曼曾言：坚定的自由主义者不是无政府主义者。这从侧面说明了政府责任的必要性。第二，私人企业为政府提供某些公共物品及服务，从政府领到报酬。私人企业首要目的是追求利润最大化，其提供的产品就可能不能够充分满足公众的需要。由于信息的不对称，政府常常难于对私企进行有效的监督。这也造成了政府一定程度的失职。

（三）政府职能市场化可能会导致民主化危机

公共行政在本质上是以民主宪政为基础的，强调追求人民主权、公民权利、人性尊严、社会公正、公共利益等多元价值。20 世纪 70 年代以来的西方行政制度改革主张采用市场的机制，追求效率、经济和效能，是一种新的效率导向和工具理性，对于社会公正、公共利益、社会责任、公民权利等行政价值关注不够。也就是说，在大力推进公共服务的民营化，认为民营化能提高效率、节约资源的同时，还必须认识到民营化同样会侵害主权的完整性，而且还腐蚀了民主政治的根基，因为民主政治的基础是政治社群意识，民营化会动摇这种整体意识。

（四）分权化可能导致公共服务的分散化和相互割裂

分权化是当代西方行政制度改革的一个主要方向。“从等级制到参与和协作的分权政府”被认为是企业化政府模式的构成要素之一。“分权化的一个危险在于，公共服务机构会集中关注自己所提供的服务的领域，没有人能够对社区需求进行全面分析并做统筹安排。”[①]换言之，分权化可能导致公共服务的分散化和相互割裂。方克定在综合多位外国专家的评论后指出：“分权和增加管理的灵活性有利于提高效率，也导致本位主义、分散主义、保护主义以及公共开支和行政成本的提高；半自治性的执行机构成为管理、服务水平的促进因素，但未达到减少检验、控制与协调的初衷，而出现了一系列失调和失控。”至于以设立执行机构为主要形式的权力非集中化改革，其理论前提就是早已被摈弃的政治行政两分法或决策执行两分法。英国一工会负责人克里斯蒂怀疑，这一改革的真正动机是“削减预算，裁减人员，削弱工会的权力和影响，为公共机构进一步私有化铺平道路”。

第三节　新公共治理理论及其评价

20 世纪 90 年代以来，尤其是进入 21 世纪以后，很多学者对“新公共管理”过于强调“市场化”提出批评，认为过于提倡“分权、竞争、激励”会带来政策灾难，忽视提供过程而过分关注结果。[②] 新公共治理理论试图对传统公共行政及新公共管理理论中由来已久的国家中心主义和市场至上主义进行超越，提出“公共价值”“整合”“多元治理”等理念，得到越来越广泛的认同和使用，并出现一系列相关理论，被统称为“新公共治理理论”。这些理论主要包括新公共服务理论、网络化治理理论、整体性治理理论、数字治理理论和公共价值管理理论等。

一、新公共治理理论

（一）新公共服务理论

1989 年，美国著名行政学者帕特里夏·英格拉姆和戴维·罗森布鲁姆最早明确提出了“新公共服务”概念，即新公共服务是关于公共行政在将公共服务、民主治理和公民参与置于中心地位的治理系统中所扮演角色的一系列思想和理论。1999 年，美国纽约大学

---

① Norman Flynn and Franz Strehl, *Public Sector Management in Europe*(London: Prentice Hall, 1996), p. 170.

② 陈文川：《内部控制、政府治理与社会管理模式创新——基于西方“后新公共管理”运动演进的实践阐释》，《财会通讯》2019 年第 33 期。

保罗·C. 莱特在其《新公共服务》一书中，概括了新公共服务的特征，并将新公共服务描述为21世纪政府公务员应具备的典型特征。2000年，罗伯特·B. 登哈特和珍妮特·B. 登哈特在《公共行政评论》上发表了《新公共服务：服务而非掌舵》一文，这标志着新公共服务开始在西方公共行政学中占据主导地位。2003年，登哈特夫妇出版了《新公共服务：服务，而不是掌舵》一书，对新公共服务理论进行了全面、系统论述，这是公共行政学界关于新公共服务理论的集大成之作。新公共服务理论强调：

第一，政府服务于公民，而不是顾客。不同顾客就会有不同利益诉求，就会产生利益冲突；作为政府，首要的是对公共利益负责，而不仅仅是对个别顾客的利益负责。因此，把政府服务对象说成是顾客是不妥当的，与政府互动的并非顾客，而是公民；政府及其公务人员必须关注于公民，并且与公民建立信任与合作关系。

第二，政府应追求公共利益。公共利益并非私人利益的简单加总，它源自私人利益却又超越私人利益，它是公民在社区中进行政治对话后明确表达出来的一种共同利益。

第三，重视公民权胜过重视企业家精神。在治理过程中，政府及公务人员应该确保公民在治理过程中享有发言权，为公民进行对话创建平台，帮助其培养追求共同利益的能力，鼓励并积极促成公民真正参与公共政策的制定，倾听公民对话并做出回应。

第四，服务，而不是掌舵。公共管理者的作用并非试图控制或者掌握社会新的发展方向，而是帮助公民明确表达和满足他们的共同利益。在新公共服务中，行政官员要充分赋权，联合各方资源，使公民与社区都参与到治理过程中。

对传统公共行政、新公共管理与新公共服务的比较见表8-3。

表8-3　传统公共行政、新公共管理与新公共服务的比较①

	传统公共行政	新公共管理	新公共服务
主要的理论基础和认识论基础	政治理论，早期社会科学提出的社会和政治评论	经济理论，基于实证社会科学的更完善的对话	民主理论，包括实证的、诠释的、批判的和后现代的等多种不同的知识途径
主导理性和相关的人类行为模式	抽象理性，“行政人”	技术和经济理性，“经济人”或自利的决策人	战略理性，对理性的多种检验（政治的、经济的、组织的）
公共利益的概念	在政治上加以界定，由法律来表述	表示个人利益的集合	是共商共同价值观的结果
公务员回应的对象	委托人和选民	顾客	公民
政府的作用	划桨（设计和执行政策，关注政治上界定的单一目标）	掌舵（充当催化剂、释放市场力量）	服务（协商和协调公民与社区团体的利益、营建共同的价值观）

① 罗伯特·B. 登哈特、珍妮特·V. 登哈特、刘俊生：《新公共服务：服务而非掌舵》，《中国行政管理》2002年第10期。

续表

	传统公共行政	新公共管理	新公共服务
实现政策目标的机制	通过现存政府机构来实施项目	创造机制和激励机构，通过私人和非营利机构来实现政策目标	建设公共、私人和非营利机构的联盟，满足相互一致的需求
责任的途径	等级制——行政官员对经由民主程序选举产生的政治领袖负责	市场驱动的——自我利益的汇集会产生令诸多公民(顾客)团体满意的结果	多样化的——公务员必须关注法律、社会价值观、政治规范、职业标准和公民利益
行政自由裁量权	允许行政官员掌握有限的自由裁量权	有更大的余地去实现企业家似的目标	自由裁量权是必要的但应是受限制的和负责任的
假定的组织结构	官僚组织，以机构内自上而下的权威和对委托人的控制或管制为特征	分权的公共组织，机构内仍保持基本的控制	合作型结构，由内部和外部共同领导
假定的公务员和行政官员的激励基础	工资和收益，公职保障	企业家精神，理念上压缩政府规模的愿望	公共服务，期望对社会有所贡献

(二)网络化治理理论

伊娃·索仑森在《民主理论与网络治理》中指出，社会治理模式和技术已经显著改变，整个社会已从官僚式管理时代转向网络化治理时代。她创造性地界定了四种网络管理的方式，即自我构建式的不介入方式、故事叙述式的不介入方式、支持与促进式的介入方式和参与式的介入方式。美国学者斯蒂芬·戈德史密斯和威廉·D. 埃格斯在《网络化治理:公共部门的新形态》中指出:“网络化治理的要义是:除按照传统的自上而下层级结构建立纵向的权力线以外，政府治理还必须依靠各种合作伙伴建立起横向的行动线……政府的工作不太依赖传统意义上的公共雇员，而是更多地依赖各种伙伴关系、协议和同盟所组成的网络来从事并完成公共事业。我们将这种发展称为‘网络化治理’。”①

由于全球化、后工业化进程使得社会日益高度复杂化、高度不确定，棘手问题层出不穷，跨越组织的传统管辖区并且跨越公共部门与私人部门之间的传统边界。“边界的模糊化使得过去那种基于边界厘清逻辑的科层管理模式和新公共管理模式陷入失灵。针对棘手问题的属性，网络化治理打破了科层管理以政府为单一主体、固守组织边界的局限以及新公共管理引入市场参与却固守公私边界的局限，走向一个跨边界、融缝隙的道路上来。”②

① 斯蒂芬·戈德史密斯、威廉·D. 埃格斯:《网络化治理:公共部门的新形态》，周志忍译，北京大学出版社，2008，第1—6页。

② 谢琦、陈亮:《网络化治理的叙事重构、中国适用性及理论拓展》，《行政论坛》2020年27卷第3期。

网络化治理是一种以公共利益为导向的合作型治理模式，是“为了实现与增进公共利益，政府部门和非政府部门（私营部门、第三部门或公民个人）等众多公共行动主体彼此合作，在相互依存的环境中分享权力，共同管理公共事务的过程”。[①] 网络化治理的核心理念是网络结构、环境适应、协调、整合、信任、合作共进。随着第三部门的发展，以及协同政府的推进，各治理主体之间的关系日益紧密，他们不断在相互协调、协商谈判、整合目标之中，提高对环境变化的适应能力。

（三）整体性治理理论

整体性治理理论兴起于1997年，主要代表人物是佩里·希克斯，他认为，21世纪的政府应该克服政府各部门放任状态和部门行动的独立状态，应该采取整体性治理的方式，通过制度化落实政府部门的协调合作。他于1997年出版了《整体性政府》一书，认为政府治理主题应该由竞争性或分散性政府转变为协同政府或整体政府；在1999年的《圆桌中的治理：整体性政府的策略》中提出了建构整体政府的可行性策略，主张通过部门间的沟通实现行动的一致性；在2002年的《迈向整体性治理》中将“整体政府”改为“整体性治理”，具有里程碑意义。[②]

整体性治理理论的产生是基于西方国家政府改革的需要：一是对竞争性政府的回应，打造现代化的整体政府；二是为解决“碎片化”问题。所谓整体性治理，就是政府机构组织间通过充分沟通与合作，达成有效协调与整合，彼此的政策目标连续一致，政策执行手段相互强化，达到合作无间的目标的治理行动。整体性治理理论的核心理念是强调公民需求、整合、紧密化、整体主义，它以满足公民需求为主导理念，“将个体的生活事件列为政府治理的优先考虑项目”，主张通过层级、功能、公私部门的整合来解决“碎片化”问题，达到整体性治理的最高水平。

（四）数字治理理论

数字治理理论是治理理论与互联网数字技术结合催生的新公共治理理论。数字治理的理念最早是由美国南加州大学传播学院的曼纽尔·卡斯特于1996年出版的《网络社会的崛起》一书中提出，1997年英国伦敦国王学院的佩里·希克斯在《整体性治理：新的改革议程》一书中探讨了数字治理的必要性，并在1999年和2002年其专著中具体阐释了这一思想。

数字治理是一种在政府与社会、政府与市场互动以及政府内部运行中运用信息技术，优化公共事务处理程序，提高政府行政效率和民主化程度的治理模式。“政府信息技术成了当代公共服务系统理性和现代化变革的中心，这不仅是因为信息技术在这些变革

---

① 陈振明：《公共管理学：一种不同于传统行政学的研究途径》，中国人民大学出版社，2003，第87页。

② 韩兆柱、张丹丹：《整体性治理理论研究——历程、现状及发展趋势》，《燕山大学学报（哲学社会科学版）》2017年第1期。

中发挥了重要的作用,还因为它占据了现代公共管理的中心位置。"信息技术的根本性变革将所有变革联系在一起,激烈的市场竞争促使企业不断引入信息技术以节约成本、提高生产经营效率,并对政府信息技术变革产生直接要求,重塑公民行为。在信息技术的不断变革中,政府、私营部门、社会公众三者相互适应、相互促进,共同促成公共管理模式的变迁,也由此产生了数字时代的治理。

数字治理理论的核心理念是重新整合、以需要为基础的整体主义和数字化变革。2009 年,奥巴马签署了《开放透明政府备忘录》,同年美国数据门户网站(Data. gov)上线,在全球范围内掀起了政府开放数据的浪潮。美国总务管理局(GSA)发布的《开放透明政府》中指出,开放政府倡导透明、参与和协作三要素,政府将其收集的大量有价值的数据作为公共物品提供给公众,既可使公民更加了解本国自然资源、政府开支情况等,又可提升政府治理能力,有效预防腐败,为大众提供更好的服务选择。由于政府开放数据具有积极意义,英国、法国、韩国、日本等国也相继加入开放政府数据的行列中来。其中,英国政府在开放数据方面的表现非常积极。相关报告显示,2010 年 1 月以来,英国政府政务大数据公开项目(open data)网站的人均访问数量增长了 285%,总访问量比法国和美国的同类网站还高,并且英国政府在大数据领域的投资已经开始获得回报。韩国政府于 2013 年提出政府 3.0 计划,主张在"以每个人为中心"的架构上,构建"开放与共享的政府"。政府信息技术的变革对现代官僚组织、政府组织结构、政府任务、政策变革等产生了重要影响,推动了数字时代的治理。

(五)公共价值管理理论

公共价值管理理论源自 1995 年马克·穆尔出版的《创造公共价值:政府战略管理》一书,该理论的核心理念是创造公共价值。穆尔认为,"价值来源于人的期望和感知,有不同种类的期望需要被满足,公共管理者应最关注公民通过代议制政府所表达的期望"。其后,穆尔分别出版了《公共价值:理论与实践》和《认知公共价值》。三本书的出版标志着公共价值管理理论从创立到完善。斯托克(2006)认为,公共价值并不是公共服务的提供者或者顾客偏好的价值集合,而是由政治家、公共管理者,再加上关键利益相关者,经过多方协商来共同确定的。①

穆尔明确提出:"公共部门管理工作的目的是创造公共价值,就像私人部门管理工作的目标是创造私人价值一样。"在对公共价值进行研究的过程中,马克·穆尔提出了基于公共价值的"战略三角形"模型,即价值、运行能力、合法性支持,见图 8-3。

公共价值管理理论的核心理念是创造公共价值、公众参与、网络化治理。公共价值是在公众参与协商的基础上达成的,这种协商与服务提供机制需要采用网络化治理。正如格

---

① Gerry Stoker,"Public Value Management:A New Narrative for Networked Governance,"*American Review of Public Administration*(2006):52.

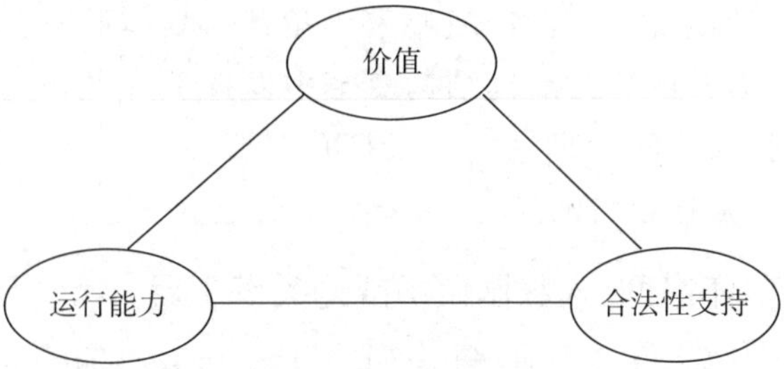

图 8－3　马克·穆尔"战略三角形"模型

里·斯托克所指出的,"公共价值管理是一种适应网络治理的公共行政新范式,它把创造公共价值当作核心目标。网络化的协商与服务提供机制是公共价值管理的主要特征"。

二、对新公共治理理论的评析

(一)多元化时代背景催生新公共治理理论

随着全球化和技术进步的不断深入及经济社会活动复杂性的日益增加,传统公共行政理论和新公共管理理论越来越多地出现理论危机和现实挑战。传统公共行政理论和新公共管理理论只关注行政过程或组织内部的管理,已不能适应日益增长的多元化的世界,也越来越不适应现代社会公共管理实践的需要;而新公共治理理论更关注跨组织关系的治理和公共服务提供的系统效能,在公共行政实践中引入了"社会"这一要素,强调"多元治理"理念,倡导政府应该建立与市场和社会公众群体的良性互动,为社会可持续发展提供新的范式。

(二)网络状治理结构成为主导治理结构

多元化时代背景下,新公共治理理论主张采用网络状治理结构。奥图勒将网络状结构的重要性归结为:"第一,公共行政中的许多问题需要跨机构之间的合作;第二,处理宏观的或复杂问题可能需要网络结构来执行;第三,政治性压力使得网络可能是实现政策目标所需要的;第四,必须付出努力使各种联系制度化;第五,跨部门和不同层次管理的需要。"①发挥政府、社会组织、公民等各大公共主体的作用,构建协同并进、合作共赢的网络状治理结构,成为共同趋势。在网络状治理结构情境下,平台型、互动型、依赖型、合作型成为基本结构。

(三)政府在网络状治理结构中发挥元治理作用

在新公共治理理论视野中,政府在网络状治理结构中发挥着"元治理"作用,即主要

① Laurence J O'Toole Jr, "Treating Networks Seriously: Practical and Research－based Agendas in Public Administration," *Public Administration Review*57(1997):45—52.

扮演着服务者、协调或仲裁者、整合者、战略家等角色。具体而言,主要在三个方面发挥引导性作用:一是政府需要在社会治理结构变革中发挥引导性作用,引导建构起包括政府在内的多元主体合作共治的治理结构。二是政府要在治理结构中着重发挥战略性引导作用。三是应引导增强社会自治能力。

(四)战略管理、合作治理、大数据技术成为关键工具

网络状治理结构效用的发挥主要依赖三大工具:战略管理、合作治理、大数据技术。首先,政府应具备战略思维,着眼于外部环境的变化,关注长远目标,采用问题导向,加强顶层设计,更好发挥"元治理"作用。其次,政府要处理好与其他治理主体的关系,应当采取合作的治理方式,从协调、整合到合作,发挥各自的长处,实现治理效能最大化。最后,引入大数据技术等信息技术提升治理绩效,利用大数据技术在数据获取、数据分析、信息共享等方面的优势,为公共决策和执行提供有力支持。

(五)创造公共价值成为治理目标

对于日益多元化的社会而言,单一的标准难以衡量治理效果,公共价值恰好顺应了社会多元性的特点。对于环境日益复杂化的趋势,公共部门的治理不能再唯官僚化、内部化、规则化,而应当关注外部环境、组织生态等,公共价值的创造正是公共管理者结合外部环境与组织目标的结果,公共价值也并非一成不变,它是根据组织外部环境与内部生态而定的。其中,服务的产出、公众的满意度、4E、公共服务、公共利益、结果、持续性、诚信、合法性等公共价值成为治理追求的目标。

思考题

1. 新公共管理运动的变革取向有哪些?
2. 如何评价新公共管理运动?
3. 新公共治理理论包含哪些内容?
4. 如何评价新公共治理理论?

参考文献

[1]休斯. 公共管理导论[M]. 彭和平,等译. 北京:中国人民大学出版社,2001.

[2]奥斯本,盖布勒. 改革政府:企业家精神如何改革着公共部门[M]. 周敦仁,等译. 上海:上海译文出版社,1996.

[3]程祥国. 国际新公共管理浪潮与行政制度改革[M]. 北京:人民出版社,2005.

[4]彭和平,竹立家. 国外公共行政理论精选[M]. 北京:中共中央党校出版社,1997.

[5]陈振明. 政府再造:西方"新公共管理运动"述评[M]. 北京:中国人民大学出版

社,2003.

[6]张立荣．当代西方行政制度改革:取向与启示[J]．政治学研究,2001(10):4.

[7]登哈特 R B,登哈特 J V,刘俊生．新公共服务:服务而非掌舵[J]．中国行政管理,2002(10):38－44.

[8]戈德史密斯,埃格斯．网络化治理:公共部门的新形态[M]．周志忍,译．北京:北京大学出版社,2008.

[9]穆尔．创造公共价值:政府战略管理[M]．北京:清华大学出版社,2003.

[10]韩兆柱,翟文康．西方公共治理前沿理论的比较研究[J]．教学与研究,2018(2):86－96.

后　记

西方行政制度是行政管理专业一门重要的专业课程。目前，我国行政管理学界对于西方行政制度的研究比较薄弱，寥寥无几的几本教材，大多编写于十多年前，内容比较陈旧。政治学与行政管理学界研究较多的是西方政治制度，行政制度作为政治制度的组成，内含于西方政治制度研究中，这样的研究显然是不够的。编写一本结构新，内容新、全、深的西方行政制度教材具有现实迫切性。为了加强行政管理学界对西方行政制度的研究，同时满足专业学习的需要，我们编写了这本教材。在编写时，我们尽量使用最新资料，保证理论知识的先进性；在全面系统介绍西方行政制度主要内容的同时，又对其进行了客观分析，既肯定它的积极意义，也对其局限性做了批判，这样有助于学习者全面理解和掌握西方行政制度。

在写作过程中，古小华拟定了写作提纲、编写体例并对写作任务进行了分工。具体写作分工如下：

第一章：古小华、庞京生、汤勤

第二章：程名

第三章、第六章、第七章：古小华

第四章、第五章：何元增

第八章：吴乐珍

初稿完成后，古小华对全书进行了统稿。

在写作过程中，我们参考了一些学者的研究成果，在此对他们表示衷心感谢！我们还要特别感谢中国经济出版社的李煜萍编辑对本书出版给予的帮助。

由于国内关于西方行政制度研究的参考资料不多，书中难免有疏漏之处，敬请批评指正！

古小华

2022 年 1 月